기도의 영성

The Puritans on Prayer

by John Preston, Nathaniel Vincent, Samuel Lee

잉글랜드 P&R 시리즈는 개신교를 탄생시킨 존 칼빈의 사상을 그대로 이어받아 신앙의 삶으로 구현한 청교도들, 그중에서도 가장 왕성하고도 풍부한 저술 활동으로 헤아릴 수도 없는 명저들이 가득한 잉글랜드 청교도와 그 신앙을 계승한 영적 위인들의 저서를 소개합니다. 존 후퍼(John Hooper), 윌리엄 퍼킨스(William Perkins), 리차드 십스(Richard Sibbes), 토마스 굿윈(Thomas Goodwin), 리차드 백스터(Richard Baxter), 존 오웬(John owen), 존 번연(John Bunyan), 매튜 헨리(Matthew Henry), 조지 휫필드(George Whitefield), 존 라일(John Ryle), 찰스 스펄전(Charles Spurgeon), 마틴 로이드 존스(Martyn Lloyd-Jones) 등 일일이 열거하기 힘들 만큼 많은 영적 위인들이 잉글랜드 개혁신앙의 맥을 이어 왔습니다.

청교도들의 성경적 기도 지침

기도의 영성

존 프레스톤 · 빈센트 나다니엘 · 사무엘 리 지음
이광식 옮김

지평서원

| 차례 |

추천의 글 _ 윤종훈 교수 · 8

 1부 **날마다 기도하는 성도의 삶**
– 존 프레스톤 (John Preston)

들어가는 말 독자에게 · 14

1장 기도란 무엇인가 · 17

2장 기도하지 못하도록 방해하는 장애물들 · 40

3장 기도와 관련된 의문과 대답 · 78

4장 기도의 열납과 조건 · 104

The Puritans on Prayer

 **기도의 영**
— 나다니엘 빈센트 (Nathaniel Vincent)

들어가는 말 하나님의 전신갑주와 기도 · 148

1장 항상 기도하라 · 155

2장 모든 기도와 간구로 구하라 · 186

3장 영으로 기도하라 · 210

4장 깨어 기도하라 · 226

5장 인내하며 기도하라 · 248

6장 모든 성도를 위하여 기도하라 · 260

The Spirit of Prayer

3부 은밀한 기도
— 사무엘 리 (Samuel Lee)

들어가는 말   은밀하게 기도하라 · 268

1장   은밀한 기도를 수행하는 방법 · 277

2장   기도의 응답을 발견하고 분별하는 방법 · 304

3장   질문과 답변, 적용 · 314

Secret Prayer

The Puritans on Prayer

"의인의 간구는 역사하는 힘이 큼이니라"(약 5:16).
"내가 나의 마음에 죄악을 품었더라면 주께서 듣지 아니하시리라"
(시 66:18).

| 추천의 글 |

청교도 기도 지침서
기도의 영성

⋮

윤종훈 교수

　청교도들의 작품의 가장 독특하고도 두드러진 특징은 단지 상투적인 설교적 어법을 통해 독자들을 설득하기보다는, 사변적인 정통주의 신학적인 자세를 피하면서 우리 영혼 깊숙이 파고들어 성도들의 현실적인 고민과 문제점들을 낱낱이 들추어내어 분석한 후, 신구약성경 전체를 넘나들면서 이에 대한 치료책을 체계적이고도 조직적으로 제시한다는 점입니다. 청교도들의 작품은, 타락한 인생의 여정 속에서 무엇이 선이고 무엇이 악인지를 분간하지 못하며 살아가는 불신자들과, 거듭남을 체험하고서도 성령의 열매를 맺지 못하는 무능력한 성도들에게 삶의 이정표와 방향을 제시해 주는 가장 최신형의 내비게이션 역할을 하고 있습니다.
　특히 삶의 신학과 행동 있는 신앙을 주창하였던 믿음의 조상 청교도들 가운데 존 프레스톤(John Preston, 1587-1628), 나다니엘 빈센트(Nathaniel Vincent, 1638-1697), 사무엘 리(Samuel Lee, 1627-1691)의 기도 영성을 한 권의

책으로 편집하여 출간한 본서는 성도들의 기도에 관한 매우 탐스러운 보화이자 교과서입니다.

1 부 존 프레스톤 – 날마다 기도하는 성도의 삶

존 프레스톤은 이 작품을 통해 오늘날 성도들이 수많은 기도를 드리고 있지만 과연 우리가 드리는 기도가 하나님 말씀에 부합되며 흠향하실 만한 기도를 수행하고 있는지에 대하여 기도의 지침서이자 나침반과 같은 값진 보물을 선물해 주고 있습니다. 프레스톤은 데살로니가전서 5장 17절 말씀을 근거로 성도의 영적 무기인 기도의 필요성을 구체적으로 묘사합니다.

그는 간헐적으로 기도하는 사람은 철저한 위선자이며, 왜 이들이 사탄에게 얽매인 자인지에 대하여 상세하게 설명해 줍니다. 또한 기도와 양심의 관련성을 논하면서 실패하는 기도의 특징들을 열거하고 성도들이 삶의 위기에 처했을 때에도 왜 쉬지 말고 기도해야 하는지를 자세하게 묘사해 줍니다. 성도들이 진정한 믿음과 간절함과 겸손과 거룩함과 정결함과 감사를 동반하여 예수 그리스도의 이름으로 기도할 때 하나님의 보좌를 움직이며 섭리의 역사를 뒤바꾸어 놓는 위대한 역사를 이루게 될 것임을 이 책은 자세히 예증하고 있습니다.

2 부 나다니엘 빈센트 – 기도의 영

나다니엘 빈센트는 에베소서 6장 18절 말씀에 근거하여 기도에 대한 구체적인 자료들을 제공합니다. 그는 성도들이 이 땅에서 안전하게 살아갈 수 있는 유일한 원동력이 다름 아닌 기도임을 지적하면서, 기도의 본질에 대해 구체적이고도 상세하게 설명합니다.

또한 기도를 구성하는 중요한 요소로서, 하나님을 부름, 죄의 고백, 탄원과 청원, 도고, 어둠의 세력에 대한 저주 선언, 감사와 송영, 예수 그리스도의 이름으로 하는 간구를 자세히 설명합니다. 그리고 기도의 종류로서 소리 내어 하는 기도와 마음으로 하는 기도를 나누고, 그러한 기도를 언제, 어디서, 어떻게 해야 하는지를 세밀하게 제시해 줍니다.

그는 위력 있는 강력한 기도가 하나님의 영으로 드리는 기도임을 강조합니다. 그리고는 성령을 통한 기도의 정체성과 특징, 성령에 붙들려 기도해야 하는 이유와 근거에 대하여 성경 전체를 조망하면서 논증합니다. 또한 성령의 기도가 '깨어 있는 기도'(삿 5:12, 골 4:2, 벧전 4:7 참고)이며, 이러한 기도가 성도의 삶 속에 내재하는 부패성과 악한 자들과 세상 염려와 쾌락과 재물에 철저히 대항하는 살아 있는 기도임을 지적합니다. 그는 진정으로 깨어 있는 기도는 여호와를 만날 만한 때, 즉 가까이 계실 때에 드리는 기도요, 성도의 마음을 쏟아 붓는 진심 어린 기도이며, 성령이 하시는 말씀에 따라 드리는 기도이고, 기도에 응답하시는 하나님의 손길에 민감한 기도임을 잘 보여 줍니다.

그가 말하는 바 성령에 붙들린 기도는 끊임없이 드리는 기도이자(골 4:2 참고) 항상 힘쓰는 기도로서(롬 12:12 참고), 끈질기게 강청하는 거룩한 불만족을 담고 있는 기도입니다. 성도가 인내하며 기도해야 하는 이유는, 그것이 오직 주님의 명령이기 때문이며(살전 5:17 참고), 우리 주님께서도 우리를 향한 뜨거운 열정으로 인내하며 돌보고 격려하고 계시기 때문입니다.

또한 지상의 전투적 교회에서 피 흘리는 싸움을 벌이고 있는 성도들을 위하여 서로 기도해야 할 당위성과 그 원인을 자세하게 제시하고 있습니다. 특히 그는 자신이 제시한 기도 방법론에 대하여 성도들의 질문과 다양한 사례를 들면서 이에 대한 성경적 대안들을 구체적으로 제시해 주고 있습니다.

3부 사무엘 리 – 은밀한 기도

사무엘 리는 마태복음 6장 6절 말씀을 본문으로 은밀한 기도의 본질과 은밀한 기도의 특별 지침들, 기도 응답의 방식과 은밀한 기도를 수행할 때에 주의해야 할 문제점과 질문들에 대해 자세히 설명합니다. 그는 은밀한 기도를 하나님의 자녀에게 주어지는 영예로운 면류관이며, 낙원의 방문들을 열고 거룩한 사랑의 내실에 들어가 주님과 대화하는 회담이요, 하나님의 품으로 날아드는 영혼의 비상이라고 묘사합니다. 그러면서 하나님을 감동시키는 은밀한 기도의 수행 방법과 기도 응답을 깨닫는 방법을 자세히 설명합니다.

요약하자면, 은밀한 기도의 특별 지침들로서, 하나님과 친밀한 교제, 양심 청결, 철저한 통회, 언약에 근거한 기도, 겸손과 경건의 기도, 성령에 붙잡힌 기도, 복종의 기도, 그리고 주님의 시간을 기다릴 줄 아는 기도 등 성공적인 기도 지침들을 상기시켜 주고 있습니다. 또한 하나님께서 베푸시는 은밀한 기도에 대한 응답은 마음의 문이 열린 기도 그 자체이며, 이때 심령의 고요함과 평안함이 물밀듯이 밀려올 것이고, 성도의 심령이 말할 수 없는 유쾌함과 달콤한 사랑의 감정과 격려, 그리고 하나님을 향한 감사와 섬김의 마음으로 가득해질 것임을 전합니다.

독자 여러분!

1907년 평양 대부흥의 역사를 기점으로 한국교회는 구미의 청교도 운동과 영적 대각성 운동을 이어 전무후무한 영적 부흥의 기틀을 이룩하였습니다. 그러나 지금의 한국교회는 영적으로 너무나 타락하여 차마 눈 뜨고 볼 수 없는 지경에 이르고 말았습니다. 오늘날 수많은 목회자들과 평신도들이 기독교라는 이름 아래 개혁주의, 복음주의라는 피난처 속에서 하나님을 섬기기보다는 자신의 목적을 이루는 데 혈안이 되어 있고, 파당과 분쟁과 명예와 금권, 즉 맘몬이즘이라는 거대한 우상을 숭배하는 종교로 전락해 가고 있습니다.

오늘날의 한국교회는 마치 사사시대를 연상하게 합니다. 주님의 이름으로 예배와 찬양의 소리가 높아지고 있으나, 그곳에 하나님이 계시지 않고 하나님의 음성을 들을 수도 없음을 쉽게 발견하게 됩니다. 한국교회는 힘의 근원을 상실한 삼손처럼, 거대한 몸집은 존재하지만 영적 무기력 증후군 현상이 팽배한 상황에 처해 있습니다. 이곳저곳에서 한국교회의 제2의 종교개혁을 부르짖고 있고, 여기저기에서 제2의 부흥을 외치고 있지만, 그마저 한낱 허울 좋은 모습으로 종결되고 있습니다.

사랑하는 독자 여러분!

풍요와 부요와 영광에 찬 물질문명의 대명사였던 소돔과 고모라가 의인 열 명이 없어서 유황불로 심판받은 사실을 기억하십시오. 그리고 17세기에 진정한 하나님의 사람으로 살고자 참혹한 화형의 틀 속에서 장렬하게 순교하였던 청교도들이 남긴 이 작품을 통하여 무너져 가는 한국교회의 기도의 영성의 장막이 새롭게 재건되고, 저뿐 아니라 한국교회 성도들이 영적인 능력을 공급받는 놀라운 계기를 마련하게 되기를 주님의 이름으로 축복합니다!

윤종훈(尹鍾訓) 교수는 총신대학교(B.A)와 총신대 신학대학원(M.Div), 총신대 일반대학원(Th.M)을 졸업한 후, 250년의 역사를 자랑하는 영국 University of Wales, Lampeter에서 영국 부흥 운동의 최고 권위자인 Eifion Evans 교수의 지도 아래 청교도 신학을 전공하였으며, 특히 청교도 신학의 황태자로 불리는 존 오웬(John Owen)의 성화론(Sanctification)으로 박사 학위(M.Phil. Ph.D)를 취득하였습니다. 그리고 현재 총신대학교 신학과 역사신학 교수로 재직하고 있으며, 최근 논문인 「존 오웬의 죄죽임론(죄억제론)에 나타난 성화론의 은혜와 의무의 상관관계에 대한 개혁주의적 이해」를 위시하여 수많은 논문들을 학계에 발표하였습니다.

1부

날마다 기도하는 성도의 삶

"쉬지 말고 기도하라"(살전 5:17).

존 프레스톤(John Preston)

예수 그리스도의 충성된 종
신학박사, 궁정 목사, 캠브리지 엠마누엘 칼리지 학장
링컨 기숙사의 설교자

| 들어가는 말 |

독자에게

친애하는 독자여,

영적인 무기 중 하나인 기도의 필요성에 대해서는 이미 많은 학식을 지닌 유용한 연구 저서들이 넘쳐 나고 있습니다. 그러하기에 이 주제에 관한 책을 또 낸다는 것이 한편 불필요한 일처럼 여겨지기도 합니다. 그러나 이 책은 성도가 날마다 실천해야 할 기도의 의무에 대해 잘 설명할 뿐 아니라, 기도가 무엇인지를 명확히 규정함으로써 즐겁고도 자발적으로 기도할 수 있도록 도우려는 노력을 담고 있습니다.

존경스러운 존 프레스톤이 스스로 어떻게 기도의 삶을 실천했는지에 대해서 우리의 견해를 밝히지는 않겠습니다. 여러분이 이 책에 담긴 내용을 통해 직접 공정하게 판단하기를 바랍니다. 이 책은 이 주제를 영적이고도 설득력 있게 다루고 있으므로 영적 분별력이 있는 많은 사람들에게 환영받을 것이라고 확신합니다.

최고의 영적인 행위는 다른 어떤 의무들을 수행하기 전에 먼저 우리가 하나님과 친밀한 교통을 나누는 것입니다. 기도를 통해 우리는 하나님을 기쁘시게 하고, 또 우리의 기도를 통해 하나님은 우리에게 모든 선한 일을 행하십니다. 내키지 않는 마음으로 겨우 기도의 명맥만을 이어 가는 것은 오히려 그리스도인들을 영적인 침체로 몰고 갑니다. 특히 지금과 같은 시기에는 무엇보다도 기도가 가장 필요합니다. 기도가 없다면 우리는 하늘로부터 아무런 도움도 받지 못할 것이며, 하나님의 교회와 대의(大義)가 짓밟히는 것을 보게 될 것입니다.

만일 누군가 저자가 살아 있을 때 이런 책을 출판하도록 설득할 수 있었더라면 많은 불편들을 방지할 수 있었을 것입니다. 그러나 비록 저자가 죽은 후에라도, 자칫하면 묻혀 버리고 말았을지도 모르는 이 귀한 책이 빛을 보게 되어 다행스럽습니다. 이 책이 교회에 매우 큰 유익이 되리라 확신합니다. 존 프레스톤의 저작이 빛을 보게 된 것에 대해서 하나님께 영광을 돌리며, 그의 수고를 통해 모든 독자들이 유익을 누리게 되기를 바랍니다.

주 예수 그리스도 안에서 여러분을 섬기는
리차드 십스(Richard Sibbes)
존 데이븐포트(John Davenport)

John Preston

The Saints' Daily Exercise

1장
기도란 무엇인가

"쉬지 말고 기도하라"(살전 5:17).

사도 바울은 데살로니가전서의 끝부분에서 여러 가지 교훈들을 한꺼번에 제시하고 있습니다. 따라서 이 말씀이 앞뒤의 말씀과 어떻게 연결되어 있는지를 애써 찾을 필요는 없습니다.

"항상 기뻐하라. 쉬지 말고 기도하라. 범사에 감사하라. 이것이 그리스도 예수 안에서 너희를 향하신 하나님의 뜻이니라"(살전 5:16-18).

우리는 여기서 특히 기도의 의무를 권면하는 부분을 살펴보고자 합니다. 사실 이것은 간략하게 전달된 하나님의 명령입니다. 율법이 언제나 그러하듯이, 이 명령에는 어떤 전제나 이유가 없습니다. 그래서 이 명령에 더 큰 권위가 있는 것입니다.

이번 장에서 우리는 "쉬지 말고 기도하라"라는 명령과 관련하여 다음의 세 가지 측면을 살펴볼 것입니다. 먼저 기도가 무엇인지를 제시하겠습니다. 그

다음으로 주님이 왜 우리에게 기도하라고 요구하시는지를 살펴보겠습니다. 왜냐하면 어떤 사람은 "주님은 나의 필요를 이미 잘 아십니다. 그분은 나의 생각과 감정도 아십니다"라는 식으로 이의를 제기하기도 하기 때문입니다. 물론 그렇습니다. 그러나 주님은 그분이 우리에게 베푸실 것을 위해 우리가 기도하며 요청하기를 원하십니다. 그리고 마지막으로 쉬지 말고 기도하는 것이 무엇인지를 살펴보겠습니다.

1. 기도란 무엇인가

기도를 일반적으로 정의하라면, '주님께 마음을 표현하는 것'이라고 묘사하고 싶습니다. 때로는 말이 수반되기도 하고 때로는 말이 수반되지 않을 수도 있지만, 말이 수반되든 그렇지 않든 기도에는 그분을 향한 마음이 표현되어야 합니다. 이것이 기도의 일반적인 정의입니다. 그러나 올바른 기도, 즉 하나님이 받으시는 기도가 무엇인지를 알고자 한다면 좀 더 자세히 정의해야 할 것입니다. 올바른 기도란, '새로워진 영으로부터 우러나오는 거룩하고도 선한 의향을 예수 그리스도의 이름으로 하나님께 표현하고 올려 드리는 것'입니다. 그러므로 우리는 이 점을 유의해야 합니다.

우리가 드리는 기도는 두 종류로 구분됩니다.

첫째, 우리 자신의 영으로부터 흘러나오는 기도가 있습니다. 이런 기도는 우리 자신의 영의 목소리로서, 그 속에는 육적인 것만이 있습니다. 이것은 거듭나지 못한 자연인들도 할 수 있는 기도입니다. 주님께서는 이런 것에 주목하시지 않습니다. 그런 소리에 귀를 기울이시지 않습니다. 다시 말해, 하나님은 그런 기도를 받으시지 않습니다.

둘째, 하나님의 영으로부터 흘러나오는 기도가 있습니다. 즉, 우리 속의 새로워진 부분으로부터 우러나오는 기도로서, 성령이 친히 도우심으로 말미암아 고무되는 기도입니다. 하나님은 오직 이런 기도만 받으십니다. '하나님께서 성령의 생각을 아신다'(롬 8:27 참고)라는 말씀이 바로 이런 의미입니다. 하나님은 그런 기도를 아시고 들으시며 받으십니다.

호세아 7장 14절 말씀을 보십시오. 이스라엘 백성들은 기도하되 하루 종일 뜨겁게 기도했습니다. 그들은 성회를 선언하고 모여 금식했습니다. 그러나 주님은 이렇게 말씀하십니다. "너희는 나를 성심으로 부르지 않았다. 너희가 모이는 것이나 침상에서 부르짖는 것은 곡식과 새 포도주를 위한 것일 뿐이다. 그것은 자연인들도 할 수 있는 일이다."

하나님은 그것을 단지 '부르짖는 것'일 뿐이라고 말씀하십니다. 그것은 포도주와 곡식과 기름을 찾는 짐승들의 목소리와 다를 바가 없습니다. 그들이 하루 온종일 기도했지만, 하나님께서는 "너희가 나를 성심으로 부르지 않았다"라고 분명하게 말씀하십니다. 즉, 하나님께서는 이런 것을 절대 기도로 여기시지 않는다는 것입니다.

그러므로 이 본문을 다루면서, 저는 기도의 특성에 관한 교훈을 상세히 설명함으로써 하나님이 받아들이시는 기도가 무엇인지를 여러분에게 전하고자 합니다.

1) 거룩하고도 선한 의향의 표현

저는 기도를 '거룩하고도 선한 의향의 표현'이라고 말합니다. 제가 '욕구(desires)'가 아니라 '의향(dispositions)'이라는 단어를 사용한 이유는, 감사의 표현도 기도의 한 부분이기 때문입니다. 즉, 하나님의 손에서 아무것도 바라지 않고 단지 이미 받은 것에 대해 감사하는 것도 기도의 한 모습입니다. 그러므로 우리의 의향이 거룩하고 선해야 함을 유념하십시오. 욕구와 의향이 선해야 한다는 것입니다. 모든 애정과 욕구는 그 대상에 따라 선해지기도 하고 악해지기도 합니다. 곧 선한 것들에 대한 욕구가 선한 욕구인 것입니다.

그렇다면 마음의 욕구와 의향을 선하게 만드는 것은 무엇일까요? 거기에는 현세의 것과 영적인 것이 모두 포함됩니다. 누군가가 영적인 동기로 현세의 것을 구한다면, 그러한 욕구는 선합니다. 그러나 육적인 동기로 영적인 것들을 구한다면, 그러한 욕구는 무가치합니다. 그러므로 단지 대상뿐 아니라 그것을 바라는 동기 역시 중요하다는 것을 유의하십시오.

예를 들어, 우리가 외적인 위안을 얻기 위해 현세의 것을 달라고 기도하거나 이 땅에서 자신의 몸을 위해 필요한 것을 달라고 기도한다면, 하나님이 적당하다고 여기시는 정도에서 그것을 구해야 합니다. 잠언 저자는 "오직 필요한 양식으로 나를 먹이시옵소서"(잠 30:8)라고 말합니다. 이러한 기도는 선합니다. 그러나 '부요한 자'가 되기 위해 외적인 것들을 필요 이상으로 구하는 것은 과도한 욕망입니다. 만일 당신이 정욕을 위해 쓰려고 어떤 것을 구한다면, 주님을 더 잘 섬기기 위해서가 아니라 단지 육신의 만족을 얻고 더 많은 쾌락을 즐기기 위해 건강과 장수를 바라고 더욱 사치스러운 삶을 위해 재물을 바란다면, 당신의 욕구는 결코 선한 것이라 할 수 없습니다.

그러므로 필요한 것을 구해야 합니다. 또한 정욕을 위해서가 아니라 하나님을 섬기기 위해서 구해야 합니다. 그리고 바라는 것을 올바른 방식으로 구해야 합니다.

먼저 하나님의 나라와 그 의를 구하고, 그다음에 다른 것들을 구하십시오(마 6:33 참고). 그리고 그것들에 대해서는 합당한 가치만을 부여하십시오. 그것들을 너무 높이 평가하지 마십시오. 외적인 것들을 구할 때조차도 우리의 기도는 영적이어야 합니다. 사람은 육적인 동기로 영적인 것을 구할 수도 있고, 반대로 영적인 동기로 현세의 것을 구할 수도 있습니다.

거듭나지 못한 자연인도 믿음과 은혜와 회개를 위해 열심히 기도할 수 있습니다. 그러나 그것은 그가 그 속에서 아름다움을 보기 때문이 아닙니다. 그 속에서 좋은 맛을 보거나 향기를 맡아서가 아니라, 단지 그것을 천국으로 이끌어 주는 사다리로 여겨 구하는 것입니다. 이런 것이 없이는 구원받을 수 없음을 의식하게 되었기에 자연인이 그것을 바라며 열렬히 바라기까지 하는 것입니다.

프란세스 스피라(Frances Spira)도 그랬습니다. 그는 한 방울의 은혜라도 얻기를 바라며 뜨겁게 부르짖었습니다. 그것이 없이는 구원받을 수 없다고 여겼기 때문입니다. 그러나 그는 은혜 안에서 그 어떤 미덕도 발견할 수 없다고 생각하고는 입으로 그렇게 말했습니다. 결국 그는 은혜를 바라는 욕구를 잃어버리고 말았으며, 기도 역시 공허하다고 여기게 되었습니다.

지금까지 살펴본 것을 정리하자면, 기도는 거룩하고도 선한 의향의 표현입니다. 이러한 기도는 주님께 올려져야 합니다. 피조물에게 아무리 간절히 호소한다 하더라도 그것은 기도가 아닙니다. 기도는 오로지 주님께만 올려 드리는 것입니다.

2) 거듭난 속사람에게서 우러나오는 간구

다음으로 제가 덧붙이고자 하는 바는, 기도가 거듭난 속사람(the inner man)에게서 솟아나야 한다는 점입니다. 거듭난 속사람에게서 우러나오는 간구가 얼마나 있는지를 생각해 보십시오. 성령이 얼마나 관여하고 계신지를 생각해 보십시오. 속사람이 정결하다면 그 기도는 열납되기 마련입니다. 성경에서 발견되는 기도의 다양한 표현들을 통해 이 점을 좀 더 자세히 살펴봅시다.

기도는 마음을 토로하는 것으로서, '여호와 앞에 심정을 통하는'(삼상 1:15 참고)[1] 것입니다. 바울은 그것을 "내 심령으로 하나님을 섬기는 것"(롬 1:9 참고)이라고 표현했습니다. 이것을 다른 말로 표현해 보면, 하나님께 드리는 올바른 기도의 특성이 무엇인지를 더욱 잘 이해할 수 있을 것입니다. 사도 바울이 "내 심령으로 하나님을 섬긴다"라고 말할 때, 그것은 원래 금식과 기도에 사용되는 표현입니다. 그렇다면 심령으로 하나님께 기도한다는 것이 무슨 뜻일까요?

어떤 사람은 이렇게 말할지도 모릅니다. "기도할 수 없는 사람도 마음을 담아 섬길 수는 있습니다. 모든 사람은 어떻게 섬기든지, 그의 영이 그 섬김에 관여하기 마련입니다. 마음이 없이는 어떤 섬김도 이루어질 수 없기 때문입니다."

그러나 저는 이 의미를 정반대로 이해합니다. 바울은 참되고도 거룩하게 하나님을 섬기는 것과 겉치레뿐인 모조품을 구별하고자 한 것입니다. 즉, 영으로 섬기는 참된 섬김과 죽어서 몸만 남은 시체와 같은 섬김을 구분하는 것입니다. 그러므로 "내 심령으로 주를 섬긴다" 혹은 "영으로 기도한다"라는 말의 의미는 '사람이 이성이 명하는 대로 기도할 뿐 아니라 그의 영혼과 의지와 애정이 모두 함께 기도함으로써 그의 마음이 감화를 받게 된다'는 것입니다.

예를 들어, 자신의 죄를 입술로 고백하면서도 마음속으로는 그것을 가볍게 여긴다면, 하나님과 화목하기 위해 기도하면서도 마음속으로는 그에 대한 열망이나 안타까운 탄식이 없다면, 또 열렬하게 은혜를 구하고 탐욕을 없애 달라고 구하면서도 마음속으로는 여전히 탐욕을 추구한다면, 그것은 영으로 기도하는 것이 아닙니다. 영으로 기도하는 것은 '영과 진리로 예배하는'(요 4:24 참고) 것과 같습니다.

기도할 때에는 마음이 하나로 결합되어야 합니다. 여호와 앞에 자기의 심

---

1) 역자주 – 여기서 "심정을 통하다"라는 표현에서 '통하다'라는 말의 원어에는 '쏟아 붓다'라는 의미가 있습니다.

정을 통하여야 합니다. 한나는 "나는 마음이 슬픈 여자라……여호와 앞에 내 심정을 통한 것뿐이오니"(삼상 1:15)라고 말합니다. 하나님께 간구할 때에는 지각과 지성이 궁리해 낸 것을 아뢸 뿐만 아니라 의지와 애정과 마음까지 쏟아 부어야 합니다. 속에 있는 모든 것을 기탄없이 하나님 앞에 드러내야 합니다.

오스틴(Austin)이라는 사람은 정욕을 죽이게 해 달라고 기도하면서 이렇게 말했습니다. "제게는 비밀이 있습니다. 제거할 수 없는 은밀한 욕망이 있습니다." 그러나 심정을 통하는 기도는 그렇게 하는 것이 아닙니다. 사람이 하나님 앞에 심령을 쏟아 붓는다는 것은 아무것도 감추지 않고 모든 것을 개방하고 노출시킨다는 것입니다. 오직 그런 기도만이 하나님께 받아들여집니다.

그리고 자신의 생각과 감정을 집중시켜야 합니다. 마치 돋보기에 비치는 태양 빛이 한 점에 모이듯이 집중해야 합니다. 그것이 기도를 더욱 뜨겁고 간절하게 만듭니다. 냉랭하고 분산된 기도에는 아무런 힘이나 효력도 없습니다.

또한 온 마음이 하나로 결합되는 기도는 의지와 감정이 개입될 뿐만 아니라 영이 활동하는 기도입니다. 자연인들도 아플 때 건강을 위해서 혹은 어려울 때 도움을 얻기 위해서 열렬한 의지와 감정으로 기도할 수 있습니다. 그러나 우리는 주님을 찾으면서 기도할 때마다 우리의 전인격 속에 녹아 있는 영이 활동하도록 해야 합니다.

거듭난 자에게는 '육(flesh)'과 '영(spirit)'이 있습니다. 그러나 자연인은 그렇지 않습니다. 그 어떤 자연인도 하나님이 받으실 만한 기도를 드릴 수는 없습니다. 왜냐하면 그 속에 거듭난 자에게만 있는 성령이 없기 때문입니다. 우리가 주님께 우리의 마음을 쏟아 부을 때, 육적인 부분이 가장 위에 있어서 가장 먼저 쏟아집니다. 반면 영적인 부분은 가장 밑바닥에 자리잡고 있습니다. 그러므로 대단히 경건한 사람이라 할지라도 육이 더 우세할 때에는 육적인 기도를 할 수밖에 없습니다. 마음속에 세속적인 근심이나 쾌락이나 욕망이 가득해서 이런 것들이 드러나는 기도는 주님께서 중요하게 여기시지 않습니다. 비록 그 기도가 경건한 사람이 드리는 기도라 하더라도 말입니다. 거듭나서 새로워진 속사람이 활동하고 고무되어 육의 소욕이 억제되고 제거될 때 드리는 기도가 올바른 기도입니다.

기억하십시오. 거듭난 사람의 마음속에는 하나님을 향해 부르짖는 새로운 성향이 생겨나지만, 그것이 항상 활동하는 것은 아닙니다. 예를 들어, 샘은 언제나 물을 솟구쳐 내려는 성향을 가지고 있습니다. 그래서 그것이 계속해서 물이 흐르는 시내로 이어질 수도 있습니다. 그러나 돌이나 진흙 따위로 막히게 되면 그 샘은 물을 솟구쳐 내지 못합니다. 마찬가지로, 거듭나서 새로워진 사람에게는 기도를 솟구쳐 내려는 영의 샘이 있습니다. 그것이 우리 주님께서 "마음에는 원이로되"(마 26:41)라고 말씀하실 때 의미하신 바입니다. 즉, 거듭난 사람에게는 언제나 영의 소원을 따라 기도하고픈 '원'이 있습니다. 그러나 주님은 이어서 "육신이 약하도다"(마 26:41)라고 말씀하십니다. 즉, 영의 샘을 막는 것이 있다는 의미입니다.

같은 맥락에서 로마서 8장 26절에서는 "성령도 우리의 연약함을 도우시나니……우리를 위하여 친히 간구하시느니라"라고 말씀합니다. 마치 사람이 샘을 막고 있는 돌을 치우면 다시 물이 솟아나 흐르게 되듯이, 성령께서 기도의 흐름을 막는 육을 제거하시는 것입니다. 성령께서 친히 우리 속에 있는 육적인 방해물들을 치우십니다. 그리고 우리의 영을 자극하고 격려하십니다. 그리하여 우리가 예수 그리스도 안에서 하나님을 향해 영적인 기도를 드릴 수 있게 되는 것입니다. 이처럼 우리가 하나님을 부를 때 우리의 기도가 거듭남의 열매로서 하나님께 받아들여지도록 성령이 우리의 연약함을 도우신다는 사실을 기억하십시오.

3) 예수 그리스도의 이름으로

이제 하나님이 받으시는 올바른 기도와 관련하여 한 가지 요소를 더 살피고자 합니다. 기도는 '예수 그리스도의 이름으로' 하나님께 올려지는 것입니다. 아마 여러분 모두가 이미 아는 사실일 것입니다. 그리스도 안에서 받아들여지지 않은 사람의 기도는 받아들여질 수 없습니다. 역대하 26장에 나타난 웃시야의 죄를 보십시오. 그는 왕으로서 강성해지자 교만해졌습니다. 그래서 성전에 들어가서 제사장 없이 직접 향단에 분향하려 하다가 나병에 걸리고 말았습니다. 우리가 예수 그리스도 없이 하나님께 기도하려는 것도 바로 이와 같은 죄를 범하는 것입니다.

구약시대의 율법은 백성들이 자기 제물을 가지고 올 수는 있었지만 그 제물을 하나님께 드리는 일은 반드시 제사장이 하도록 규정했습니다. 우리 역시 마찬가지입니다. 요한계시록 8장 3,4절 말씀을 보십시오. 우리가 올리는 기도에는 육적인 냄새가 배어 있습니다. 거기에 언약의 천사가 많은 향을 섞어 하나님이 받으실 만한 향기로운 것으로 만드는 것입니다. 육적인 것이 많이 섞여 있을수록 하나님이 받으시기 위해서는 더욱 많은 향이 필요합니다.

우리에게는 이중의 중보자가 있습니다. 한편으로는 우리의 약함을 도우시는 성령님이십니다. 그분은 우리를 도와 우리의 마음을 넓히고 격동시켜 하나님께 기도하게 하십니다. 그리고 한편으로는 그 기도를 하나님이 받으시도록 하는 중보자가 있습니다. 그분은 하나님으로 하여금 우리 기도를 받으시게 하고, 거절하거나 거부하지 않도록 하시는 그리스도입니다.

✸

이렇게 해서 우리는 기도란 무엇이며, 올바르고도 참되며 열납되는 기도가 무엇인지를 살펴보았습니다.

2. 왜 기도해야 하는가

우리는 왜 기도해야 합니까? 어떤 사람은 이와 관련하여 이렇게 말할 수도 있습니다. "주님께서 내 마음을 잘 알고 계시는데, 내가 굳이 기도로 마음을 표현할 필요가 있습니까?" 그러나 주님께서 우리로 하여금 기도하게 하시는 데에는 하나님과 관련하여, 또 우리 자신과 관련하여 찾을 수 있는 이유가 있습니다.

1) 하나님과 관련하여

하나님은 우리에게 자비 베풀기를 원하십니다. 그런데 자비를 베푸시기 전에 먼저 우리로 하여금 그것을 요청하게 하십니다. 이는 마치 아버지가 자녀들에게 필요한 것을 기꺼이 주고자 하면서도 자녀로 하여금 필요한 것을 요청하도록 만드는 것과 같습니다. 또한 어떤 사람이 자기 사유지로 다른 사람들이 지나다니는 것을 허용할 의향을 가지고 있으면서도 다른 사람들이 먼저 요청하게 함으로써 그것이 그 사람의 소유라는 사실을 인정하게 하려는 것과 같습니다. 그렇게 하지 않으면 사람들이 그 땅을 공공도로처럼 취급하기 때문입니다. 이와 같이 주님께서도 자신의 종들에게 선물을 주실 때, 먼저 종들이 와서 요청하게 하심으로써 주님의 소유권을 인정하도록 하십니다. 진정 그렇게 하지 않으면, 우리는 우리가 누리는 여러 가지 복이 누구에게 속한 것인지를 쉽게 잊어버리고 말 것입니다.

우리가 주님을 섬긴다면 마땅히 그분께 충성과 경의를 표해야 합니다. 그래서 주님께서 우리에게 기도의 의무를 수행하도록 요구하심으로써 우리가 그분을 인정하며 그분을 섬기고 그 명령에 순종해야 한다는 것을 기억하게 하시는 것입니다. 우리가 기도의 의무에 익숙해지지 않으면 그분을 섬기는 의무를 쉽게 잊어버리기 마련입니다.

또한 하나님은 자신의 명예를 위해서 우리로 필요를 구하게 하십니다. 사람들은 기도함으로써 하나님을 공경하는 법을 배웁니다. 또 다른 사람들 역시 그것을 보고 하나님께 존경과 영예를 표하게 됩니다. 왕의 하인들이 주인에게 영예와 존경을 표하는 것을 보면서 다른 사람들도 그렇게 하도록 각성되듯이 말입니다.

학자들이 말하는 바에 의하면, 영예란 사람이 그 속에 탁월함을 지니고 있는 것이 아니라 그 탁월함이 겉으로 나타나는 것입니다. 그래서 탁월함을 지니고 있으면서도 영예를 얻지 못할 수 있습니다. 주님께서 성찬을 명하신 것은 그것을 통해 주님의 죽으심을 나타내고 기념하기 위함입니다. 마찬가지로 주님께서 기도의 의무를 명하신 것은 그것을 통해 주님의 영예를 나타내도록 하기 위함입니다.

2) 우리 자신과 관련하여

우리는 우리 안에서 성령의 은혜가 증대되도록 하기 위하여 기도해야 합니다. 기도란 은혜의 활동이기 때문입니다. 모든 은혜가 기도 속에서 활동하며, 그런 활동을 통해 은혜가 증대됩니다. 유다서 20절의 아름다운 말씀을 보십시오.

"사랑하는 자들아, 너희는 너희의 지극히 거룩한 믿음 위에 자신을 세우며 성령으로 기도하며."

마치 "여러분이 거룩한 믿음 위에 굳게 서는 길은 성령 안에서 기도하는 것입니다"라고 말하는 것과 같습니다. 성령 안에서 하는 기도란, 성령의 힘과 도우심으로 하는 기도입니다. 그러한 기도는 우리를 굳게 세우고 우리 속에 은혜를 증대시킵니다. 믿음, 회개, 사랑, 순종, 경외함과 같은 모든 은혜가 기도에 의해 증대됩니다. 이렇게 기도에 의해 은혜가 증대되는 것은, 한편으로 은혜가 기도 속에서 활동하고 작용하기 때문이며, 다른 한편으로 기도 속에서 하나님과 교제할 수 있기 때문입니다. 좋은 친구도 덕을 증대시킨다면, 하물며 하나님과의 교제는 덕과 은혜를 얼마나 더 증대시키고 분발시키겠습니까?

더 나아가 우리는 하나님을 친밀히 알기 위해서 기도해야 합니다. 우리가 그분의 이름을 부르지 않는다면, 주님과 우리 사이가 어색해질 수밖에 없습니다. 그래서 성경은 우리에게 이렇게 명령합니다.

"너는 하나님과 화목하고 평안하라. 그리하면 복이 네게 임하리라"(욥 22:21).

여러분은 사람들이 어떻게 친해지는지를 알고 있습니다. 서로 대화하고 말을 할 때에는 친해지지만, 대화가 끊어지거나 인사도 하지 않고 말도 주고받지 않을 때에는 서로 어색한 사이가 됩니다. 즉, 친해지는 것이 '대화'에 달려 있는 것입니다. 이와 같이 자주 그리고 열심히 우리가 주님께 나아가서 그분의 이름을 부른다면, 우리는 그분과 더욱 친해질 것입니다. 그러나 그렇게 하지 않는다면, 우리는 주님과 점점 더 어색해지고 멀어지게 될 것입니다. 기도에 익숙해지지 않으면, 우리는 그분을 만날 수 없습니다. 우리가 그분의 임재 가운데 더욱 가까이 나아갈수록 우리는 그분과 더욱 친숙해집니다. 그러므로 우리는 주님과 친밀해지기 위해서도 기도해야 합니다.

또 한편으로 우리는 그분께 받은 은혜에 감사하기 위해 기도해야 합니다. 만일 하나님께서 우리가 요청하지도 않은 은혜들을 베풀어 주신다면, 우리는 그것을 너무나도 쉽게 잊어버리고 말 것입니다. 우리는 그분의 손길을 인정하지 않을 것이며, 우리가 누리는 복들을 베푸신 그분의 섭리도 알지 못할 것입니다. 반면 그분 앞에 나아와 우리의 필요를 아뢴다면, 우리는 그분의 손길을 더욱 잘 느낄 수 있게 될 것이며, 그분이 주시는 복을 더욱 귀하고 가치 있게 여기며 더욱 감사하게 될 것입니다. 대부분의 경우에 우리는 기도로써 얻은 것을 감사함으로 누립니다. 또한 우리는 기도 없이 얻은 것을 하나님께 감사하거나 찬미하지도 않은 채 소비해 버립니다.

✤

이렇게 해서 기도의 의무가 무엇이며, 또 왜 주께서 이 의무를 이행하라고 명령하시는지 그 이유를 살펴보았습니다.

3. 쉬지 않고 기도한다는 것은 무엇인가

"쉬지 말고 기도하라"는 말은 멈추지 말고 기도하라는 뜻입니다. 이 말씀을 디모데후서 1장 3절과 비교해 보십시오.

"내가 밤낮 간구하는 가운데 쉬지 않고 너를 생각하여."

사도는 여기에서 밤이고 낮이고 기도하는 중에 쉬지 않고 디모데를 생각한다고 말합니다. 이때 사용된 "쉬지 않고"라는 단어와 데살로니가전서 5장 17절의 "쉬지 말고"라는 단어는 동일한 표현입니다. 그런데 여기서 사도가 쉬지 않고 디모데를 생각한다는 것은, 머릿속에서 떠난 적이 없을 정도로 계속해서 디모데만 생각한다는 의미가 아닙니다. 그것은 사도가 낮이나 밤이나 하나님께 기도할 때마다 여전히 디모데를 기억하고 있다는 의미입니다. 따라서 쉬지 않고 기도한다는 것은, 기도를 많이 한다는 의미이며, 하나님이 요구하실 때마다 빠뜨리지 않고 기도한다는 의미입니다.

철학자들은 게으름을 '자기 의무를 제때 수행하지 않는 것'이라고 정의했습니다. 일해야 할 때 일하지 않는 사람은 게으른 사람입니다. 마찬가지로 기도해야 할 때 기도하지 않는 사람은 기도에 게으른 사람입니다. 그런 사람은 기도를 '쉬는' 사람입니다.

사도는 "항상 기뻐하라"(살전 5:16)라고 말했습니다. 그리고 기도에 관해 권면할 때에는 "매우 자주 기도하라"라고 하지 않고 "쉬지 말고 기도하라"라고 말했습니다. 누군가 어떤 일을 매우 자주 행하는 것을 가리켜 우리는 그 사람이 항상 그 일을 하고 있다고 말하기도 합니다. 마찬가지로 "쉬지 말고 기도하라"라고 한 사도의 의도 역시 매우 자주 기도하고, 많이 기도해야 함을 강조하려는 것입니다.

이 모든 것을 종합하여 볼 때, 저는 우리가 적어도 하루에 두 번씩은 지속적으로 하나님께 기도해야 한다고 주장합니다. 물론 어떤 사람은 왜 하루에 두 번씩이라고 말하는지를 궁금해할 것입니다. 그 근거는 이것입니다. 사도가 우리에게 쉬지 말고 기도하라고 명할 때, 즉 매우 자주 기도하라고 명할 때, 저는 그것을 '적어도 하루에 두 번씩'이라는 말로 받아들일 수 있다고 생각합니다. 물론 그보다 더 많이 기도할 수도 있습니다. 두 번은 최소한을 말하는 것입니다.

성경에는 "쉬지 말고 기도하라"라는 명령이 있을 뿐만 아니라 실제로 그러한 명령을 지키는 사례도 기록되어 있습니다. 그렇다면 그런 사례들은 참되고도 일반적인 모범으로서 우리에게 주어진 것이 아니겠습니까? 그러하기에 성경에서 "전에 기록된 바는 우리의 교훈을 위하여 기록된 것이니"(롬 15:4)라고 말한 것이 아니겠습니까? 다니엘서 6장 10절에서 보듯이, 늘 공공연하게 하루에 세 번씩 무릎 꿇고 기도했던 다니엘에 대해 성경은 매우 자주 기도했다고 말합니다.

저는 우리가 적어도 하루에 두 번은 기도해야 한다고 단언합니다. 우리가 왜 그렇게 해야 하는지를 조금만 숙고해 보십시오. 여러분이 알다시피, 주님은 성전에서 하루에 두 번씩 경배를 받으셨습니다. 아침과 저녁에 드리는 제사가 있었습니다.[2] 왜 그렇게 명령하셨습니까? 특별한 이유가 있는 것이 아니라 오직 주께서 경배받으시기 위함이었습니다. 또한 주께서 친히 그 시간을 정하셨습니다. 하루에 두 번, 아침과 저녁이었습니다. 여기에서 우리는 아침과 저녁에 그분을 경배하는 모범을 발견할 수 있습니다. 물론 우리는 아침과 저녁에 그분을 경배할 뿐만 아니라 끊임없이 그분의 이름을 부를 수도 있습니다.

우리가 주님이 주시는 복과 위로를 누리지 않는 날은 없습니다. 그분의 허락이 없이는 우리는 아무것도 가질 수 없습니다. 그러므로 우리는 받기 전에 주시기를 구해야 하고, 받은 것에 복을 더하시도록 기도해야 합니다. 그렇게 하지 않는다면, 우리가 가진 것에 대해 우리에게 아무런 권리도 없는 것입니다. 우리에게는 그 모든 것을 합법적으로 사용할 권리가 없는 것입니다.

"하나님께서 지으신 모든 것이 선하매 감사함으로 받으면 버릴 것이 없나니 하나님의 말씀과 기도로 거룩하여짐이라"(딤전 4:4,5).

그러므로 우리가 날마다 일상의 은총을 얻으면서도, 그것을 얻기 전에 먼저 주님의 손으로부터 얻기를 요청하지도 않고 감사하지도 않는다면, 그 모든 것이 우리에게 거룩해지지 않습니다. 우리에게는 그것을 합법적으로 사용할 권리가 없습니다.

사랑하는 성도들이여, 주님은 이렇게 명령하셨습니다.

"모든 일에 기도와 간구로, 너희 구할 것을 감사함으로 하나님께 아뢰라"(빌 4:6).

그러므로 우리는 무엇이든지 필요할 때마다 하나님께 요청하고 모든 일에 감사드려야 합니다. 그토록 많은 은혜를 받고, 또 그토록 많은 은혜가 필요한 우리가 할 수 있는 최소한의 일은, 날마다 그리고 자주 주님께 감사하고 간구

---

2) 역자주 – 하나님께서는 이스라엘 백성에게 '일 년 되고 흠 없는 숫양을 매일 두 마리씩 상번제로 드리되, 어린양 한 마리는 아침에 드리고 어린양 한 마리는 해 질 때에' 드리라고 명하셨습니다. 이처럼 매일 드리는 제사를 '상번제(regular burnt offering)'라고 합니다(민 28:3,4 참고).

하는 것입니다.

뿐만 아니라 우리의 마음을 보더라도 기도가 필요하지 않습니까? 우리의 마음이란 언제든 고장 난 기계와 같아질 수 있습니다. 그것은 언제라도 딱딱하게 굳어질 수 있으며, 주님을 멀리하고, 하나님을 경외하는 신앙에서 멀어질 수 있습니다. 그러므로 우리의 마음이 제자리를 잘 지키기 위해서도 우리는 기도해야 합니다.

또한 우리가 날마다 범죄하기 때문에 우리는 날마다 기도해야 합니다. 그래야만 우리의 죄가 용서받고 씻길 수 있으며, 하나님과 다시 화목할 수 있기 때문입니다. 그러므로 하루에 두 번 하나님을 부르는 일에 대하여 구체적이고도 명시적인 명령이 없다고 해서, 그것을 자의적인 권면이라고 여기며 가볍게 생각하지 마십시오. 제가 언급한 것들을 곰곰이 생각해 보면, 그렇게 해야 할 충분한 이유와 필요성을 발견하게 될 것입니다.

4. 적용

이제 지금까지 전한 바를 어떻게 적용해야 할지 살펴봅시다.

첫째, 주님께서 받으시는 기도는 거룩한 의무의 표현이며, 거듭난 속사람에게서 솟아나는 열망입니다. 거듭나지 못한 자연인의 처지는 참으로 비참합니다. 그들에게 주어진 삶이 다 끝나고 죽음이 찾아오는 날, 주님을 찾는 것 외에는 세상에서 그 어떤 도움도 받지 못하는 날, 모든 사람들이 그들을 외면하고 떠나 버리는 날이 찾아올 것입니다. 기도 외에는 주님께로 나아갈 방도가 없습니다. 그런데 기도가 속사람이 거듭난 결과로 맺히는 열매이므로, 자연인에게는 그 어떤 도움도 줄 수 없습니다. 그의 처지는 참으로 비참할 뿐입니다.

그러므로 마지막 순간까지 모든 것을 미루는 사람들이여, 이 점을 숙고하십시오. 그날을 떠올리면서 여러분의 지각을 활용하고 각성하십시오. 거듭나지 않으면 어떤 선한 일도 행할 수 없다는 것을 깨달으십시오. 우리의 마음에 은혜가 없다면, 주님이 받으시는 영적인 기도를 할 수 없습니다. 그러므로 때를 미루지 마십시오. 아직 시간이 남아 있을 때 거듭나도록, 마음을 새롭게 하도록 애쓰십시오. 건강할 때에 주님의 이름을 부르지 않는 사람이 모든 지각과 체력이 다 소진되었을 때에 주님을 부르리라고 어떻게 장담할 수 있겠습니까? 병에 걸렸을 때나 임종의 때에 그렇게 하리라고 어떻게 장담할 수 있겠습니까? 그러므로 여기서는 비록 이 문제를 간략히 다루더라도 여러분은 그것을 진지하게 생각하시기 바랍니다.

둘째, 주께서 우리에게 명하시는 바 "쉬지 말고 기도하라"라는 의무에 게으르지 않도록 주의하십시오. 더욱 분발하여 매우 자주 열심히 기도하십시오. 계속해서 기도하며 모든 인내로 깨어 있도록 힘쓰십시오. 우리에게서 발견되는 일반적인 잘못은, 기도를 너무 쉽게 잊어버리거나, 혹은 내키지 않는 마음이나 부주의하고도 태만한 자세로 기도한다는 점입니다. 그러나 한낱 세상 사람들도 자기 부모의 명령을 주의하여 지속적으로 수행한다는 것을 기억하십시오.

기도가 예수 그리스도의 피 값으로 얻게 된 특권이라는 사실을 숙고하십시오. 그리스도가 이를 위해 죽으셨습니다. 그분이 피를 흘리셨기 때문에 우리가 그분을 통해 은혜의 보좌 앞으로 나아갈 수 있게 되었습니다. 그런데 그렇게 얻은 특권을 방치하겠습니까? 우리가 계속해서 그렇게 한다면, 우리가 그분의 피를 헛되게 만드는 것입니다. 피로써 얻은 이 특권을 방치하는 것은 우리를 구원한 피의 가치를 가볍게 여기는 것입니다. 기도의 의무를 소홀히 여기는 것은 곧 그리스도의 피를 소홀히 여기는 것입니다.

만일 누군가 당신에게 왜 남의 것을 훔치거나 간음하거나 살인하는 것과 같은 죄들을 피하느냐고 묻는다면, 당신은 "주께서 이런 것을 하지 말라고 명령하셨기 때문입니다"라고 대답할 것입니다. 그렇다면 동일한 주님이 "쉬지 말고 기도하라"라고 명령하신 것에는 어떻게 반응하겠습니까? 왜 어떤 명령에는 따르고 어떤 명령에는 따르지 않습니까?

다니엘서 6장에 기록된 다니엘의 경우를 생각해 보십시오.

"다니엘이 이 조서에 왕의 도장이 찍힌 것을 알고도 자기 집에 돌아가서는 윗방에 올라가 예루살렘으로 향한 창문을 열고 전에 하던 대로 하루 세 번씩 무릎을 꿇고 기도하며 그의 하나님께 감사하였더라"(10절).

그는 왕의 명령에도 지속적으로 기도하는 일을 그만두려 하지 않았습니다. 그래서 그는 평소에 행하던 대로 하루에 세 번씩 기도했습니다. 평소처럼 기도하면 목숨을 잃을지도 모르는 상황에서도 기도하기를 쉬지 않았습니다. 그토록 위험한 상황 속에서도 기도하기를 멈추지 않았습니다. 그런데 왜 당신은 일 때문에, 아주 사소한 이익이나 소득 때문에, 혹은 체면이나 유흥 때문에, 거룩한 기도의 의무를 그렇게 쉽게 중단한단 말입니까?

주님은 우리에게 날마다 먹을 것과 마실 것과 입을 것을 주십니다. 우리에게 필요한 모든 것들을 제공해 주십니다. 그런데도 우리가 그분을 잊어버리고 감사하지도 않으며, 그분의 손에서 우리가 누리는 것들을 받고자 구하지도 않으며, 마치 하나님 없이도 세상에서 잘 살 수 있는 것처럼 그분을 찾지 않는단 말입니까? 그것이 얼마나 부당하고 불공평한 것인지 한 번 깊이 생각해 보십시오. 기도의 의무에 소홀한 것은 세상에서 하나님 없이 살고자 하는 것과 같습니다. 기도하지 않으면, 우리는 그분과 상관없는 자가 될 것입니다. 기도하지 않는 것은, 그분께 공개적으로 반역하는 죄를 짓는 것입니다. 그러므로 기도하기에 게으르지 않도록 주의하십시오.

셋째, 우리는 우리 자신을 위해서 기도해야 합니다. 기도는 하늘의 보고(寶庫)를 열 수 있는 열쇠가 아닙니까? 하늘 문이 닫혔을 때에 그것을 열 수 있는 열쇠가 곧 기도가 아닙니까? 여인의 닫힌 태를 여는 것이 기도가 아닙니까? 엘리야는 비를 내려 달라고 기도했습니다. 엘리야처럼 우리도 모든 복을 내려 달라고 기도할 수 있습니다. 주님의 이름을 부르지 않는 자들에게는 하늘의 모든 보고가 닫혀 있습니다. 오직 기도가 하늘 보고의 문을 엽니다.

우리는 무엇이든지 기도로 얻을 수 있고, 또 활용할 수 있습니다. 기도는 그 무엇보다도 강력한 효력이 있습니다. 누군가 병들었습니까? 신실한 기도가 가장 좋은 약보다도 병을 더 잘 낫게 할 것입니다.

"믿음의 기도는 병든 자를 구원하리니 주께서 그를 일으키시리라"(약 5:15).

열두 해를 혈루증으로 앓던 여인은 많은 의사들을 찾아다녔지만 가진 것을 다 허비했을 뿐 아무 효과도 보지 못했습니다. 그러나 그녀가 그리스도께 나아와서 믿음의 기도를 드렸을 때 오랜 세월 약으로 할 수 없었던 일이 일어났습니다(막 5:25-34 참고).

사랑하는 성도들이여, 만일 왕이나 높은 지위에 있는 사람이 우리에게 호의를 베풀어 주기를 원한다면, 가까운 친구들에게 부탁하는 것보다는 신실하게 기도하는 편이 훨씬 더 빠를 것입니다. 느헤미야가 그랬습니다. 느헤미야는 아닥사스다 왕에게 은혜를 입게 해 달라고 주님께 기도했습니다(느 1:11 참고). 또한 우리가 곤경에 처할 때에 요셉처럼 주님께 기도한다면, 조만간 그 곤경에서 벗어나게 될 것입니다. 기도함으로써 발견하게 되는 방법이 이 세상의 그 어떤 지혜보다도 더 효과가 있는 것은, 하나님께서 기도 가운데 일하시기 때문입니다.

참으로 기도하는 그리스도인에게는 하나님의 능력이 함께합니다. 그래서 그는 세상의 모든 재물로 할 수 있는 일보다 더 큰 일을 할 수 있습니다. 재물은 귀신도 부린다고 하지만, 기도는 하나님이 일하시도록 만듭니다. 기도는 하나님으로 하여금 우리에게 선을 행하시고 우리를 치유하시며 우리를 위험으로부터 건져 내시도록 합니다. 그러므로 우리 자신을 위해서, 우리 자신의 위로와 유익을 위해서 기도해야 합니다.

여러분이 이것을 믿는다면, 이것을 진정으로 믿는다면, 잠시 듣고 이해하는 차원이 아니라 더욱 자주 기도하려고 할 것입니다. 기도에 게으르지 않을 것이며, 부주의한 태도로 기도하지도 않을 것입니다.

넷째, 이 점을 생각해 보십시오. 모든 사람은 기쁨과 위로를 얻고 싶어합니다. 그런데 일반적으로 운동이나 놀이나 기타 우리가 즐거워하는 일들은 우리로 하여금 기도의 의무에서 멀어지게 만듭니다. 이런 일들에 빠지게 되면 영적인 의무를 행하는 데 방해를 받을 뿐입니다. 사실 우리의 마음을 기쁨으로 가득 채우는 가장 좋은 방법은 기도하는 것입니다. 요한복음 16장 24절에서 주님은 이렇게 말씀하십니다.

"지금까지는 너희가 내 이름으로 아무것도 구하지 아니하였으나 구하라 그리하면 받으리니 너희 기쁨이 충만하리라."

우리의 기쁨이 충만해지는 것, 이것이 바로 그리스도께서 우리로 하여금 자주 기도하도록 권면하시는 이유입니다. 저는 야고보서 5장 13절도 그와 동일한 의미라고 생각합니다.

"너희 중에 고난당하는 자가 있느냐? 그는 기도할 것이요."

기도는 고난을 벗어나도록 도와줄 뿐 아니라, 기도하는 사람의 마음을 고무시켜 즐겁게 만들어 주고 위안을 줍니다.

"모든 일에 기도와 간구로, 너희 구할 것을 감사함으로 하나님께 아뢰라. 그리하면 모든 지각에 뛰어난 하나님의 평강이 그리스도 예수 안에서 너희 마음과 생각을 지키시리라"(빌 4:6,7).

이 말씀은 기도가 평화와 안정감을 가져다준다는 의미입니다. 이것이 우리가 지속적으로 기도해야 하는 중요한 이유입니다. 기도는 우리에게 활기를 되찾게 해 주고, 모든 사람이 누리고 싶어하는 평화와 기쁨과 위안을 충만하게 해 줍니다.

또한 기도가 우리의 방패가 된다는 사실을 기억하십시오. 기도는 우리를 안전하게 보호해 주는 투구와도 같습니다. 사람이 기도하기에 게으를 때, 기도로 하나님께 나아가기를 중단할 때, 기도의 의무를 소홀히 여겨 주님과 멀어질 때, 그것은 보호의 울타리를 벗어나는 것과 같고 두더지가 자기 은신처를 벗어나는 것과 같습니다. 주님은 기도하는 자의 방패이십니다. 주님은 자기를 부르는 자의 보호자이십니다. 주님의 이름을 부르는 것은 그분의 날개 아래로 피하는 것이며, 우리의 영혼을 그 날개 그늘 아래 깃들이는 것입니다. 우리가 기도의 의무를 소홀히 할 때부터 보호의 울타리를 벗어나 방황하기 시작합니다.

우리는 날마다 외부의 위험으로부터 보호받아야 하지 않습니까? 또한 내부의 죄와 유혹이라는 위험으로부터 보호받아야 하지 않습니까? 에베소서 6장에서 보는 바와 같이, 기도는 영적 무기 가운데 하나입니다. 하나님의 전신갑주 중에서 기도는 가장 마지막에 언급되었습니다. 이는 마치 나머지 모든 무기들을 단단히 채워 착용하는 것과 같은 것입니다. 사도는 말합니다.

"깨어 구하기를 항상 힘쓰며"(엡 6:18).

우리는 분명히 그렇게 해야 합니다. 왜냐하면 기도는 전신갑주의 일부일 뿐 아니라, 하나님의 말씀과 믿음을 비롯한 다른 모든 영적 무기들을 사용할 수 있도록 하기 때문입니다. 기도가 다른 모든 무기들이 제 기능을 수행하도록 분발시키는 역할을 하는 것입니다. 무기가 있어도 사용하지 않는다면 무슨 소용이 있겠습니까? 기도가 바로 다른 무기들을 쓸 수 있게 하는 역할을 하는 것입니다. 그래서 그리스도께서도 다음과 같이 말씀하셨습니다.

"시험에 들지 않게 깨어 기도하라"(마 26:41).

기도가 우리를 시험에 들지 않도록 안전하게 지켜 주는 방법인 것입니다. 그러하기에 저는 여러분에게 계속해서 기도하고 주님을 찾으라고 말씀드립니다. '당신의 안전과 보호를 위하여'라는 이 한 가지만으로도 쉬지 말고 기도해야 할 충분한 이유가 됩니다.

성벽이 무너진 성 안에 있거나 유혹에 노출되어 있는 것은 매우 위험합니다. 이런 처지에 있는 사람은 "나는 잘되리라고 기대해. 나는 어떤 유혹도 받지 않아. 나는 아무것도 두렵지 않아"라고 말하면서 마음 놓고 있어서는 안 됩니다. 이렇게 다짐하십시오. "이토록 좋은 일을 내가 어떻게 게을리 할 수 있을까? 기도하고 싶을 때에도 나는 기도를 빠뜨릴 수 없고, 설혹 기도할 마음이 내키지 않을 때에도 스스로를 위험에 처하도록 방치할 수는 없어."

만일 사탄이 당신을 노리고 있다면 어떻게 하겠습니까? 만일 세상이 당신을 대적하고 있다면 어떻게 하겠습니까? 달콤한 유혹과 당신의 정욕을 자극하는 유혹이 기다리고 있다면 어떻게 하겠습니까? 그래도 당신이 위험하지 않다고 말할 수 있겠습니까? 그러므로 날마다 기도해야 합니다. 기도에 게으르지 않도록 늘 깨어 있어야 합니다.

만일 당신이 하나님의 충성된 종이 되기를 원한다고 말하면서도 다른 사람들이 기도하는 만큼도 기도하지 않는다면, 얼마나 자주 기도하는지는 차치하고서라도 최소한의 의무에 해당하는 정도도 기도하지 않는다면, 그분을 사랑한다거나 자신이 그분의 종이라고 하는 당신의 모든 말들은 빈말에 불과합니다. 날마다 주님의 이름을 부르지도 않으면서 어떻게 그분의 충성스런 종이 될 수 있겠습니까! 그런 일은 결코 있을 수 없습니다!

만일 당신이 주님을 사랑한다면, 그분의 이름을 부름으로써 그 사랑을 표현할 것입니다. 어떤 친구가 나를 잘 알고 내가 그를 기뻐한다면, 그는 나를 찾아올 것이며, 나 역시 그와 기꺼이 많은 시간을 보내려고 할 것입니다. 그런데 우리가 하나님의 벗이요 그분이 우리의 벗이 되시며 우리가 그분을 기뻐한다고 말하면서 어떻게 기도의 의무에 소홀할 수 있단 말입니까?

보통 사람이 자신의 문제들을 홀로 심사숙고하다가 마음을 열고 누군가에게 그 문제들을 모두 털어놓는다면, 그들을 친구라고 말할 수 있을 것입니다. 반면 이 사람이 다른 사람에게는 잘 말하지도 않고 듣지도 않으려 한다면, 그리고 어쩌다 대화하면서도 마치 상대를 신뢰하지 않는다는 듯이 무성의한 태도를 보인다면, 또 좀처럼 자기 문제를 털어놓지 않는다면, 그들을 친구라고 말할 수 있겠습니까? 그런 사이를 친구라고 말하는 것은 무의미하고도 허탄할 뿐입니다.

이제 이것을 자신에게 적용해 봅시다. 하나님과 교제하고 있노라 말하는 사람들, 하나님과 좋은 관계를 유지하고 싶노라 고백하는 사람들이 있습니다. 그런데 그러면서도 정작 긴급한 일이 생기거나 날마다 새로운 상황과 문제들이 발생할 때, 그 모든 것을 혼자 생각하든지 아니면 사람에게 알리기에만 바쁘다고 합시다. 어쩌다 하나님께 갈 때에도 아주 태만하며, 한참을 미루다가 간혹 여가가 생길 때에라야 하나님께 나아가 문제를 아뢴다고 합시다. 하나님께서 그런 사람을 벗으로 여기시겠습니까? 그리고 그런 사람의 말을 마음에서 우러나온 참된 고백이라고 생각할 수 있겠습니까? 그러므로 끝으로 여러분에게 호소합니다. 기도의 의무를 빠뜨리거나 소홀히 하지 마십시오. 여러분이 알듯이, 그것은 주님의 명령입니다.

"쉬지 말고 기도하라."

2장
기도하지 못하도록 방해하는 장애물들

"쉬지 말고 기도하라"(살전 5:17).

앞에서 전한 내용을 반복하기보다는 강조하기 위해 이 말씀을 좀 더 살펴보고자 합니다. 기도의 의무를 꾸준히 감당하는 것보다 더 중요한 일이 어디 있습니까? 신앙생활의 핵심이 바로 거기에 있습니다. 우리가 만일 기도의 의무를 소홀히 행한다면, 우리의 겉사람과 속사람 모두에게 큰 불이익을 가져올 것입니다.

기도에 게으른 것은 겉사람에게서 복을 빼앗아 갑니다. 당신이 기도에 게으른 사람이라면 지금까지 한 번도 사업에서 진정한 성공을 거두지 못했을 것입니다. 혹 재물은 풍요할런지 몰라도 복은 여전히 결여되어 있을 것입니다. 지붕이 날아가 버려서 저주의 비가 당신의 식탁과 음식과 음료 위에 쏟아지고, 손으로 수고하여 얻은 모든 것 위에 쏟아집니다. 기도하기에 게으른 것은 우리의 손으로 하는 일에 게으른 것과 같습니다. 그것은 스스로를 날마다 위험으로 내모는 것이나 다름없습니다. 외적인 부와 풍요를 얻는 것과 그것을 누리는 복을 받는 것은 별개의 문제입니다.

또한 기도의 의무를 게을리함으로써 당신의 속사람이 얼마나 큰 손해를 입는지를 생각해 보십시오. 속사람은 언제든 불안해지고 혼란스러워지기가 쉽습니다. 또 굳어지고 메마른 땅처럼 되기도 쉽고 영적인 은혜가 손상되기도 쉽습니다. 그리하여 사람의 마음속에서 마치 돌보지 않은 정원처럼 될 것입니다. 부지런히 돌보지 않으면 순식간에 잡초로 무성해질 것입니다. 이렇게 마음의 정원을 돌보는 일이 바로 쉬지 않고 기도하는 것입니다.

엘리바스는 욥에게서 불쾌한 심사가 있음을 발견했습니다. 그는 지금껏 욥이 한 말이 모두 무익하고 헛되다고 지적하면서 이렇게 말합니다.

"참으로 네가 하나님 경외하는 일을 그만두어 하나님 앞에 묵도하기를 그치게 하는구나"(욥 15:4).

마치 이렇게 말하는 것과 같습니다. "욥이여, 그대가 만일 기도의 의무를 성실히 이행했다면 이런 언짢고도 불쾌한 심경에 빠질 수는 없었을 것이네. 그러므로 그대는 기도하기를 멈춘 것이 틀림없네."

우리도 마찬가지입니다. 우리가 만일 하나님께 기도하기를 멈춘다면, 우리의 심사는 곧 언짢고 불쾌해질 것입니다. 세속적인 생각이라는 잡초들이 우리 안에 돋아나기 시작할 것이고, 금세 육적인 상태가 되고 말 것입니다. 하나님을 잊어버리고, 우리 자신을 잊어버리고, 우리가 가졌던 선한 목적과 소원들을 잊어버리게 될 것입니다.

그러므로 우리가 마음의 평강과 질서를 누리기 원한다면 이 의무를 지속적으로 수행해야 합니다. 그렇게 한다면, 비록 평화가 잠깐 방해받는다 하더라도 곧 다시 회복되고 불화가 진정될 것입니다. 이따금씩 언짢은 행동이 돌출된다 하더라도 기도를 통해 모든 것이 수습되고 회복될 것입니다. 잠을 자고 나면 피로가 풀리는 것처럼, 기도가 우리의 감정과 정서를 진정시켜 줄 것입니다. 기도하는 사람은 늘 맑은 기분을 유지할 수 있습니다. 우리의 흐트러진 기분을 회복시키는 데는 그 무엇보다도 기도가 효과적이며, 그 효력 역시 가장 빠르게 나타납니다. 그러므로 기도를 빠뜨리거나 소홀히 하지 않도록 유의하십시오. 만일 기도를 쉬거나 소홀히 한다면, 마치 사람이 잠이나 음식을 제때에 취하지 못하거나 운동을 하지 않아 몸이 느끼는 것과 같은 증세를 영혼이 느끼게 될 것입니다. 그러므로 꾸준히 기도하십시오.

1. 효과적인 기도의 수행

기도가 지속적으로 수행되어야 하는 이유에 대해서는 이미 많이 말했습니다. 이제 이 한 가지 사실을 유념하십시오. 기도의 의무를 형식적으로나 습관적으로 또는 건성으로 수행하는 것은, 마치 기도의 의무를 전혀 이행하지 않는 것과 다름없다는 사실입니다. 왜냐하면 주님은 기도를 횟수로 평가하시는 것이 아니라 무게로 평가하시기 때문입니다. 겉모양만 있을 뿐 실상은 죽은 송장과도 같고 그 속에 아무런 생명력이나 열정이 없는 기도를 하나님은 주목하지 않으십니다.

이것은 매우 널리 퍼진 속임수입니다. 그러나 이것에 속아서는 안 됩니다. 만일 사람이 전혀 기도하지 않았다면 그의 양심은 무거울 것입니다. 그런데 어느 정도 기도한다면 그의 마음은 그 자체로 안도해 버립니다. 그러나 그런 식의 기도는 그를 갈수록 나빠지게 만들 뿐입니다. 주님이 주목하시는 것은 기도의 행위 자체가 아니라 그것의 온전함임을 유념하십시오. 그래야만 기도에 효력이 있고 그 목적이 제대로 달성될 수 있습니다.

어떤 사람이 자기 종을 바깥으로 심부름을 보낸다고 합시다. 그렇다면 그 사람은 자기의 종이 단지 문밖으로 나가는 것이 아니라 나가서 심부름을 제대로 수행하는지에 관심을 가질 것입니다. 다른 일들도 마찬가지입니다. 중요한 것은 일을 수행하는 겉모양이 아니라 실제로 그 일을 제대로 수행하여 효과를 나타내는 것입니다. 당신이 불을 피우라고 종에게 명령했는데 그가 나가서 살아 있는 생나무를 잘라 그 밑에 숯을 놓고 불을 피운다면, 그것은 당신이 의도하는 바가 아닐 것입니다. 마른 나무들을 모아서 부채로 부치든 입으로 불든 해서 불을 피워야만 그 종이 맡은 일을 제대로 수행했다고 할 수 있습니다.

하나님을 향해 더욱 기도함으로써 마음을 뜨겁게 하고 불을 붙여야 할 때, 당신은 여전히 침체되고 무미건조한 마음 그대로 기도를 중도에 멈출지도 모릅니다. 당신의 마음이 기도하기 전과 다름없이 차갑고 냉랭한 채로 말입니다. 사랑하는 성도들이여, 이는 기도의 의무를 제대로 수행하는 것이 아닙니다. 당신의 마음이 기도에 의해 다듬어지고, 기도하기 전보다 더 나아진 상태로 평화를 누려야 비로소 기도의 의무가 효과적으로 수행되었다고 할 수 있습니다.

악한 정욕을 발견했다면, 기도로써 그것을 몰아내야 합니다. 주님 앞에 그 문제를 아뢰고 간청해야 합니다. 절대 그것을 그대로 방치해 두어서는 안 됩니다. 당신의 영혼의 모든 바퀴들이 제대로 맞춰지기 전에, 당신의 마음이 하나님 앞에 온전히 다스려지기 전에, 서둘러 기도를 끝내지 마십시오. 만일 당신의 마음이 세상에 집착하고 있다면, 그 집착에서 벗어나야 합니다. 마음이 죽은 듯이 무덤덤하고 무기력하게 가라앉아 있다면, 당신의 영혼으로 하여금 눈을 높이 들어 주를 바라보도록 하십시오. 마음이 다시 고양되어 영적 활기를 되찾기까지 그렇게 하십시오. 주님은 그런 기도를 기쁘게 받으실 것입니다. 그렇게 하지 않는 기도는 위선일 뿐입니다. 왜냐하면 자기 의무를 전적으로 팽개치고 싶지는 않으면서도 그것을 진지하고 열성적으로 수행하고 싶은 마음도 없을 때, 사람은 위선을 행하게 되기 때문입니다.

전혀 기도하지 않는 사람은 경건하지 않은 사람입니다. 반면 열심히 기도하는 사람은 경건한 사람입니다. 그리고 그 둘 사이에서 어정쩡하게 행하는 사람은 위선자입니다. 위선자는 어느 정도 기도하려고 시도하지만 온전히 기도하지는 않습니다. 그러므로 만일 당신이 날마다 이 의무를 부주의하게 수행하고 있거나 마지못해 성의 없이 수행하고 있다면, 그것이 바로 위선임을 기억하십시오.

저는 지금 여러분에게 기도의 의무를 오랜 시간 지속적으로 수행하도록 권면하고 있습니다. 그러나 단지 지속적으로 기도하는 것에 그치지 말고, 더 나아가 열의와 활력을 가지고 기도해야 함을 기억하십시오. 하나님은 그런 기도를 기쁘게 받으실 것입니다. 당신의 마음이 은혜의 거룩한 분위기에 푹 젖어들어야 합니다. 당신의 내적 태도와 기분이 기도를 시작할 때보다 훨씬 더 좋아져야 합니다.

2. 온전히 기도하지 못하게 방해하는 핑계거리와 근본적인 이유

■ **핑계 1.** 그렇지만 그렇게 하려면 많은 시간을 소비해야 하지 않습니까?

우리가 기도의 의무를 온전히 수행하지 못하게 되는 가장 주된 이유가 바로 이것입니다. 그러나 기억하십시오. 하나님을 찾느라고 소비된 시간은 당신을 방해하지 않습니다. 비록 기도하느라 하루 중 많은 시간을 소비한다고 해도, 기도에 소비된 그 시간이 나머지 시간을 더욱 값지게 만들 것입니다.

성경은 십일조와 헌물에 대해 이렇게 말씀합니다.

"너희의 온전한 십일조를 창고에 들여 나의 집에 양식이 있게 하고 그것으로 나를 시험하여 내가 하늘 문을 열고 너희에게 복을 쌓을 곳이 없도록 붓지 아니하나 보라"(말 3:10).

곡식 더미에서 십일조를 덜어 내었기에 당신이 더 가난해질 것이라고 생각합니까? 그렇지 않습니다. 오히려 당신의 곳간이 더욱 차고 넘치게 될 것입니다. 주님은 "내가 하늘 문을 열리라"라고 말씀하십니다. 하나님께 드린 십일조로 인하여 당신은 오히려 더욱 많은 것을 가지게 될 것입니다. 이러한 원리는 참으로 기도에도 그대로 적용됩니다.

다른 일에도 얼마든지 비유할 수 있습니다. 여러분도 알다시피, 말에게 꼴을 먹이거나 수레바퀴에 기름을 치는 시간이 여행하는 데 지장을 주지는 않습니다. 풀을 베다 잠시 멈추어 낫을 숫돌로 가느라고 소비한 시간이 작업을 지체시키지는 않습니다. 그렇게 잠시 멈추는 것은 일을 방해하는 것이 아니라 오히려 일의 능률을 높여 줍니다.

또한, 사실 기도하는 일이야말로 가장 중대한 일이 아닙니까? 당신의 모든 수고와 노동으로 얻는 것이 무엇입니까? 그것이 재물이라면, 그것은 은혜와 거룩함과는 비할 바가 못 되며, 기도로 말미암는 부요함과도 비할 수 없습니다. 재물보다 좀 더 고상한 학문과 지식이라 해도 마찬가지입니다. 우리 속에서 하나님의 형상을 새롭게 하는 것에 비할 만한 것이 대체 무엇이란 말입니까? 은혜를 얻기 위해 시간을 쓰는 것보다 더 나은 일이 어디 있습니까? 은혜는 우리로 하여금 하나님을 향하여 부요해지고 우리 속사람을 강하게 하여 모든 역경을 능히 통과하게 합니다. 가장 좋은 것을 얻기 위해 사용하는 시간이야말로 가장 귀한 시간이 아니겠습니까?

아담이 낙원에 있을 때, 그는 하나님의 형상을 소유하였기에 세상 그 무엇보다도 가장 뛰어난 존재가 되었습니다. 그것은 지금도 마찬가지입니다. 우리가 더 많이 기도할수록 하나님의 형상을 더욱 많이 닮게 될 것입니다. 기도를 많이 하는 사람은 언제나 많은 은혜를 누리게 됩니다. 기도를 통하여 더욱 증대되는 영적인 은사들은 우리가 수고하고 노력하여 얻을 수 있는 다른 모든 외적인 것보다도 뛰어납니다. 그러므로 비록 기도에 많은 시간을 사용함으로써 다른 것들을 놓쳐 버린다고 해도, 많이 기도하는 사람은 '더 좋은 편을 택한' 사람입니다. 마리아에게 그리스도께서 말씀하신 것처럼 말입니다.

"마리아는 이 좋은 편을 택하였으니 빼앗기지 아니하리라"(눅 10:42).

마지막으로, 이것을 유념하십시오. 당신은 하나님 앞에 예물을 드리려고 나아와 아무런 가치도 없는 것을 바치겠습니까? 당신이 많은 시간을 기도에 할애하여 다른 일에 손해를 보거나 얻을 수 있는 이득을 놓칠 수도 있습니다. 예를 들어, 기도하는 대신 공부하는 데 시간을 썼더라면 얻을 수 있었던 얼마간의 학식을 얻지 못할 수도 있습니다. 혹은 사업을 궁리하는 데 더 많은 시간을 쓰지 못하여 일을 좀 더 완벽하게 처리하지 못할 수도 있습니다. 그러나 이것을 잊지 마십시오. 우리에게 가장 값진 것으로 하나님을 섬기는 것이 큰 지혜입니다! 다윗의 결단을 보십시오.

"값없이는 내 하나님 여호와께 번제를 드리지 아니하리라"(삼하 24:24).

다윗은 하나님께 드릴 제물을 여부스 사람 아라우나에게서 값을 주고 사고자 했습니다. 선하신 주님은 당신이 행하는 바를 보십니다. 그분은 당신이 얼마나 값을 치렀는지, 또 얼마나 손해를 보았는지를 아십니다. 그리고 기꺼이 그것을 보상하실 수 있습니다. 그것을 믿는다면, 왜 당신은 다른 일이나 용무 때문에 기도에 할애하는 시간을 줄이거나 멈추려 하는 것입니까?

■ **핑계 2.** 기꺼이 그렇게 하려고 하지만 기도할 올바른 마음 상태가 되지 않습니다. 더 오래 애쓸수록 마음이 점점 더 흐트러질 뿐입니다.

일반적으로 할 수 있는 한 최선을 다한다면, 비록 당신이 의도한 만큼 잘하지는 못하더라도 그 행위에 대한 당신의 의지를 하나님께서 받으실 것입니다. 물론 사람이 기도하기에 나태하거나 게으르다면 하나님은 그 행위에 대한 의지를 받지 않으십니다. 그러나 기도에 나태하거나 게으르지 않고 힘을 다한다면, 마치 더 주고 싶지만 가진 것이 없어 더 줄 수 없는 경우처럼 할 수 있는 한 최선을 다한다면, 하나님은 그 의지를 받으십니다. 고린도후서 8장 12절을 보십시오.

"할 마음만 있으면 있는 대로 받으실 터이요 없는 것은 받지 아니하시리라."

당신이 할 수 있는 최선을 다할 때, 기도의 의무를 온전히 수행하기 위해 마음을 고양시키고 집중하는 데 수고를 아끼지 않을 때, 하나님은 그것을 받으실 것입니다.

그러나 여기에 좀 더 덧붙여 기도하는 방법의 서투름에 대하여 말하고자 합니다. 많은 경우, 우리는 마음이 준비되지 않을 때 스스로 마음을 준비시켜야 한다고 생각합니다. 기도하기 전에 사색과 묵상의 시간을 가지면서 말입니다. 저 역시 그 효력을 부인하지 않습니다. 그것은 유익할 수 있습니다. 그러나 저는 우리의 마음이 기도하기에 합당하지 않을 때 우리 자신을 준비시키는 가장 좋은 방법은, 묵상으로 우리 스스로를 준비시키며 기다리는 것이 아니라 오히려 즉시 기도하는 것이라고 생각합니다. 왜냐하면 비록 모든 영적인 의무를 수행하는 데 준비가 필요하기는 하지만, 준비해야 할 때라고 말하면서 시간만 보내는 것은 다소 나태하게 여겨지기 때문입니다. 기도의 의무가 즉각적인 것이라면, 즉각적으로 기도하는 그 자체가 바로 기도를 위한 첫 번째 준비인 것입니다.

예를 들어, 경주를 하거나 신체적인 경기를 하려고 할 때에는 반드시 육체의 힘이 있어야 합니다. 그리고 경기력을 갖추기 위해서는 잘 먹어야 합니다. 그러나 무엇보다도 실제의 경기와 동일하게 훈련하는 것이 가장 좋은 준비입니다. 기도의 의무도 이와 같습니다. 속사람이 강건하게 되는 것, 많은 지식을 소유하는 것, 많은 은혜를 소유하는 것, 이 모든 것들은 기도의 의무를 이행하도록 우리를 준비시켜 줍니다. 그러나 즉각적인 준비에 대해서 말하라면, 저는 우리를 기도하도록 준비시키는 가장 좋은 방법은 기도 그 자체라고 하겠습니다. 동일한 행동을 반복하면 그 행동이 더욱 습관으로 굳어집니다. 마찬가지로 기도하는 것 자체가 우리의 기도의 습관과 능력을 더욱 길러 줍니다. 이것은 하나의 규칙으로 "경건에 이르는 길은 경건 자체의 영역 안에 있다" 또는 "은혜에서 자라는 방법은 은혜를 활용하는 것이다"라고 말할 수 있습니다.

루터는 자신의 경험에 비추어 이를 역설합니다. 그의 논거는 이렇습니다. "사람이 스스로 생각하여 애써 자신을 준비시키려 하는 것은 마치 자기 힘만으로 사탄에게 맞서 싸우려는 것과 같다. 반면 내키지 않는 감정과 상태 그대로 기도함으로써 하나님께 나아가는 것은, 하나님을 의탁하는 것이며, 하나님의 힘으로 육체의 본성과 사탄의 유혹에 맞서 싸우는 것이다."

당신도 이것이 자신을 준비시키는 최선의 방법임을 알게 될 것입니다. 일반적으로 스스로 골똘히 생각함으로써 마음을 준비시키고 기도에 헌신하려고 하면 할수록 점점 더 미궁에 빠지고 맙니다.

여기서 기도하기를 꺼려하는 마음과 관련하여 제가 강조하고자 하는 바는, 사람이 최선을 다해 성실하고도 진실하게 행하고자 한다면 내키지 않아하는 상태가 곧 해소되고 기도가 오랫동안 방해받지 않으리라는 것입니다. 기도는 의무입니다. 어떤 경우라도 여기에 대해서 변명할 수는 없습니다. 그러므로 기도할 만한 마음 상태가 아니라는 핑계로 기도의 의무를 이행하지 않아서는 안 됩니다.

■ **핑계 3.** 그러나 여전히 많은 어려움이 있습니다. 그것들을 어떻게 제거할 수 있습니까?

아마도 여기서는 그 어려움들을 그대로 진술하여 당신으로 하여금 그 어려움을 알고 인정하게 하는 것이 가장 좋을 듯합니다.

먼저, 하나님께 지속적으로 기도하는 것이 결코 쉬운 일이 아니라는 사실을 염두에 두십시오. 우리에게는 기도의 의무를 이행하기에 게으르거나 이행하지 않는 것이 훨씬 더 쉽고 자연스럽습니다. 기도의 의무는 매우 영적인 반면 우리의 마음은 육적이기 때문입니다. 영적인 의무에 육적인 마음을 매어 두는 것은 쉬운 일이 아닙니다.

게다가 우리의 본성이 주님의 임재 앞으로 나아오기를 주저합니다. 그것은 한편으로는 그분의 커다란 영광과 위엄 때문에 그렇습니다. 그분이 가까이하지 못할 빛에 거하시기 때문에 우리의 눈으로 그분을 바라보기에는 너무나 눈이 부십니다. 또 한편으로는 우리 자신 때문에 그렇습니다. 우리는 하나님의 임재에 익숙하지 않습니다. 마치 길들여지지 않은 야생 동물이 사람의 손아귀에서 벗어나려고 하는 것처럼, 우리의 본성도 하나님의 임재로부터 벗어나려고 하는 것입니다.

또한 다양한 용무들이 우리를 방해합니다. 모든 것이 우리를 잡아당깁니다. 사람의 마음이 즐거울 때에는 다른 사람들과 만나 어울리는 것이 더 즐겁습니다. 그런데 반대로 마음이 슬프거나 우울할 때에는 친구도 싫고 노는 것도 싫을 뿐만 아니라 다른 것으로부터 벗어나 혼자 있고 싶어집니다. 슬픔이 너무 커서 고뇌의 심연이 우리의 심령을 삼킬 정도라면 특히 기도하기가 가장 어렵습니다. 가룟 유다가 그랬습니다. 그에게는 하나님께 나아가 기도하느니 차라리 스스로 목숨을 끊는 편이 더 쉬웠습니다. 과도한 슬픔에 잠겨 있고 마음의 근심이 지나치게 클 때에는 고상한 사람도 다를 바 없습니다. 이처럼 마음이 즐겁든지 슬프든지, 슬픔이 크든지 작든지 어려움은 언제나 있는 것입니다. 우리가 한가로워서 할 일이 전혀 없다면, 우리의 마음이 헛된 생각에 사로잡힐 것입니다. 반대로 할 일이 가득하다면, 그 일들 때문에 우리의 마음이 분산될 것입니다. 그러므로 기도의 장애물은 언제든지 존재합니다.

그렇다면 이렇게 지속적인 기도를 방해받는 이유에 대해 좀 더 구체적으로 살펴봅시다. 먼저, 세속적인 염려와 생각들 때문입니다. 이것들은 다른 것들에 비해 아주 크고도 보편적인 장애물입니다. 세속적인 염려는 영적인 기도를 방해합니다. 영적인 모임들을 비롯하여 경건에 이르게 하는 일상의 의무들까지도 이행하기 어렵게 만듭니다. 그러므로 기도하는 것이 어렵다면 이런 이유 때문은 아닌지 세심하게 살펴보십시오.

기도를 어렵게 만드는 또 다른 큰 이유, 곧 기도로부터 멀어지고 탐탁하지 않은 마음을 갖게 되는 이유는, 우리가 하나님의 성품을 제대로 숙고하지 않기 때문입니다. 그분의 능력과 섭리에 대한 믿음이 부족한 것입니다. 건강과 질병, 가난과 부, 성공과 실패 등 우리의 모든 것이 그분의 손에 달려 있습니다. 만일 하나님의 능력과 섭리를 제대로 알고 그것을 인정한다면, 우리는 기꺼이 그분의 이름을 부를 것입니다. 그러나 사람들이 그분의 섭리에 대한 믿음이 부족하고, 그분의 위대하심과 강한 능력을 보지 못하기 때문에 그분을 찾기보다는 다른 피조물의 도움을 구하는 것입니다. 어떤 상황을 만날 때, 곧잘 이 사람 저 사람을 찾아다니고 또 이런저런 수단을 강구하지만, 정작 우리가 바라는 대로 해결되도록 하나님께 나아가 기도하지는 않습니다. 왜냐하면 하나님에 대해 무지하고 믿음이 부족하며 그분을 깊이 생각하지 않기 때문입니다.

게다가, 사탄도 우리가 기도의 의무를 이행하지 못하도록 극렬히 방해합니다. 사탄은 기도가 얼마나 중요한지, 또 어떤 결과를 가져오는지를 잘 알고 있습니다. 그래서 마치 아람 사람들처럼, 사탄은 "작은 자나 큰 자와 더불어 싸우지 말고 오직 이스라엘 왕과 싸우라"(왕상 22:31)라는 말씀과 같이 행합니다. 사탄은 기도가 모든 은혜를 분발시킨다는 것을 잘 알고 있습니다. 기도야말로 사탄의 가장 큰 대적입니다. 만일 사탄이 우리로 하여금 기도하지 못하게 만들 수만 있다면, 그가 유리한 위치를 점하게 됩니다. 그래서 사탄은 우리의 손에서 기도라는 무기를 빼앗으려고 안간힘을 씁니다. 우리를 무장해제 시키려고 애씁니다. 그렇게 되면 사탄은 자기가 하고 싶은 대로 우리를 처리할 수 있게 되기 때문입니다.

우리가 범하는 죄들, 특히 중대한 죄들도 기도를 막는 커다란 장애물입니다. 그것들은 우리로 하여금 즐겁게 기도하지 못하게 만들며, 영적인 의무로서도 기도하지 못하게 합니다. 왜냐하면 죄가 양심을 손상시키기 때문입니다. 그것은 우리의 영을 분산시키고 혼란스럽게 합니다. 분명히 흐트러진 마음으로는 기도의 의무를 제대로 이행할 수 없습니다. 죄가 치유되고 용서받아 중대한 죄에 대한 용서를 확신하게 된다고 해도, 마음속에는 여전히 쓰라림이 남아 있을 수 있습니다. 그것이 하나의 장애입니다. 굳이 그 예를 구체적으로 들 필요도 없을 것입니다. 반복되는 우리의 경험으로 충분히 알 수 있기 때문입니다.

그러나 이와 같이 장애물들이 너무 많다고 해도, 우리가 쉬지 않고 기도하는 것을 방해하는 문제들이 아무리 많다고 해도, 우리는 그 모든 난관을 뚫고 가리라 결심해야 하며, 기도를 결코 깨뜨릴 수 없는 하나의 규칙으로 삼아야 합니다. 그렇게 하기가 쉽지 않으며 많은 값을 치를 수도 있다는 점을 기억하십시오. 혹시 당신이 어느 날 이 모든 장애물들을 극복한다고 하더라도, 그다음 날이면 새로운 문제들을 만나게 될 것입니다. 새로운 감정의 혼란과 새로운 욕망, 새로운 정욕의 힘, 새로운 우울함과 의기소침이 찾아올 것입니다.

그러므로 지속적으로 기도하고자 하는 사람은 강한 결의를 다져야 합니다.

제가 만난 가장 경건한 사람 중 한 사람이 이런 말을 했습니다. "저는 하나님께 나아갈 때마다 너무나 많은 장애물을 발견합니다. 그래서 무슨 일이 있더라도 이 의무를 버리지 않겠노라 굳게 결심하지 않고서는 결코 지속적으로 기도할 수 없습니다. 만일 그렇게 하지 않는다면, 설사 기도하더라도 형식적이고도 습관적인 일로 그치고 마는 것입니다."

이 문제에 대해서는 더 말하지 않겠습니다. 이미 충분히 말했으므로 여러분이 그것을 충분히 숙고하기를 바랄 뿐입니다.

3. 기도를 방해하는 마음속의 의문들

하나님을 부르는 기도의 의무를 지속적으로 수행하도록 힘을 북돋우기 위해서는 인간의 마음속에 있는 어떤 의문들을 제거해야 합니다. 그런 감정과 생각들은 기도의 가치를 은밀히 훼손시키고, 미처 깨닫지 못하는 사이에 우리의 관심을 기도에서 멀어지게 만듭니다. 사랑하는 성도여, 우리가 기도에 게을러지는 데는 무언가 원인이 있습니다. 그 원인을 제대로 알고 제거할 수 있다면, 우리는 시간을 더욱 잘 활용할 수 있을 것입니다. 일반적으로 인간의 마음에서 일어나는 반론은 여러 가지입니다. 여기서는 그중에서 네 가지만 간략하게 다루어 보겠습니다.

■ **의문 1.** 우리가 그토록 많은 시간 동안 기도할 필요가 있을까요? 왜 우리가 우리의 필요를 아뢰는 데 그렇게 많은 시간을 소비해야 합니까? 하나님께서 이미 우리의 필요들을 다 알고 계실 텐데 말입니다. 기도한다고 해서 그분께 우리의 필요를 더 잘 아뢸 수 있는 것도 아닙니다. 그분은 이미 충분히 알고 계시니

까요. 그런데도 우리가 그토록 많은 시간 동안 기도해야 합니까?

물론 주님은 우리의 필요를 알고 계십니다. 그러나 그분은 우리가 그 필요들을 아뢰기를 원하십니다. 그렇지 않으면, 우리는 주님을 찾지 않을 것입니다. 그분이 우리에게 주신 것들을 가치 있게 여기지 않을 것입니다. 그분이 우리에게 주신 선물에 대해 고마워하지 않을 것입니다. 그리스도께서 이렇게 말씀하신 것은 우리로 하여금 기도에 더욱 힘쓰도록 하기 위함이었습니다.

"너희 하늘 아버지께서 이 모든 것이 너희에게 있어야 할 줄을 아시느니라"(마 6:32).

하나님께서 우리의 필요를 아신다면 어떻게 해야 할까요? 더 이상 기도하지 말아야 할까요? 아닙니다. 오히려 그 반대입니다. 주님은 우리에게 더욱 진지하고도 끈질기게 기도해야 한다고 말씀하십니다. 그분이 우리의 필요를 알고 계시기에 더욱 기꺼이 우리의 요청을 들어주실 것입니다.

■ **의문 2.** 주님은 필요를 아실 뿐 아니라 그것들을 주시겠다고 우리에게 약속하셨습니다. 그분의 약속은 확실하고도 분명한 것이 아닙니까? 하나님은 정의로우시기 때문에 반드시 약속을 지키십니다. 그런데도 그분의 뜻에 대하여 우리가 그것이 이루어지도록 그토록 많이 기도해야 할 필요가 있겠습니까?

비록 겉으로 명백히 표현되지는 않았더라도, 하나님의 약속들은 이러한 은밀한 조건을 수반하는 것으로 이해되어야 합니다. "네가 만일 기도한다면 나는 너를 위해 이러저러한 일들을 행할 것이다." 하나님이 어떤 특정한 것을 약속하셨을 때, 성경의 인물들은 여전히 진지하게 기도하고 또 기도했습니다. 예를 들어, 하나님이 엘리야에게 비를 내리시겠다고 약속하셨을 때에도 엘리야는 힘써 기도했습니다. 하나님이 다윗에게 그를 위해 집을 세우겠다고 약속하셨을 때에도 다윗은 주의 집에 들어가 그분 앞에 앉아 진지하게 기도했습니다(삼하 7장 참고). 다니엘도 특정한 약속을 받고서 오히려 오랫동안 기도했습니다. 우리 주 예수 그리스도 역시 예외가 아닙니다. 그분에 대한 모든 약속들이 확실했지만, 그분은 기도하셨습니다. 참으로 그분은 기도하며 온 밤을 지새우셨습니다.

그러므로 그 사실을 제대로 이해한다면, 비록 우리가 어떤 약속을 받았다 하더라도 약속된 그 일이 우리에게 틀림없이 일어날 것이라 하더라도, 여전히 하나님의 이름을 부르며 기도해야 합니다.

주님께서 왜 우리가 그렇게 하기를 원하시는지에 대해서는 이미 충분히 설명했습니다. 다만, 여기서는 이 말을 덧붙이고자 합니다. 만일 주님께서 어떤 일을 행할 뜻을 이미 가지고 있으면서도 우리로 하여금 그것을 위해 기도하게 하신다면, 우리가 그렇게 함으로써 그분을 경배하도록 하려는 것이 아닐까요? 주님을 경배한다는 것이 무엇입니까? 구약시대에는 흔히 하나님의 백성들이 몸을 굽혀 경배했습니다. 또 때로는 얼굴을 땅에 대고 엎드려 경배했습니다. 이렇게 하나님을 경배한다는 것은, 그분이 경배받으시기에 합당한 분이심을 인정하는 것입니다. 예를 들어, 우리가 누군가를 숭배한다면 외적으로 공손하고도 예의 있게 그를 대할 것이며, 그렇게 함으로써 그의 뛰어난 가치를 인정할 것입니다. 마찬가지로 우리도 외적인 몸짓을 사용하여 하나님을 외적으로 경배하고, 내적으로 그분의 속성을 인정함으로써 그분을 내적으로 경배하는 것입니다.

이처럼 기도는 무엇보다도 하나님의 속성을 인정하는 것입니다. 하나님께 기도하는 사람은 기도함으로써 그분의 전능하심과 전지하심을 인정합니다. 기도하는 사람은 이방신은 듣지 못하나 하나님은 들으신다는 것을 인정하며, 또 하나님이 그 어떤 인간이나 천사들도 알 수 없는 마음의 은밀한 것을 아신다는 것을 인정합니다. 즉, 기도는 그분의 전능하심, 곧 그분이 무엇이든 하실 수 있음을 인정하는 것입니다. 우리가 그분께 간청하는 데는 그것이 전제되어 있습니다.

또한 기도는 그분의 자비하심과 선하심을 인정하는 것입니다. 그분이 도우실 수 있을 뿐만 아니라 기꺼이 도우시는 분이심을 인정하는 것입니다. 그리고 기도는 그분의 진실하심을 인정하는 것입니다. 그분이 약속하신 바를 이루시는 분이심을 인정하는 것입니다.

우리가 그분께 나아가 간청할 때, 그 기도를 통해 하나님의 모든 속성과 성품들이 인정됩니다. 그러므로 그분에게 나아가 기도하며 간청하는 것은 특별한 방식으로 그분을 예배하는 것과 같습니다. 그렇게 함으로써 우리는 그분을 인정합니다. 그분을 주님이시요 아버지로 인정합니다. 마치 한 어린아이가 어떤 사람에게 가서 축복을 구하거나 그 사람에게 음식이나 의복을 달라고 청하는 것을 볼 때 우리가 "저 사람은 틀림없이 저 아이의 아버지일 것이다"라고 생각하듯이 말입니다. 우리는 하나님께 기도함으로써 그분을 경배합니다. 왜냐하면 기도를 통해 그분의 속성을 인정하고 그분과 우리의 관계를 인정하게 되기 때문입니다.

■ **의문 3.** 나약한 사람의 노력이나 기도로 무엇을 할 수 있을까요? 그것이 전능하신 하나님의 뜻을 바꿀 수 있습니까? 만일 어떤 일에 대해 그분이 나를 위해 계획하신 바가 아닌데도 내가 그분의 뜻을 바꿀 수 있으리라고 어떻게 기대할 수 있습니까?

물론 우리가 하나님을 부를 때, 우리의 기도 때문에 그분의 뜻이 바뀌지는 않을 것입니다. 그러나 우리 안에서 변화가 일어나게 됩니다. 환자가 의사에게 자신의 통증을 완화시키거나 치료해 줄 약을 간절히 구하는데도 그 의사가 한동안 약을 처방하지 않다가 나중에서야 환자에게 약을 준다고 합시다. 왜 그럴까요? 그것은 의사의 마음이 변했기 때문이 아니라 환자의 상태가 변했기 때문입니다. 환자의 상태가 이전과는 달리 약을 받아들일 준비가 되었기 때문입니다. 즉, 의사가 전에 거부했던 처방을 나중에서야 허락하는 것은 의사에게 변화가 일어났기 때문이 아니라 환자에게 변화가 일어났기 때문입니다.

그러므로 사랑하는 성도여, 하나님 앞에 나아가 애써 기도하며 그분과 씨름하십시오. 다만, 그렇게 애써 기도하며 많은 이유를 들어 그분을 설득하고자 할 때 사실 그분을 바꾸는 것이 아니라 기도로 자신을 바꾸는 것임을 기억하십시오. 우리의 탄원과 간구가 그분으로 하여금 우리를 돕도록 설득하는 것이 아니라 오히려 자신의 마음을 믿음 위에 더욱 굳게 서도록 설득하는 것입니다. 더욱 사랑하고 순종하며, 더욱 겸손하고 감사하도록 자신을 설득하는 것입니다. 그것이 바로 기도가 하나님을 설복시키는 이유입니다. 단지 하나님께 기도하는 그 행위 자체가 하나님을 설복시키는 것이 아니라, 신실하고도 영적인 기도가 그 사람의 내적 상태를 변화시켜 하나님이 주시는 복을 더 잘 받아들이도록 준비시키는 것입니다.

그러므로 하나님께서 우리를 가까이하고 우리의 간구를 들어주시기를 바란다면, 먼저 우리가 그분께 진실하게, 그리고 더 가까이 나아가야 합니다. 이것은 배에서 밧줄을 바위에 걸고 끌어당기면 마치 그가 바위를 배 가까이로 끌어당기는 것처럼 보이는 현상과도 같습니다. 그런 식으로 우리가 우리 자신을 주님께로 더욱 가까이 이끌어 가는 것입니다. 우리가 주님께로 가까이 나아갈 때 진실로 주님께서도 우리에게 가까이 오십니다. 그리고는 우리를 도우시고 우리의 청원에 응답하십니다.

그러므로 우리의 기도가 거룩함과 사랑으로 높이 고조될수록, 그리고 그 속에 강력한 탄원이 있을수록 더 좋은 기도가 된다고 말할 수 있습니다. 이런 기도가 하나님을 압도하기 때문도 아니요 기도의 탁월함이 그분을 움직이기 때문도 아닙니다. 오직 이 거룩한 사랑과 강청의 힘이 우리 마음속에서 활동하기 때문입니다. 강청의 힘이 우리의 지각을 변화시키고 거룩한 사랑이 우리의 의지를 변화시켜, 마치 의사에게 치료받을 준비가 된 환자처럼, 우리의 마음이 하나님께서 주시는 것을 받을 수 있도록 준비되는 것입니다.

■ **의문 4.** 하나님께 기도하지 않는데도 엄청난 은혜를 누리는 사람들을 많이 봅니다. 기도하지 않는데도 건강하고 편안히 잠자고 보호받는 사람들도 있고, 반대로 이런저런 것들을 위해 기도하는데도 구하는 것을 얻지 못하는 사람들도 있습니다. 이것을 어떻게 이해해야 합니까?

이 의문은 두 가지 측면에 대한 혼란을 내포하고 있습니다. 어떤 사람은 기도하지 않아도 복을 누리고, 또 어떤 사람은 기도하는데도 구하는 복을 얻지 못한다는 측면입니다.

먼저, 하나님을 찾지 않거나, 혹시 하나님을 찾는다 해도 거룩하고도 영적인 방식으로 찾지 않는데도 건강과 부와 평안과 자유와 그 밖의 모든 풍요를 누리는 사람들이 많이 있습니다. 그러나 그들이 그런 복들을 가지고 있다고 하더라도 그 소유는 불확실합니다. 그들은 그 복들에 대한 약속을 받지 못했으며, 그 복들 역시 약속 위에 세워진 것이 아닙니다.

약속은 의인들에게 주어지는 확고한 은혜입니다. 그러하기에 의인의 복은 약속 위에 세워집니다. 의인에게는 사랑을 확신할 수 있는 아버지가 있고, 그 아버지가 주신 분명한 약속들이 있습니다. 그렇지 않은 자는 비록 무언가를 가지고 있다 해도 그것을 즐기고 있는 동안 언제든지 잃어버릴 수 있습니다. 그런 자가 누리는 복은 일시적입니다. 그의 소유는 마치 원수의 손에서 **빼앗은** 것과 같아서, 얼마나 오랫동안 누릴 수 있을지 전혀 예측할 수 없습니다.

다시 한 번 분명히 말씀드리건대, 하나님의 일반적인 섭리를 통해 복을 잠시 소유하는 것과, 그리스도 예수 안에서 하나님의 은혜와 약속과 사랑으로 말미암아 복을 누리는 것은 전혀 다릅니다. 자연인도 하나님의 복을 많이 소유할 수 있습니다. 하나님은 여로보암을 왕으로 삼아 그에게 한 왕국을 주셨습니다(왕상 12:20 참고). 이처럼 불의한 사람들도 복을 받을 수 있습니다. 물론 하나님께서 그렇게 하셨으며, 그것은 하나님의 섭리입니다. 그러나 자연인은 이런 복들을 은혜 속에서 누릴 수 없습니다.

만일 누군가 주님에게 구한 적이 없는 복, 예를 들어 건강이나 쉼이나 일이나 직업에서의 성공을 누리고 있다면, 그 사람은 차라리 그런 복을 얻지 못한 편이 나을 것입니다. 왜냐하면 그의 소유가 하나님의 복과는 무관하기 때문입니다. 그는 분명 저주와 함께 그것들을 소유하고 있는 것입니다. 그러므로 차라리 그런 것들이 없는 편이 더 낫습니다.

아합은 포도원을 얻지 못한 편이 더 나았을 것입니다(왕상 21장 참고).[1] 게하시는 아람 사람 나아만에게서 선물을 받지 않는 편이 좋았을 것입니다(왕하 5:15-27 참고).[2] 광야의 이스라엘 백성들은 메추라기를 먹지 않는 편이 더 나았을 것입니다(민 11:4-35 참고).[3] 그다음에 그들에게 죽음의 저주가 임했기 때문입니다. 마찬가지로 누군가가 날마다 하나님께 기도하여 구하지 않고서도 평안과 형통과 모든 풍요를 누린다면, 그는 차라리 그런 것들을 갖지 못하는 편이 낫습니다. 왜냐하면 그 모든 것에 저주가 뒤따르기 때문입니다.

미련한 자는 태평하기 마련입니다. 거룩한 기도의 의무를 소홀히 하면서도 번영과 태평을 누리는 것은, 마치 아합이 포도원을 얻은 후에 죽음을 맞은 것

---

1) 역자주 – 아합은 간절히 원했던 포도원을 악한 방법으로 빼앗아 소유했으나 그 일로 인해 오히려 그의 집안에 처참한 재앙이 임하였습니다.
2) 역자주 – 엘리사의 사환 게하시는 거짓말로 나아만에게서 값비싼 사례를 받아 냈으나, 그 일로 인해 나아만의 나병이 게하시에게로 옮겨졌습니다.
3) 역자주 – 이스라엘 백성들이 탐욕으로 메추라기 고기를 구하여 얻었으나 고기가 이 사이에서 씹히기도 전에 하나님의 진노의 재앙이 임했습니다.

과 같습니다. 왕국을 얻는 일이 여로보암에게는 파멸이었습니다. 그러므로 기도하지 않고도 많은 복을 누리는 것으로 위안을 삼을 수는 없습니다.

이 문제를 좀 더 자세히 설명하겠습니다. 사람들에게 많은 복이 주어지는 것은 그들을 위해서가 아니라 교회를 위해서입니다. 몸도 건강하고 지적인 은사들도 많이 받은 사람은 그 은사들을 사용해 더 크게 성공할 수도 있고, 큰 성공을 거두고서는 하나님의 손이 함께했다고 말할 수도 있습니다. 그러나 이 모든 것은 그 사람을 위해서가 아니라 교회와 하나님의 영광을 위해서 이루어진 일이며, 그것을 통해 그로 하여금 무언가 섬기도록 하려는 것입니다. 이사야서 45장 4절 말씀에서 이 점이 명백하게 드러납니다. 주님은 고레스에 대하여 이렇게 말씀하십니다.

"내가 나의 종 야곱, 내가 택한 자 이스라엘 곧 너를 위하여 네 이름을 불러 너는 나를 알지 못하였을지라도 네게 칭호를 주었노라."

이 점을 주목하십시오. 고레스는 크게 번성한 인물입니다. 하나님의 손이 그 위에 있었습니다. 그러나 그 모든 것이 그를 위한 것이 아니라 교회를 위한 것이었습니다. 누군가가 번창하게 된다면, 대부분 그것은 그 사람 자신을 위함이 아니라 하나님의 섭리의 목적을 이루기 위함입니다.

이것을 마음에 새기고 규칙으로 삼으십시오. 만일 우리가 크게 성공하거나 부와 평안을 누리거나 다른 모든 것들을 풍성하게 누리면서도 날마다 하나님을 뵈옵지 않고 우리의 마음을 그분 앞에서 바르고 온전하게 지키지 않으며 그분의 이름을 거룩하게 부르지 않는다면, 우리에게 그것은 복이 아니라 오히려 저주입니다. 우리의 소유가 매우 불확실합니다. 그것은 언제든지 우리에게서 거두어질 수 있으며, 언제 그 일이 일어날지도 알 수 없습니다. 우리가 복을 누리기에 합당하지 않을 때에는 언제든지 그것이 거두어질 수 있습니다. 마치 예상하지 못할 때에 도적이 찾아오듯이, 갑작스럽게 파멸이 찾아올 것입니다.

나무를 죽이려면 제철이 아닐 때 그 줄기를 잘라 버리면 됩니다. 뿌리에 수액이 가득할 때 줄기를 자르면 나무는 곧 시들어 버리기 마련입니다. 하나님께서도 악인을 그처럼 심판하실 것입니다. 그러나 성도에게는 그와 정반대입니다. 하나님은 성도들에게는 철을 따라 가지를 잘라 주십니다. 그리하여 더욱 잘 자라나 더 좋은 나무가 되게 하십니다.

4. 기도 응답에 대한 오해

또 다른 측면에서 누군가가 이렇게 말할지도 모릅니다. "저는 이런저런 것을 위해서 진심으로 많이 기도했지만 주님은 저를 외면하셨습니다."

1) 잘못 구하는 기도

사랑하는 성도여, 우리가 만일 이 반론에 대해 만족스러운 답을 얻는다면 기도의 큰 장애물이 사라질 것입니다. 만일 기도를 응답받지 못했다면, 먼저 잘못 기도하지 않았는지를 생각해 보십시오. 우리는 흔히 이런 잘못을 저지르곤 합니다. 많은 시간을 기도했는데도, 혹은 오랫동안 금식하고 기도했는데도 구한 바를 얻지 못하면, 우리는 곧바로 주님께서 우리의 소리에 귀를 기울이지 않으셨다고 원망합니다. 그러나 대부분 이런 경우에 응답받지 못한 진짜 이유는, 우리가 구해야 할 것을 구하지 않았기 때문입니다.

단지 열심히 기도했다고 해서 훌륭하게 기도했으리라 생각해서는 안 됩니다. 우리가 매우 열렬하고도 끈질기게 기도한 것이 그저 자연스러운 욕구때문일 수도 있습니다. 예를 들어, 매우 어렵고 걱정스러운 상황에서 벗어나기를 바라거나 자신이 어떤 일에서 성공하기를 구하는 지극히 자연스러운 바람으로 그렇게 구할 수도 있습니다. 그런 경우 그 사람이 아무리 간절히 구한다 하더라도 그 기도의 방향이 잘못될 수 있습니다. 영적인 기도나 주님을 향한 거룩한 열망의 표현이 아니라, 단지 주님을 설득하려는 것에 불과할 수도 있는 것입니다.

물론 자연스러운 욕구를 완전히 배제해야 한다는 말은 아닙니다. 때로는 그러한 욕구가 돛에 바람을 더하는 것일 수도 있습니다. 다만 그럴 때에도 바른 항로를 따라 나아가도록 거룩함이 배의 키를 잡고 있어야 합니다. 자연스러운 욕구가 우리를 간절하게 만들 수도 있지만, 기도에는 간절함 그 이상이 필요합니다. 그러므로 당신의 기도를 점검해 보십시오.

또한 우리가 하나님을 열렬히 찾았는데도 구하는 것을 얻지 못했다면, 사도 바울이 말한 바를 생각해 보십시오.

"구하여도 받지 못함은 정욕으로 쓰려고 잘못 구하기 때문이라"(약 4:3).

무언가를 이루고 싶을 때 우리는 하나님께 더욱 간절히 매달릴 것입니다. 그런데 당신의 눈이 자신이 취할 영광을 바라보고 있지는 않습니까? 그 일을 통해 다른 사람들이 자신을 칭찬하고 우러러보기를 원하지는 않습니까? 당신이 건강을 간절히 원하는 것이 단지 좀 더 즐겁게 살기를 바라기 때문이 아닙니까? 단지 어떤 야심 때문에 당신의 형편을 바꾸어 줄 부와 성공을 원하는 것은 아닙니까? 그러한 욕망으로 부자가 되려는 것은 죄입니다. 당신이 일하는 분야에서 대단한 사람이 되고 싶거나 당신의 집을 일으키고 싶습니까? 물론 하나님께서 그런 것을 주시기도 하지만, 그것 때문에 우리의 욕망이 고조되거나 그 욕망 때문에 기도하는 것은 잘못입니다. 디모데전서 6장 9절을 보십시오.

"부하려 하는 자들은 시험과 올무와 여러 가지 어리석고 해로운 욕심에 떨어지나니."

사람의 욕망이 지나칠 때, 음식이든 의복이든 그에게 필요한 정도 이상을 바랄 때, 그러한 자연적인 욕구는 욕심으로 변질됩니다. 욕구가 정도를 넘어설 때, 그것은 단순한 욕구가 아니라 탐욕으로 변하기 시작합니다. 그러하기에 "부하려 하는 자들은"이라는 말씀 다음에 '욕심'이라는 단어가 이어지는 것입니다.

그렇다면 하나님께 무언가를 구할 때 그것이 욕심을 따른 것인지 아닌지 어떻게 알 수 있을까요? 우선 사람이 자기 마음을 살피고 공정하게 자기를 평가한다면, 그 목적이 무엇인지를 스스로 잘 알 수 있습니다. 그런데 만일 그런 방법으로도 알 수 없다면, 그 일의 결과로 당신이 제출하는 결산서를 통해 알 수 있습니다.

주인이 청지기에게 큰 돈을 맡겼다고 합시다. 그런데 그 청지기의 결산서 내역을 보니, 그는 자신을 위해 좋은 의복을 사고 사치하고 유흥하는 비용으로 많은 돈을 썼습니다. 그렇다면 그 청지기는 주인의 돈을 잘못 사용한 것입니다. 주인이 그에게 큰 돈을 맡긴 것은 주인의 유익을 위한 것이었기 때문입니다.

그러면 우리의 건강과 많은 시간과 힘이 어디에 사용되었는지를 살펴봅시다. 우리 자신의 계획과 세속적인 일을 위해서는 그토록 많은 시간과 힘을 쓰면서도, 기도를 통해 우리 자신을 하나님 앞에 온전하게 하는 데는 너무나 보잘것없는 시간과 노력만을 쓴 것은 아닙니까? 하나님을 존중하지도 않고 제대로 섬기지도 않은 것은 아닙니까? 자신의 시간과 건강과 힘과 지혜를 날마다 어떻게 사용하였는지 숙고해 보십시오. 우리가 가진 모든 것을 어떻게 소비하고 있는지 숙고해 보십시오. 그러면 우리가 하나님께 구하는 것이 우리 자신을 위해 쓰려는 것인지, 아니면 주님을 위해 쓰려는 것인지를 분명히 알 수 있을 것입니다. 만일 자신의 욕심을 위해 기도하고 있다면, 당신의 기도를 바꾸십시오. 그러면 하나님께서 당신의 삶을 바꾸실 것입니다.

낚시꾼이 강에 미끼를 던지는 모습을 떠올려 봅시다. 낚시꾼은 미끼를 던지고서 한참이 지났는데도 아무것도 낚지 못하면, 미끼를 끌어 올려 그것을 고쳐 손질합니다. 그리고 미끼가 잘 끼워진 것을 확인하고 나서 다시 던지고는 또다시 기다립니다. 우리도 그렇게 해야 합니다. 만일 당신이 오랫동안 기도했는데도 구하는 바를 전혀 얻지 못했다면, 당신의 기도를 면밀히 검토하십시오. 그것이 제대로 되었는지를 확인하십시오. 그리고 만일 잘못되었다면, 먼저 당신의 기도를 고치십시오. 그러면 하나님이 당신을 바라보시고 기꺼이 당신의 기도를 들으실 것입니다. 만일 기도가 마음 깊은 곳에서 우러나온 신실한 것이라면, 육적인 욕망이 아니라 거룩한 열망으로 올려 드리는 것이라면, 미끼를 던지고서 잠잠히 기다리십시오. 계속 기도하면서 적당한 때에 주님이 찾아오시기를 기다리십시오.

2) 기도 응답의 방식(way)에 대한 오해

기도에 아무 응답이 없다면 잘못 기도하지 않았는지를 살펴봐야 합니다. 종종 우리는 무언가에 실패했을 때, 우리 자신의 태만이나 잘못이 아닌 다른 것을 탓하곤 합니다. 몸이 약해지고 아프게 되었을 때 사람들은 더러 음식을 못 먹었거나 잠을 잘 자지 못해서 그렇지 않은가 생각합니다. 그러나 기도를 제대로 못한 것에 대해서는 생각하지 않습니다. 어떤 일이 잘못되었을 때에 사람은 앞일을 제대로 예측하지 못한 자신을 점검합니다. 무언가를 어리석게 처리하지는 않았는지, 사용할 수 있었던 이런저런 방법들을 간과하지는 않았는지 점검합니다. 그러나 기도에 대해서는 결코 생각하지 않습니다. 사실 바로 그것이 우리의 약함이나 실패의 주요 원인인데 말입니다. 비록 하나님이 직접적인 원인은 아니라 할지라도, 하나님의 도우심의 부재가 가장 큰 원인입니다. 모든 복이 그렇듯, 모든 화도 그분이 주관하십니다. 그분은 우리의 순종에 따라 우리에게 선한 일을 행하시기도 하고 그 반대로 행하시기도 합니다.

그런데 때로는 우리의 기도가 옳은 경우도 있습니다. 이것 역시 숙고해 봅시다. 기도에 응답이 없는 것 같을 때, 사실 우리가 종종 오해하는 것일 수도 있습니다. 그런 생각을 바로잡아야 합니다. 하나님은 우리의 생각과 다른 식으로도 얼마든지 응답하실 수 있기 때문입니다.

사람은 건강한 몸으로 열심히 기도하고 하나님을 잘 섬길 수 있습니다. 그러나 때로는 연약한 몸으로 하나님을 더 잘 섬길 수도 있습니다. 연약한 몸을 통해 그분을 더욱 경외하게 되기 때문입니다. 몸의 질병으로 인해 세상을 향한 애정이 사라지고, 하늘의 생각으로 가득 차게 됩니다.

바울의 경우를 생각해 보십시오.

"나에게 이르시기를 내 은혜가 네게 족하도다. 이는 내 능력이 약한 데서 온전하여짐이라 하신지라. 그러므로 도리어 크게 기뻐함으로 나의 여러 약한 것들에 대하여 자랑하리니 이는 그리스도의 능력이 내게서 머물게 하려 함이라"(고후 12:9).

바울은 기꺼이 자신의 약함을 자랑하고자 했습니다. 왜입니까? 그것이 그의 마음을 더욱 거룩하고도 은혜에 합당한 상태로 만들었기 때문입니다. 바울은 그것을 자신이 기대했던 방식이 아니라 다른 방식으로 얻게 되었습니다. 주님은 바울에게 겸손의 은혜를 더하셨습니다. 바울은 자신의 약함을 통해 그리스도의 능력이 더욱 온전해지는 것을 보았습니다. 그리고 이것이 그에게 계시되었을 때 그는 만족하였습니다.

사람이 원수의 공격으로부터 보호를 받는 것이나 그것을 막도록 방패와 투구를 얻는 것은 결국 같은 일입니다. 돈이나 재산을 구하는 사람에게 하나님께서 그것 대신 고기와 음료와 의복을 직접 공급하신다면, 이 또한 결국 같은 것이 아니겠습니까? 또 어떤 사람에게는 자신의 집과 가구들 때문에 매우 안락한 생활을 누리게 하신 반면 다른 사람에게는 좀 더 소박한 집을 주시고 그 대신 그런 환경에서 잘 견딜 만한 튼튼한 몸을 주셨다면, 그 역시 더 우아한 집에서 누리는 편안함을 누릴 수 있지 않겠습니까?

의사가 환자에게 마실 음료를 줌으로써 갈증을 해소하게 하는 것이나 다른 신선한 과일로 목마르지 않게 하는 것이나 결국 같은 것입니다. 원수가 우리를 해치지 못하도록 주께서 우리를 보호하시는 것이나 우리에게 튼튼한 방패와 갑옷을 주셔서 해를 당하지 않게 하시는 것이나 결국 같은 것입니다. 더 많은 예를 들 수도 있습니다. 비록 주님께서 우리가 기도한 것을 우리가 원하는 방식대로 주시지 않는다 할지라도, 그분은 다른 방식으로 그 일을 행하실 것입니다.

3) 기도 응답의 수단(means)에 대한 오해

우리는 기도 응답의 방식에 대해서 오해하듯이 종종 응답의 수단에 대해서도 오해합니다. 우리는 기도할 때에 어떤 특정한 수단을 간절히 구하면서, 그것만이 유일한 수단이요 다른 길은 없다고 단정하기도 합니다. 그러나 하나님은 우리가 생각하지도 못한 전혀 다른 길을 찾아내실 수 있습니다.

바울은 순조롭게 로마로 갈 수 있기를 기도했습니다. 바울이 예루살렘에서 체포되어 이리저리로 감옥을 옮겨 다닐 때, 그는 하나님께서 그런 방법으로 자신을 로마로 보내시리라고는 미처 생각하지 못했습니다. 그러나 하나님은 그를 로마로 보내셨을 뿐만 아니라 그를 보호하는 일행들과 함께 매우 안전하게 보내셨습니다. 하나님은 바울이 생각한 것보다 더 좋은 방법으로 그를 로마에 보내셨습니다. 바울이 결코 꿈꿀 수도 없었던 수단을 사용하신 것입니다.

나아만 장군 역시 어떤 특정한 방법을 기대했습니다. 그는 이스라엘의 선지자가 마중 나와서 자신에게 손을 얹고 기도해 주리라고 생각했습니다. 그런데 그냥 요단강에 가서 몸을 씻으라니요? 그는 애써 멀리까지 찾아온 수고가 헛되며 자신의 요청이 거절당했다고 여겼습니다. 그런 방법은 전혀 생각하지도 못했기 때문입니다. 그러나 요단강에 가서 씻는 것, 너무나 미약하고 보잘것없는 수단처럼 보였던 그것이 바로 하나님이 뜻하신 응답의 수단이었습니다.

이렇게 우리는 오해합니다. 우리는 특별한 수단을 정해 놓고는 그렇게 되지 않았을 때, 하나님이 우리가 기대하는 수단을 사용하지 않으셨을 때, 기도가 소용 없었다고 섣불리 결론을 내립니다.

요셉은 바로의 술 맡은 관원장이 자신을 감옥에서 구해 낼 수단이 될 것이라고 여겼습니다. 그러나 그 일은 요셉의 예상보다 훨씬 뒤에 이루어졌습니다. 요셉은 그 관원장이 자신을 기억해 주기를 바랐으나 그는 요셉을 까맣게 잊어버렸습니다. 요셉이 감옥에서 나오게 된 것은 전혀 예상하지 못했던 방식, 바로 왕의 꿈을 통해서였습니다(창 40,41장 참고). 모르드개의 경우도 마찬가지입니다. 구원은 모르드개가 전혀 예상하지 못했던 낯선 방식으로 찾아왔습니다(에 6:1,2 참고). 아브라함은 이스마엘을 약속의 자녀로 여겼지만, 하나님은 그 생각이 틀렸다고 말씀하셨습니다. 아직 태어나지도 않은 이삭이 하나님께서 약속의 후사로 세우실 아들이었습니다(창 17:18,19 참고).

이스라엘 백성들은 모세가 광야에서 돌아와 여호와의 말씀을 전하며 이적을 행했을 때 즉시 자신들을 구원할 것이라고 여겼습니다. 그러나 하나님께서 다른 방식으로 일하셨음을 우리는 압니다. 바로는 강퍅하여 백성들을 놓아주지 않았으며, 백성들이 겪는 억압은 더욱 커져만 갔습니다. 바로의 미움과 억압으로 이스라엘의 형편은 더욱 나빠졌습니다. 그러나 학대를 더함으로써 바로의 죄가 더 커졌고, 그의 파멸이 무르익게 되었습니다(출 4:29-5:21 참고). 또한 억압으로 백성들은 더욱 겸비해졌습니다. 그들은 억압으로 인하여 더욱 힘써 기도하고 하나님께 더욱 간절히 부르짖게 되었습니다. 그리고 그렇게 구원을 위해 기도함으로써 구원받기에 더욱 합당하게 준비되었습니다. 모세 역시 오랫동안 훈련을 받음으로써 더욱 겸손해지고 이스라엘을 구할 자로 더욱 합당하게 준비되었습니다. 이와 같이 하나님이 우리의 생각과는 다르게 행하시는 것 같을 때, 그것이 우리를 구원하는 하나님의 방식일 수 있습니다.

사랑하는 성도들이여, 우리는 흔히 어떤 특정한 수단과 방법만을 고집합니다. 그래서 주님의 의도와는 관계없이 "누군가가 어떻게 해야 하며, 어떤 일이 어떻게 일어나야 한다"라고 단정합니다. 그러다가 예상한 수단과 방법대로 구원을 얻게 되면, 그 수단 자체에 구원의 공로를 돌립니다. 주님께서 기드온이 큰 군대를 모으도록 허락하지 않으신 것도 그런 이유 때문입니다. 수만의 군사는 너무 많았기에, 하나님은 오직 소수의 군사만을 뽑으셨습니다(삿 7:2-7 참고).

사람들은 흔히 이렇게 생각합니다. "오, 만일 그런 사람의 도움을 얻을 수 있다면, 만일 그런 방법을 사용할 수 있다면, 일이 해결되고 성공할 수 있을 텐데……." 그러나 주님은 우리가 대단하게 여기고 의존하는 그것을 흩어 버리실 수도 있습니다. 가장 그럴듯한 방법을 제쳐 두고, 전혀 그럴듯하지 않은 수단을 사용하여 그 일을 성취하시기도 합니다. 주님의 역사는 대부분 그런 식입니다. 가장 어리석고 미약해 보이는 수단을 사용하셔서 자신의 왕국을 세우시는 것입니다. 그러므로 실망하지 마십시오.

우리는 위대한 왕과 같은 인물이 교회를 일으키고 전쟁에서 승리하고 큰 일을 이룰 것이라고 기대하며 기도합니다. 그리고 그렇게 해 달라고 주님께 아룁니다. 그런데 만일 주님이 그렇게 하시지 않는다면, 우리가 외면당한 것입니까? 우리의 기대대로 위대한 왕이나 장군이 성공하지 못하면, 더 이상 도움이 없는 것입니까? 아마도 그것이 주님께서 우리를 도우시는 방법이 아닐 수도 있습니다. 그분이 교회를 다른 방식으로, 우리가 전혀 예상하지 못한 방법으로 도우실 수도 있습니다.

큰 곤란에 빠져 구원받기를 바라는 사람은 이런 식으로 생각합니다. "이 일은 이렇게 되어야 해. 다른 길이 없어." 그리고는 그렇게 되게 해 달라고 열심히 기도합니다. 그러나 주님께 맡기는 편이 더 좋습니다. 할 수 있는 한 진실하고도 간절히 기도하면서 우리의 필요를 그분께 아뢰었다면, 그분의 방법으로 일하시도록 맡겨야 합니다. 그것이 지혜롭습니다.

숙련된 기술자에게 어떤 일을 부탁할 때에는 "선생님, 이 일을 이런 방법으로 해 주십시오"라고 말하지 않아도 됩니다. 도구를 제작하는 일이든, 집을 건축하는 일이든, 그가 알아서 자신의 방법대로 일할 것입니다. 우리는 그가 어떻게 일하는지 알지 못해도 그를 믿고 일을 맡길 것입니다. 그런데 왜 하나님을 믿지 못합니까? 왜 그분께 맡기고 그분의 방식대로 일하시도록 맡기지 않습니까? 비록 우리가 기대했던 방법이 아닐지라도, 아마도 그것이 우리가 바라는 바를 이루는 최선의 방법일 것입니다.

4) 기도 응답의 시기에 대한 오해

우리는 방법이나 수단에 대해서 자주 오해하는 것과 마찬가지로 때와 시기에 대해서도 자주 오해합니다. 주님께서 어떤 일을 행하시리라 계획하고 계실지 모르지만, 그때가 우리가 기대하는 때와 다를 수 있습니다. 사람은 곤경이나 고통에서 벗어나기를 기도하다가 그 시기가 너무 길어지면 이렇게 말합니다. "내 기도는 상달되지 못한 것 같다. 그래서 내가 즉시 건짐을 받지 못하는 것이 분명하다!" 그러나 마치 우리는 고통스러운 석고 붕대를 빨리 벗어 버리고 싶어하지만 의사가 환자에게 이로운 것이 무엇인지를 더 잘 아는 것과 같습니다. 비록 주님이 그 일을 즉시 행하시지 않는다 하더라도, 우리보다 더 지혜로우신 주님이 결국 그 일을 행하실 것입니다.

그러므로 기도가 거절되었다고 말하지 마십시오. 기도가 거절되는 것과 지연되는 것을 구분해야 합니다. 주님께서 혹시 우리가 요청한 일을 미루실 수도 있겠지만, 결국 가장 좋은 때에 그 일을 행하실 것입니다. 이것이 보편적인 규칙입니다. "하나님의 때가 최선의 때이다."

우리는 어떤 일을 구하려고 나아올 때 그 일이 즉시 이루어지기를 바랄 것이고, 또 그것이 가장 좋은 때라고 생각할 것입니다. 하나님과 우리 사이의 모든 논점은 그 일이 이루어지는 가장 적절한 때가 언제인가 하는 것입니다. 우리는 '즉시'라고 생각하는 반면, 하나님은 아마도 '일 년 후'에 그 일을 행하실 수도 있습니다. 당연히 하나님의 선택이 최선입니다. 우리 역시 나중에는 그것을 알게 될 것입니다. 그러므로 그때가 이를 때까지 기꺼이 기다리십시오.

그분이 지체하시는 데는 많은 이유가 있습니다. 우리의 믿음을 시험하는 것일 수도 있고, 우리의 경건을 증대시키고 우리 속사람의 성품을 단련시키는 것일 수도 있습니다. 그분이 지체하시는 데는 선한 뜻이 담겨 있습니다. 하나님은 야곱에게 복 주시고자 얍복 나루를 찾아오셨지만, 밤새도록 그와 씨름만 하면서 아침이 되어 동이 트기까지 지체하셨습니다(창 32:24-32 참고). 다니엘의 경우도 마찬가지입니다. 그가 기도하기 시작할 때부터 주님은 그의 기도를 들으셨지만 여전히 그로 하여금 계속 기도하게 하셨습니다.

"다니엘아 두려워하지 말라. 네가 깨달으려 하여 네 하나님 앞에 스스로 겸비하게 하기로 결심하던 첫날부터 네 말이 응답받았으므로 내가 네 말로 말미암아 왔느니라"

(단 10:12).

이와 같이 주님께서 지체하시는 데는 많은 목적이 있습니다. 그분의 때를 받아들이고 만족하십시오.

여기에 덧붙여 이것을 유념하십시오. 우리가 주님께 무언가를 해 달라고 구할 때, 그것이 그분의 다른 섭리와 어긋날 수도 있다는 것입니다. 그럴 경우에는 우리의 요청이 거절되더라도 만족해야 합니다.

이에 대해 누군가 이렇게 질문할 수도 있습니다. "그렇지만 인간의 요청과 하나님의 섭리가 조화될 수도 있지 않을까요?" 물론 그럴 수도 있습니다. 비록 어떻게 해서 그렇게 되는지는 우리가 알지 못하지만 말입니다.

하나님이 하시는 일은 사람의 일과 같지 않습니다. 사람의 경우에는 두 명의 탄원자가 있을 때에 어느 한쪽 편을 들면 다른 한쪽에는 반대해야 합니다. 그러나 하나님은 양자 모두를 조화시켜 최선을 이루십니다. 예를 들어, 다윗은 성전짓기를 간절히 바랐지만 주님은 다른 목적을 가지고 계셨습니다. 그리하여 주님은 섭리 속에 솔로몬을 성전 건축자로 정하셨습니다. 진정 이것이 다윗에게도 훨씬 좋은 일이었습니다. 비록 다윗이 성전을 건축하지는 못했지만 다윗은 더할 나위 없는 최선의 결과를 얻었습니다. 주님은 다윗에게 집을 세우는 일에 관해서 말씀하시기를, 오히려 주님께서 다윗을 위해 집을 세우겠노라고 하셨습니다. 결국 솔로몬이 성전의 건축자가 되었지만 다윗의 기도도 충분히 이루어진 것입니다.

우리가 하나님의 섭리를 안다면, 우리의 뜻을 굽히고 그분의 섭리대로 되는 것이 최선임을 인정할 것입니다. 그러므로 어떤 경우에는 우리의 요청이 거절되는 편이 더 나을 수도 있습니다.

정리하자면, 기도의 응답이 지체될 때 우리는 하나님이 우리의 기도를 거절하셨다고 쉽게 오해하곤 합니다. 그러나 대부분 하나님이 지체하시는 데는 특별한 이유들이 있습니다. 그분은 우리를 위해 가장 적절한 때에 우리의 요청을 들어주십니다. 이는 마치 의사가 환자에게 적절한 때에 적절한 처방을 하는 것과 같습니다. 우리는 이러한 하나님께 순복해야 합니다. 하나님은 자신의 모든 일을 가장 적절한 때에 주권적으로 행하시며, 우리의 탄원 역시 가장 적절한 때에 들어주십니다. 구원이나 축복이나 위로나 우리가 그분께 구하는 모든 것에는 정해진 때가 있습니다. 만일 우리에게 그 시기를 결정하라고 한다면, 우리는 모든 일을 우리에게 가장 편리한 때에 처리하려 할 것입니다. 미처 상처가 낫기도 전에 환부를 감싼 붕대를 풀어 버리려 할 것입니다. 아직 풀지 않는 편이 우리에게 더 이로운데도 말입니다.

사랑하는 성도여, 하나님은 우리로 마귀의 의도에서 벗어나게 하십니다. "마귀가 장차 너희 가운데에서 몇 사람을 옥에 던져 시험을 받게 하리니 너희가 십 일 동안 환난을 받으리라"(계 2:10).

그 기간은 마귀가 원하는 때와 다릅니다. 하나님께서는 그 기간을 열흘로 정하실 수도 있고, 거기에 열흘을 더하실 수도 있습니다. 그 기간이 성도들이 원하는 것보다 길 수도 있지만, 어느 쪽이든 하나님께서 때를 정하십니다. 그러므로 우리는 우리가 요청하는 것이 지연되는 데는 분명한 이유가 있을 것이라 생각하면서 하나님을 신뢰하고 기다려야 합니다.

하나님께서 지체하시는 것은 대부분 다음과 같은 이유들 때문입니다.

첫째, 하나님은 우리의 믿음을 시험하기 위해서 지체하십니다. 주님께서 가나안 여인의 간구에 한동안 응답하시지 않고 지체하셨음을 우리는 알고 있습니다. 비록 주님은 그녀의 간구를 들어주고자 하셨지만, 그 여인의 믿음을 시험하기 위해 오랫동안 지체하셨습니다. 그리고 그 여인은 그것 때문에 버려진 것이 아니라 구한 것 이상으로 넘치는 은혜를 받았습니다(막 7:24-30 참고).

둘째, 하나님은 우리를 더욱 겸손하게 만드시려고 지체하십니다. 바울은 힘써 기도했으나 하나님은 그를 더욱 겸손하게 만들기 위하여 지체하셨습니다. 이스라엘의 모든 회중이 베냐민 지파의 악을 징계하고자 하나님께 묻고 기도했을 때, 그들의 대의명분은 정당하였고 하나님도 그들을 돕고자 하셨습니다. 그런데도 그들은 두 번이나 대적에게 패배했습니다. 그들은 울며 기도했고, 하나님도 그들의 기도를 들어주려 하셨지만, 우리가 성경에서 보는 바와 같이 그들은 더욱 낮아져야 했습니다. 그들의 마음이 더 깨져야 했으며, 더 준비되어야만 했습니다(삿 20장 참고).

셋째, 하나님은 그분이 주시는 복을 우리가 더 잘 감당할 수 있도록 하기 위해서 지체하십니다. 그래서 오래 지체하신 후에야 요셉을 발탁하여 높이 올리셨으며, 오래 지체하신 후에야 다윗에게 왕국을 맡기셨습니다. 그들은 오랜 역경을 견뎌 냄으로써 하나님께서 주실 큰 성공과 번영을 더욱 잘 감당할 수 있게 되었습니다.

그리고 마지막으로, 하나님의 복의 가치를 더욱 높이기 위해서 지체하십니다. 마치 낚시꾼이 미끼를 살짝 들어 올리면 물고기가 더욱 미끼를 물려고 다가가는 것과 같습니다. 하나님께서 복을 뒤로 미루심으로써 우리로 하여금 그것을 더욱 간절히 바라고 열심히 기도하게 하시고, 마침내 우리가 구하는 것을 얻었을 때 그 가치를 더욱 높이도록 하시는 것입니다.

5) 기도 응답의 크기에 대한 오해

우리는 응답의 시기가 지체되는 것을 거절당한 것으로 오해하는 것과 마찬가지로, 받은 응답의 크기에 대해서도 종종 오해합니다. 대부분의 경우 하나님은 우리가 얻고자 하는 것을 주십니다. 그러나 우리가 기대하는 만큼 얻지 못하면 우리는 마치 아무것도 얻지 못한 것처럼 여깁니다. 그리고는 주님께서 우리의 기도를 듣지 않으셨다고 생각합니다. 실상은 그렇지 않은데도 말입니다.

적은 분량이 때로는 큰 분량 못지않은 효력을 지닙니다. 주님은 바울에게 "내 은혜가 네게 족하도다"(고후 12:9)라고 말씀하셨습니다. 비록 유혹이 언제나 우리를 찾아온다 하더라도, 만일 우리에게 끊임없이 그것과 맞서 싸울 수 있는 은혜가 있다면, 우리 속에 죄 사함을 얻게 하고 우리를 지탱하고 위로해 주는 은혜가 있다면, 그 은혜만으로도 충분합니다. 그 은혜가 우리를 천국으로 이끌어 줄 것입니다. 마치 우리가 구원받지 못하는 것처럼 보일 때에도 실상 구원은 우리의 것입니다. 비록 우리가 원하는 만큼 완전한 승리를 얻지 못하였을 때에도 그 은혜는 충분합니다.

우리가 하나님께 올려 드리는 거의 모든 기도에서 적은 분량이 큰 분량 못지않은 효력을 지니는 것을 볼 수 있습니다. 외적인 측면부터 먼저 살펴봅시다. 적은 소득이 많은 소득 못지않습니다. 성경은 "적은 소득이 공의를 겸하면 많은 소득이 불의를 겸한 것보다 나으니라"(잠 16:8)라고 말씀합니다. 왜냐하면 적은 것에도 하나님이 복으로 채우시면 큰 효용이 있기 때문입니다. 반면 큰 소득을 얻는다 해도 하나님이 그것을 흩어 버리시면 빈털터리와 다름없어집니다.

어떤 사람은 큰 재산이 있고 외적인 부가 넘치도록 많은데도 스스로 마치 텅 빈 것처럼 느끼기도 합니다. 그 모든 것이 공허하고 허무하여 마치 알맹이 없는 겨와 같이 부피만 클 뿐 아무런 유익과 위로를 주지 못할 수도 있습니다. 반면 적은 것이 큰 유익과 위로를 줄 수도 있습니다. 만나의 경우가 그렇습니다. 적게 거둔 자도 모자라지 않으며, 많이 거둔 자도 더 큰 유익과 위로를 얻는 것이 아닙니다. 다니엘은 소량의 채식과 물로 영양을 섭취했지만, 왕의 진미와 고기를 먹은 다른 사람들보다 훨씬 건강하고 안색도 좋았습니다

(단 1:12-15 참고). 이처럼 적은 것이라 해도 큰 것에 비해 전혀 모자람이 없습니다.

마찬가지로, 적은 은혜가 잘 활용되고 진보한다면 우리에게 큰 유익을 줄 수 있습니다. 이 말을 확증하는 성경 말씀을 살펴봅시다. 빌라델비아교회를 향한 유명한 말씀을 보십시오.

"네가 작은 능력을 가지고서도 내 말을 지키며 내 이름을 배반하지 아니하였도다"(계 3:8).

비록 그들이 가진 능력이 작았지만, 그러나 그 작은 능력으로도 그들은 주님의 말씀을 지키고 주님의 이름을 배반하지 않았습니다. 빌라델비아 사람들에게는 해야 할 두 가지 일이 있었습니다. 그것은 곧 하나님의 말씀을 지키고, 그분의 이름을 시인하는 것이었습니다. 그들이 가진 작은 능력도 그 두 가지 일을 하기에는 충분했습니다. 그리고 주님께서는 그 교회에서 어떤 잘못도 찾지 않으셨습니다. 반면 다른 교회들은 큰 힘을 가지고서도 더 큰 죄에 빠졌습니다. 이것은 진실로 참된 진술입니다.

성경을 읽어 보면, 때때로 큰 은혜를 받은 자들이 오히려 더 큰 죄에 빠지는 것을 볼 수 있습니다. 강력한 탐욕이나 정욕에 굴복해 버리고 마는 것입니다. 다윗을 생각해 보십시오. 그는 큰 은혜를 받았지만, 그 은혜가 주어졌을 때에 큰 죄에 굴복하고 말았습니다. 반면 적은 은혜를 가졌다 하더라도 그 적은 은혜를 잘 갈고 닦아 발전시키면, 그 적은 은혜가 그로 하여금 죄에 빠지지 않도록 더할 나위 없이 큰 도움을 줍니다. 이것을 신중하게 생각하십시오. 큰 은혜가 있어야만 큰 일을 할 수 있는 것은 아닙니다. 보통 큰 은혜가 적은 은혜보다 더 큰 유혹을 이기게 한다고 생각하지만 적은 힘만 가진 사람도 요한계시록 3장의 약속을 받을 수 있습니다.

"내가 네 앞에 열린 문을 두었으되"(계 3:8).

그리고 그에게 활짝 열린 하늘 문을 아무도 닫지 못할 것입니다.

은혜(grace)에 대해서 말한 바는 은사(gifts)에도 똑같이 적용됩니다. 더 작은 은사, 더 낮은 은사들이 종종 더 큰 은사들 못지않은 능력을 발휘합니다. 작은 손가락, 작은 손이 큰 손 못지않게 바늘귀에 실을 잘 꿸 수 있습니다. 아니, 오히려 더 잘할 것입니다. 주님의 교회에는 다양한 활동과 역할들이 있습니다. 낮고 평범해 보이는 은사들이 다양하게 활동하고 봉사함으로써 더 큰 은사들 못지않게 주님의 교회를 섬깁니다. 교회에는 다양한 기능들이 있듯이 다양한 지체들이 있습니다. 어떤 지체는 강하고 어떤 지체는 약합니다. 그리고 어떤 경우에는 약한 지체들이 강한 지체들 못지않게 섬김의 직무를 잘 감당합니다. 좁은 강에서는 큰 배보다는 작은 배가 더 쓸모 있습니다. 마찬가지로 어떤 경우에는 소박한 은사를 가진 사람이 더 크고도 훌륭한 은사를 가진 사람 못지않게 쓸모 있습니다. 그러므로 간구하던 것이 주어졌을 때, 그것이 자신이 원한 만큼의 분량이 아니라 하더라도 기도를 응답받지 못했다고 여기지 마십시오.

또한 적은 은사를 가지고 충성하였다면 큰 은사를 가지고 충성한 것과 마찬가지로 큰 상급이 주어질 것입니다. '작은 일에 충성한' 자에게 더 큰 것을 다스리는 권세가 주어질 것이며, 은사 역시 더욱 커질 것입니다. 그러므로 다른 사람보다 적은 은사를 가졌다고 실망하지 마십시오.

한편, 만일 누군가가 모든 상황과 고난과 역경을 헤쳐 나갈 인내심과 힘을 가지기를 원한다면, 때때로 주님께서는 그 사람의 어깨에 큰 짐을 지우시고 그것을 감당할 큰 힘을 함께 주실 것입니다. 또 때로는 오직 적은 힘만 주시기도 하지만, 그럴 때에는 그만큼 짐의 무게를 조절해 주십니다. 짐을 무겁게 하고 그것을 감당할 큰 힘을 주시든지 짐을 줄이고 적은 힘을 주시든지 결국 같은 것이 아닙니까?

그분은 재난을 피하게 하시기도 하지만, 때로는 재난을 허락하시고 그것을 감당할 수 있는 많은 힘을 주시기도 합니다. 많은 힘을 주시는 것은 재난을 없애 주시는 것이나 다름없습니다. "백 배나 받되 박해를 겸하여 받고"(막 10:30)라는 말씀이 바로 이런 의미가 아니겠습니까? 핍박을 받더라도 큰 기쁨과 힘이 함께 주어진다면 마치 아무런 핍박이 없는 것과 마찬가지인 것입니다. 그리스도께서 큰 고난과 시련의 때에 올린 간구에 대해 성경은 "그의 경건하심으로 말미암아 들으심을 얻었느니라"(히 5:7)라고 말합니다. 우리가 알듯이, 고난의 잔은 거두어지지 않았지만 그리스도께서 그것을 감당하실 만큼 강해지신 것입니다. 우리도 마찬가지입니다. 그러므로 우리는 어떤 경우에든지 성급하게 우리의 기도가 받아들여지지 않았다고 오해해서는 안 됩니다.

5. 적용

사랑하는 성도들이여, 이제 우리가 해야 할 일은 "쉬지 말고 기도하라"라는 권면을 따르는 것입니다. 아주 많이 기도하고, 지속적으로 기도하도록 힘써야 합니다. 우리기 기도하기에 게으른 것은, 하나님의 은혜를 강탈하려는 것과 같습니다. 곧 그분의 허락 없이 은혜를 가지려 하는 것입니다. 또한 우리가 기도하지 않는 것은, 감사하지 않는 죄를 범하는 것과 같습니다. 우리는 모든 것에 대해 감사해야 하기 때문입니다. 또한 기도하지 않는 것은, 하나님께 올려 드려야 할 경배를 소홀히 하는 셈입니다. 왜냐하면 기도는 그분을 향한 경배의 일부이기 때문입니다. 매일의 삶에서 기도를 소홀히 여겨 빠뜨리는 것은, 그분께 마땅히 드려야 할 예배와 섬김을 빠뜨리는 것과 같습니다. 또한 기도하지 않는 것은, 죄를 용서받지 않은 채로 방치하는 것입니다. 이것은 매우 위험합니다. 우리 스스로 복을 버리고 저주를 초래하는 것이며, 우리의 마음이 강퍅해지도록 방치하는 것입니다.

　기도에 게으른 것은, 생기 잃은 영혼의 증상입니다. 마음이 세속화되어, 기도하거나 하나님의 말씀을 듣거나 안식일을 지키는 일을 싫어하게 된 것입니다. 예전에는 그토록 열심이었던 성도가, 한때 그토록 영혼이 활기차고 주님을 열정적으로 섬겼던 사람이, 지금은 왜 빛과 생기를 잃어버린 것일까요? 성령의 불은 기도라는 연료 없이는 유지될 수 없습니다. 신앙의 불이 사그라들기 시작하는 것은 대부분 기도의 의무를 게을리 하기 때문입니다. 그러므로 회개하고 '처음 행위'(계 2:5)를 회복하십시오. 이전의 성실함을 회복하고, 그것을 새롭게 하십시오. 그러면 당신의 은혜와 힘도 새로워질 것입니다.

　기도의 의무 행하기에 게을러지지 않도록 경계하십시오. 우리에게는 더욱 힘써 기도해야 할 큰 이유가 있습니다. 신실한 기도가 응답되지 않고 외면당하는 일이 결코 없다는 사실을 기억하십시오. 기도의 의무에 충실할 때뿐만 아니라, 기도가 무거운 짐처럼 느껴질 때에도 그 사실을 기억하십시오.

　사람은 수중에 현금을 가질 수도 있지만 때로는 많은 어음과 채권을 가질 수도 있습니다. 그와 마찬가지로 기도란 채권이나 귀중품과도 같아서 그 가치가 얼마든지 축적될 수 있습니다. 농사꾼은 곡물 창고에 저장된 곡식뿐만 아니라 그의 손으로 뿌려 놓은 씨앗에서 얻을 결실도 바라봅니다. 그렇습니다. 그는 두 가지를 모두 생각합니다. 기도하는 사람도 씨를 뿌리는 사람과 같이 때가 되면 풍성한 결실을 얻을 것입니다. 그러므로 힘을 내서 지속적으로 기도합시다. 자주 기도하고, 끊임없이 기도하고, 인내하며 그 결실을 바라봅시다.

3장
기도와 관련된 의문과 대답

우리가 기도의 의무를 수행할 때에 마음속에서 일어나는 몇 가지 실제적인 문제와 의문들을 살펴보도록 하겠습니다.

1. 산만한 생각을 품고 하는 기도

■ **질문** 산만한 생각으로 드리는 기도를 어떻게 판단해야 합니까? 하나님께서 그런 기도를 전적으로 외면하시지는 않을까요? 기도하면서도 헛된 생각에 빠져들고 마음도 내키지 않으며 여전히 산만한 생각들을 떨쳐 버릴 수 없을 때에는 어떻게 해야 합니까?

그렇다면 산만한 생각들의 원인을 분석해 봅시다.

첫째, 산만한 생각은 우리의 태만이 아니라 우리의 연약함에서 비롯되기도 하고, 또 유혹에서 비롯되기도 합니다. 그런 경우 하나님은 그것을 우리의 책임으로 돌리지 않으십니다. 예를 들어, 어떤 사람이 활을 겨누어 과녁을 맞히려고 최선을 다하는데도 그의 손이나 팔에 장애가 있거나 누군가가 그의 팔꿈치를 건드려서 과녁을 맞히지 못하게 되었다면, 그 사람에게만 잘못을 물을 수는 없습니다. 그 사람에게 의지가 없거나 신중하지 않아서가 아니라, 그가 연약하거나 다른 사람이 방해해서 그렇게 된 것이기 때문입니다.

기도의 경우도 마찬가지입니다. 먼저 산만한 생각이 우리의 타고난 연약함이나 인간 본성의 무능함에서 비롯될 수 있습니다. 그런 요소로 인해 우리가 기도와 같은 영적인 일에 집중할 수 없게 되는 경우에 우리 하나님은 이것을 참작하십니다. 그분은 우리 육체의 약함을 잘 알고 계십니다. 몸이 약한 종이 일하러 나간다면, 비록 그가 다른 건강한 종들에 비해 일을 잘하지 못한다 하더라도 지혜로운 주인은 그 종의 연약함을 충분히 헤아립니다. 주님도 우리에게 어찌할 수 없는 자연적인 연약함이 있다는 것을 알고 계시며, 그런 우리를 자비롭게 대하십니다. 우리를 마치 활을 들고 있지만 손에 장애가 있어서 마음먹은 대로 활을 꼭 붙잡지 못하는 사람처럼 여기시는 것입니다.

또한 그가 활을 쏘려고 할 때 누군가가 그를 살짝 밀칠 수도 있습니다. 말하자면, 끈질긴 훼방꾼인 사탄이 기도하지 못하도록 우리를 방해하는 것입니다. 이때에도 하나님은 우리에게 책임을 묻지 않으시고, 그것 때문에 우리를 외면하거나 우리의 기도를 거절하지 않으십니다.

그런데 반대로, 이런 산만한 생각이 우리의 태만함이나 불경스러움에서 비롯되었거나, 혹은 존경심이 부족한 데서 비롯되었거나 기도의 의무에 마음을 집중하고자 하는 의지가 없기 때문이라면, 그것은 우리의 큰 죄가 됩니다. 우리가 마땅히 기울여야 할 힘을 기울이지 않고, 우리 자신을 신중하게 살피지도 않고, 전혀 저항하지 않은 채로 생각이 제멋대로 떠돌아다니도록 놔둔다면, 그런 기도는 주님을 노엽게 만듭니다.

둘째, 우리 자신이 원인이 되어 산만한 생각이 들어올 때가 있습니다. 우리가 생각을 흐트러진 채로 방치하거나 세상적인 생각에 빠져 있도록 내버려 두거나, 혹은 내키지 않아하는 불편한 마음이 점점 커지도록 방치해 두는 경우입니다. 즉, 스스로 헛된 생각에 저항하거나 그것을 쫓아내고자 노력하지 않는 것입니다.

음이 조율되지 않은 악기로는 아무리 연주해 봐야 좋은 소리를 낼 수 없습니다. 그런 경우에는 누구의 잘못입니까? 마찬가지로 우리가 하나님께 나아오면서 마음을 다스리지 않고 내키지 않아하는 상태로 계속 방치한다면, 그것은 우리의 죄입니다. 그것은 아예 기도의 의무 자체를 태만히 하는 것과 다름없이 불경스러운 죄입니다.

그러므로 우리는 기도할 때에 우리의 산만함에 대해 판단하고 그것을 어떻게 막을 수 있는지 알아야 합니다. 산만함을 막기 위해서는 먼저 우리의 마음을 조율하여 준비해야 합니다. 성경은 "지혜자의 마음은 오른쪽에 있고"(전 10:2)라고 말합니다. 즉, 지혜자는 쓰고자 하는 일에 쓸 수 있도록 마음을 준비시켜 둔다는 것입니다. 사람이 말을 타려고 한다면, 그 말이 함부로 풀밭을 왔다 갔다 하며 뛰어다니도록 내버려 두지 않고 자기의 통제하에 둘 것입니다. 그와 마찬가지로 우리 역시 우리의 마음이 기도와 같은 거룩한 일에 항상 준비되어 있도록 잘 다스려야 합니다. 많은 일들로 인해 생각이 산만해져 있을 때에라도 즉시 불러올 준비가 되어 있어야 합니다.

2. 무기력하고 무감각한 마음

■ **질문** 마음이 무기력하고 무감각하여, 어떻게 기도해야 할지조차 모를 때에는 어떻게 해야 합니까? 이런 상태라면 기도하는 편이나 하지 않는 편이나 마찬

가지가 아닐까요?

이런 때에라도 더욱 기도해야 합니다! 혼란한 마음을 방치하지 마십시오. 무기력하고 무감각한 심령을 방치하지 마십시오.

어떤 사람은 이렇게 말할지도 모릅니다. "꼭 그래야 합니까? 나는 도무지 마음을 집중할 수가 없습니다." 이에 대해서는 이렇게 대답하겠습니다. 사람이 어떤 일을 하려고 할 때, 처음에는 일할 마음이 생기지 않을 수도 있습니다. 그러나 일을 하면서 마음을 다잡게 됩니다. 처음에는 몸이 풀리지 않아 동작이 민첩하지 못하지만, 일을 하다 보면 손발이 부드러워지고 동작도 민첩해집니다. 마음도 마찬가지입니다. 처음에는 마치 몸이 덜 풀린 것처럼 마음이 무기력하고 둔할 수 있지만, 기도하다 보면 다시금 활기와 힘을 회복하게 됩니다.

생나무로 불을 지피려면 처음에 한참 동안 바람을 불고 부채질을 해야 합니다. 그러다 보면 결국 나무가 말라 불이 붙게 됩니다. 마음도 그와 같습니다. 마음이 북돋워지기까지 오랜 시간이 걸릴 수도 있습니다. 그러나 한참을 하다 보면 결국 북돋워지게 됩니다. 그러므로 비록 마음이 무기력하고 무감각하다 하더라도 기도의 의무를 다하십시오. 오히려 그때가 하나님을 더욱 간절히 찾아야 할 때입니다. 왜냐하면 그런 사람이 유혹에 노출되기 쉽기 때문입니다. 그런 때에 죄가 다가오면 쉽게 넘어지고 맙니다. 뿐만 아니라 그런 때에는 다른 일을 하기에도 적당하지 않습니다. 그러므로 다른 모든 일을 제쳐 두고 더욱 하나님을 찾아야 할 때인 것입니다.

그렇다면 누군가는 하나님께서 그런 기도를 받으실지 궁금해할 것입니다. 간단히 대답하겠습니다. 사람의 마음이 기도하는 중에도 여전히 그처럼 무기력하고 무감각할 수 있습니다. 할 수 있는 모든 일을 다했음에도 여전히 마음에 활력이나 뜨거움이 없을 수도 있습니다. 그러나 하나님께서는 그런 기도도 열렬한 기도처럼 받아주실 수 있습니다. 이 점을 올바로 이해하기 위해서는 다음의 차이를 분별해야 합니다.

　기도하는데도 이와 같이 무기력하고 둔감해지는 것은 다음의 두 가지 이유 중 하나에서 비롯됩니다. 하나는, 하나님께서 자신의 영을 거두실 때입니다. 이것은 하나님이 우리를 도우시는 성령을 전적으로 거두어 가신다는 말이 아닙니다. 다만 성령의 활력과 민감함을 우리에게서 거두어 가시는 것입니다. 이럴 경우에 만일 우리가 할 수 있는 최선을 다하여 기도의 의무를 수행한다면, 주님께서 그 기도를 받으십니다.

　또 때로는 비록 그분으로 말미암아 우리의 마음이 크게 넓어지고 고양되지는 않더라도, 또한 비록 그분이 기도 가운데 특별하게 성령을 쏟아 부어 주시지는 않더라도, 그분이 우리를 은밀하게 도우시기도 합니다. 우리가 그 은밀한 도우심을 느끼지 못하거나 다른 때와는 달리 그리 크지 않을 뿐입니다.

　그러나 만일 기도 중에 우리의 심령이 무기력하고 둔감해지는 것이 하나님께서 성령을 거두셨기 때문이라 하더라도 그런데도 우리가 기도의 의무에 게으르지 않고 최선을 다한다면, 하나님께서는 기도하고자 하는 우리의 의지를 받으십니다. 이 규칙은 언제나 유효합니다. 신체에 장애가 있어서 원하는 대로 움직이지 못하는 것처럼, 우리의 심령이 침체되어 원하는 만큼 높이 올라가지 못할 때에도, 만일 우리가 성실하게 최선을 다하기만 한다면, 활기차고도 열렬하게 기도할 때와 마찬가지로 하나님은 우리의 기도를 받아주십니다. 이것이 우리에게는 큰 위로입니다.

3. 죄로 인해 양심이 상처를 입었을 경우

　■ **질문** 죄로 인해 양심이 상처를 입었을 때에도 늘 하던 대로 아침이나 저녁

에 기도하러 나아가야 합니까? 사람이 하나님을 매우 노엽게 한 이후에도 여전히 하나님의 임재 앞으로 담대하게 나올 수 있습니까?

사람이 죄를 범했다 하더라도, 기도하기를 멈춰서는 안 됩니다. 기도를 중단하거나 기도에서 멀어지거나 기도를 미뤄서는 안 됩니다. 왜냐하면 그것이 의무이기 때문입니다. 쉬지 말고 기도하라는 것이 하나님이 우리에게 부여하신 임무이기 때문입니다. 우리는 적어도 하루에 두 번 지속적으로 기도해야만 합니다. 우리가 어떤 한 가지 잘못을 범했다고 해서, 그것이 또 다른 잘못을 범하는 변명거리가 되어서는 안 됩니다. 우리에게는 우리에게 부과된 의무에 태만할 권리가 없습니다.

또한 이 점을 생각하십시오. 우리의 어떤 잘못도 우리가 아예 하나님께 낯선 자가 되어 버리는 것보다 더 나쁘지는 않습니다. 하나님께 낯선 자가 되면 곧 그분께 반역하는 죄를 짓게 됩니다. 예를 들어, 자식이 아버지에게 큰 잘못을 했다고 해서 아버지의 집에서 뛰쳐나가 아버지와의 관계를 끊어 버린다면, 그것이야말로 더 큰 잘못이며, 나아가 아버지에게 대항하는 꼴이 되고 마는 것입니다.

더는 하나님을 부르지도 않고 기도하지도 않는다면, 그리하여 하나님과 점점 멀어져 간다면, 그분의 집에서 뛰쳐나가고 그분의 모든 명령을 무시하고 그분께 복종하는 삶을 거부한다면, 그것이야말로 반역이며 그 어떤 죄보다 더욱 나쁜 죄입니다. 그렇습니다. 죄를 범한 이후에 그런 식으로 행하는 것은 죄 자체보다 더욱 하나님을 노엽게 만듭니다. 주인에게든지 남편에게든지 부모에게든지, 어떤 한 가지 잘못을 범한 이후에 그렇게 경멸적이고도 태만하며 반역적인 태도를 취한다면, 그것이야말로 가장 큰 잘못입니다.

게다가 사람이 큰 죄를 범할 때 양심에 큰 균열을 생긴다는 것을 생각해 보십시오. 양심이 깨져 큰 틈이 생겼을 때, 당신은 그 틈을 그대로 방치하겠습니까? 그것은 매우 위험한 일입니다. 그것은 죄가 더욱 쉽게 침투하여 마음 속에 남은 선한 것들을 모두 도둑질해 가도록 방치하는 것과 같습니다.

한 가지 실례를 살펴봅시다. 사도 베드로는 맹세하면서까지 주님을 부인하는 큰 죄를 범했지만 즉시 회개하고 용서를 구했습니다. 그리하여 그는 더 나쁜 죄를 짓지 않을 수 있었습니다. 양심의 균열을 메우고 치유한 것입니다. 이와는 반대로, 다윗은 밧세바를 범하는 죄를 짓고서도 하나님 앞으로 나아오지 않았습니다. 마땅히 그래야 했지만 그는 하나님께 예배하는 일상의 일들을 멀리했으며, 회개하고 양심을 새롭게 하지 않았습니다. 그로 인해 다윗은 더 많은 죄를 짓게 되었습니다. 솔로몬의 경우도 마찬가지입니다. 그가 하나님 앞에 나아오지 않음으로써 처음의 잘못에서 얼마나 멀리까지 나아가게 되었는지 우리는 알고 있습니다.

그러므로 우리가 죄를 범하는 그것이 우리가 기도해야 하는 또 하나의 이유입니다. 비록 큰 죄를 범했을지라도, 우리는 여전히 하나님 앞에 나아와 기도해야 합니다. 결코 그 일을 멀리해서는 안 됩니다.

그러나 어떤 사람은 이렇게 말합니다. "내가 좀 더 준비될 때까지 이대로 있으면 안 될까요? 내 마음이 좀 더 부드러워지고 더 겸손해질 때까지 말입니다."

그러나 사랑하는 성도들이여, 그 상태로 머무는 것은 위험합니다. 그런 상태의 마음은 대개 갈수록 더욱 강퍅해지기 마련입니다. 죄를 범한 직후에는 부드럽던 양심도 시간이 갈수록 굳어집니다. 당신이 더욱 겸손해질 때까지 기다리려 한다면, 오히려 그 반대가 될 수 있다는 것을 알아야 합니다. 그러므로 아직 마음의 생채기가 쓰라릴 때, 죄의 불이 막 붙기 시작했을 때, 지체하지 말고 주님 앞으로 나아오십시오. 그때야말로 상처를 치유받아야 할 때이며, 죄의 불을 끄기에 적당한 때입니다. 죄를 범한 양심을 방치하는 것은 그 양심을 더욱 악화시킵니다.

어떤 사람은, 죄를 범하고 나서 한두 주 혹은 한 달 정도 가만히 있으면 아마도 저절로 처음 상태로 회복되리라고 생각할지도 모릅니다. 그러나 천만의 말씀입니다! 사도 바울은 이렇게 말합니다.

"오직 오늘이라 일컫는 동안에 매일 피차 권면하여 너희 중에 누구든지 죄의 유혹으로 완고하게 되지 않도록 하라"(히 3:13).

다시 말해, 즉시 나아오라는 것입니다. 그렇지 않으면 죄가 우리를 속일 것입니다. 우리가 알지 못하는 사이에 죄가 우리의 마음을 완고하게 만들 것입니다. 그리하여 우리를 하나님에게서 떨어져 점점 더 멀어지게 만들 것입니다. 그러므로 당신의 마음이 죄의 유혹으로 완고하게 되지 않도록 주의하십시오. 죄가 당신을 속이지 못하게 하십시오. 당신이 알지 못하는 사이에 죄가 당신을 멀리 끌고 가지 못하도록 경계하십시오.

이런 경우에는 마치 물을 막는 것처럼 대처하면 좋을 것입니다. 물이 조금이라도 샌다면 곧바로 막는 것이 최선입니다. 만일 새는 것을 그냥 놔둔다면 그 틈이 점점 더 벌어져 결국 막을 수 없는 지경에 이르게 될 것입니다. 그와 마찬가지로 당신이 큰 죄를 범했을 때에 즉시 신속하게 기도의 자리로 나아오십시오.

혹 어떤 사람은 "사람이 큰 죄로 자기를 더럽힌 후에 어떻게 가장 거룩하신 하나님의 존전으로 나아갈 수 있습니까? 그것은 불손한 일이 아닙니까?"라고 말할지도 모릅니다. 물론 그것은 사실입니다. 죄를 지은 마음 상태 그대로 하나님 앞에 나아오는 것은 무례한 일이며, 그분을 노하시게 만드는 오만불손한 행동입니다. 여기서 우리가 죄를 지었을 때에도 하나님 앞에 나아와서 계속 기도해야 한다고 하는 것은, 죄에서 돌이켜 하나님께 돌아오는 마음으로 그렇게 해야 한다는 의미입니다. 악한 죄를 혐오하고 선을 사모하는 마음으로 나아와야 한다는 것입니다. 하나님을 향한 진심 어린 마음의 소통이 있어야 합니다. 죄를 지었을 때와 똑같은 마음이 아니라 다른 마음으로 나아와야 합니다.

4. 특정한 형태의 기도문 사용에 대하여

■ **질문** 우리가 어떤 특정한 형태의 기도문을 사용할 수 있습니까? 그리고 그렇게 하는 것으로 충분합니까?

이에 대해서는 여러 말로 대답할 필요가 없을 것 같습니다. 왜냐하면 특정한 형식의 기도가 사용될 수 있는지에 대해 이의를 제기하는 사람은 거의 없기 때문입니다. 그리스도께서 가르쳐 주신 기도 형식이 있습니다. 그리고 시편이 오랫동안 기도문으로 사용되었다는 것은 잘 알려진 사실입니다. 그러므로 어떤 특정한 형태의 기도문이 사용될 수 있느냐에 대해서는 의문의 여지가 없습니다. 이미 충분한 사례들이 있기 때문입니다.

초대 교회 시대로부터 종교개혁 시대 곧 루터와 칼빈의 시대에 이르기까지, 모든 시대마다 교회는 특별한 형태의 기도문들을 사용했습니다. 그리고 제가 알기로 거기에 대해서는 심각한 반대가 없었습니다. 다만 한 가지 주요한 반대가 있습니다. 즉, 압축된 기도문을 사용하는 경우 기도의 심령이 제한된다는 것입니다. 사람이 어떤 형식에 매이게 되면 그 심령이 속박되고 제한되어 제시된 기도문의 틀을 넘어설 수가 없습니다. 그래서 어떤 이들은 기도하는 데 좀 더 자유로워야 하며 특별한 형식에 엄격하게 얽매이지 말아야 한다고 말합니다.

그러나 일정한 형태로 기도하는 데 반대하는 사람들도 회중들 가운데서는 한 가지 방식으로 기도합니다. 다른 사람이 기도하는 것을 듣는 것도 듣는 이에게는 또 하나의 기도 형태가 되는 것입니다. 영성이 깊고도 넓은 사람이 기도하는 것을 들으면, 그것이 알게 모르게 듣는 이에게 기도문의 한 형식이 됩니다. 기도를 듣는 동안에는 기도자의 기도에 마음과 생각을 묶어야 하며 거기에서 벗어날 자유가 없습니다. 그러하기에 만일 심령이 제한된다는 이유로 일정한 형태의 기도문을 사용하지 말아야 한다면, 다른 사람의 기도를 듣지도 말아야 합니다. 기도를 듣는 자의 영이 제한되고 통제된다 하더라도 실상 기도하는 자보다 영성이 더 깊고 넓을 수도 있습니다. 그러므로 그것은 특정한 형태의 기도문을 반대하는 이유로는 타당하지 않습니다.

또한 비록 기도를 듣는 동안에는 심령이 제한될지라도 다른 때에는 얼마든지 자유롭습니다. 개인적으로 원하는 만큼 얼마든지 자유롭게 기도할 수 있습니다. 기도문을 따라 기도하는 동안은 잠시 제한을 받을 수도 있지만, 그 외에는 어떠한 제한도 없습니다. 개인적으로는 얼마든지 더욱 자유롭게 기도할 수 있습니다.

게다가 일정한 형태의 기도문으로 기도할 때 제한되는 것은, 언어의 제한일 뿐이지 영의 제한과 속박은 아닙니다. 많은 사람들 가운데서 영성의 깊이와 넓이가 두드러지게 나타나지 않고 감정의 표현 역시 다양하지 않을지라도 마음은 얼마든지 고양되고 확장될 수 있습니다. 비록 표현하는 언어는 제한되지만, 감동이 제한되지는 않습니다. 같은 기도문으로 기도하는 동안에도 어떤 사람은 다른 사람들보다 훨씬 더 간절한 마음을 담을 수 있습니다. 그러므로 기도문 때문에 기도가 속박되고 제한된다고 볼 수는 없습니다. 따라서 저는 특정한 형태의 기도문이 얼마든지 사용될 수 있다고 생각합니다.

그렇다면 이제 다른 차원에서, 기도문의 사용만으로 충분한지에 대해 생각해 봅시다. 공적인 기도회에 출석한다면, 그것만으로도 충분하다고 생각할 수 있을까요?

사랑하는 성도들이여, 우리가 이 문제를 어떻게 생각하는지는 매우 중요합니다. 우리는 종종 그렇다고 생각하기가 쉽습니다. 그러나 속지 마십시오. 분명하게 말하건대 그것만으로는 충분하지 않습니다! 공적인 기도회에 열심히 참석하는 것이나, 아침과 저녁의 기도회에 꾸준히 참석하는 것으로 기도의 의무를 다했다고 생각한다면 큰 오산입니다. 왜냐하면 그것만으로는 충분하지 않기 때문입니다. 물론 기도문을 사용할 수 있으며, 하나님은 기도문을 통해서도 높임을 받으십니다. 하나님은 공적인 예배를 통해 많은 사람들 앞에서 높임을 받으십니다. 수많은 청중 앞에서 높임을 받는 것은 더욱 큰 영예입니다. 마찬가지로 사람들이 모여서 하나님께 예배드리는 것도 하나님께 더욱 큰 영광을 돌리는 것입니다.

그러나 제가 지금 권면하고자 하는 것은 공적인 예배에 관한 것이 아닙니다. 물론 공적인 예배를 드려야 하지만 그것만으로는 충분하지 않습니다. 우리에게는 공적인 기도로 다 고백할 수 없는 많은 죄들이 있습니다. 공적인 기도를 통해 주님께 아뢰거나 표현할 수 없는 많은 간구들이 있습니다. 또한 특정한 형식의 기도문이 공예배뿐만 아니라 개인적인 기도에도 도움이 되기는 하지만, 그것은 매우 약한 자에게 적용되는 말입니다. 혼자 걸을 수 없는 어린아이는 보행기 같은 것을 사용할 수도 있지만, 우리가 언제까지나 어린아이 같아서는 안 됩니다. 언제까지나 그런 도움을 의지해서는 안 됩니다.

뿐만 아니라 이 사실을 기억하십시오. 곧 마음속에 은혜의 활동이 조금이라도 있는 사람이라면 기도문이 없더라도 어느 정도 기도할 수 있다는 사실입니다. 이런저런 방식으로 자신의 욕구를 하나님께 표현할 수 있습니다. 아주 절박한 처지에 있으면서, 그리고 말할 자유가 있으면서, 자신을 어떻게 표현해야 할지 모르는 사람은 없습니다. 개인적인 기도도 이와 마찬가지입니다. 사람의 영은 개인적으로 기도할 때 더욱 자유롭습니다. 사무엘상 1장에서 한나가 그랬듯이, 공적인 예배에서는 그럴 수 없지만 개인적인 기도에서는 '마음을 주님께 쏟아 부을'[1] 수 있습니다. 그리고 주님께서 베푸신 특정한 은혜에 대해 개인적으로 감사해야 할 때도 많습니다. 또한 사람에게는 공적인 기도에서는 표현할 수 없는, 그리고 날마다 피할 수 없는 마음의 특정한 고통들도 있습니다.

사랑하는 성도들이여, 이것을 기억하십시오. 날마다 요구되는 기도는 의무의 수행이라기보다는 차라리 과업의 수행이라고 할 수 있습니다. 이 과업을 수행하는 목적은 마음의 평정을 유지하기 위함입니다. 악한 정욕이나 혼란이나 세속적인 생각들이 마음속에서 자라날 때, 개인 기도라는 과업을 수행함으로써 다시금 평정을 되찾고 회개하여 심령을 새롭게 할 수 있습니다. 언약을 잊어버렸거나 은혜가 약해질 때, 혹은 선한 욕망이 시들어 갈 때, 기도는 이 모든 것들을 새롭게 하고 회복시켜 줍니다. 다시 연료를 채워 선한 욕망을 불붙게 합니다. 이런 것은 공적인 기도에 참여하는 것만으로는 이루어지지 않습니다. 그러므로 비록 당신이 가족들과 함께 기도하고, 교회의 회중들과 함께 기도하더라도, 그것만으로 충분하다고 여기지 마십시오. 그럴 때에라도 여전히 개인적으로 기도해야 합니다.

5. 개인적인 기도의 자세

■ **질문** 개인적으로 기도할 때는 어떻게 기도해야 합니까? 언제나 소리를 내서 기도하거나 항상 어떤 특정한 자세로 기도해야 합니까?

이것은 그리 어려운 문제가 아니므로 간단히 언급하겠습니다. 공적으로 기

---

[1] 역자주 – 사무엘상 1장 15절 말씀이 개역한글과 개역개정 성경에는 "내 심정을 통한 것"이라고 번역되어 있습니다. 이 말은 히브리 원어로는 '솨파크', 즉 '쏟아 붓다, 엎지르다(pour out)'라는 뜻을 가지고 있습니다.

도할 때에는 몸짓에 더욱 유의해야 합니다. 왜냐하면 그것이 공적이고도 공개된 예배이기 때문입니다. 공적으로 기도할 때에는 항상 공손하게 행해야 합니다. 알다시피, 특별히 구약성경에서는 엎드려 기도했다는 표현을 자주 반복합니다. 그리스도께서는 하늘을 우러러보셨고, 바울은 무릎을 꿇었습니다. 그리고 다른 많은 사람들도 바울처럼 무릎을 꿇고 기도했습니다. 성경에는 그와 비슷한 표현들이 많이 등장합니다. 공적인 기도에 대해서는 특별한 공손한 몸짓이 표현되어 있습니다. 우리가 공적인 기도의 의무를 수행하면서 주님 앞에 나아갈 때에는 특별한 주의를 기울여야 하는 것입니다.

그런데 개인적으로 기도하는 경우는 약간 다릅니다. 물론 어떤 모습이든 상관없는 것은 아니지만 다양한 모습으로 기도할 수 있습니다. 걸을 수도 있고, 누울 수도 있고, 앉을 수도 있습니다. 단지 그 모습들이 마음속의 존경심을 표현하는지에만 유의하면 자유롭게 기도할 수 있습니다.

개인적으로 기도하는 데에 이것이 최상의 규칙이라고 저는 생각합니다. 기도를 분발시키고 도울 수만 있다면 그 어떤 몸짓이나 자세도 무방합니다. 어떤 자세는 기도할 마음을 식게 하고 둔해지게 만들지만, 또 어떤 자세는 분발하여 기도하는 데 도움을 줍니다. 때로는 눕는 것이 불편하지만, 또 때로는 그렇게 하는 것이 편합니다. 그러므로 기도를 분발시키고 도움이 되는 자세와 몸짓으로 기도하면 된다는 것입니다. 어떤 자세는 나른하게 만들고, 어떤 자세는 둔해지게 하며, 또 어떤 자세는 몸에 고통을 주기도 합니다. 이러한 자세는 기도를 방해합니다. 그러므로 그럴 때에는 자세를 바꾸는 것이 좋습니다.

이제 소리에 대해서 말하겠습니다. 언제나 소리를 내서 기도해야 하는 것은 아닙니다. 하나님은 영이시기에 영으로 예배를 받으십니다(요 4:24 참고). 몸을 가지고 있고 귀를 가지고 있는 사람에게라면 반드시 소리를 내어 말해야 할 것입니다. 그러나 하나님은 영이시며, 영으로 예배하고 기도하는 것을 기뻐하십니다. 그분의 눈은 영의 내적 행위를 보십니다. 또 영은 목소리를 내지 않더라도 하나님께 말할 수 있습니다. 천사들도 하나님께 아뢰며, 서로에게 말하기도 합니다. 학자들이 천사들의 언어에 대해 논쟁하기는 하지만, 그들이 서로 영으로 말할 것이라는 점에 대해서는 모두가 동의합니다.

자신의 마음속에 떠오른 생각을 꼭 소리 내어 말하지 않더라도 다른 사람이 이해해 주었으면 할 때가 있습니다. 영의 경우에도 마찬가지입니다. 마음속에 있는 어떤 간구나 탄원을 하나님께서 이해해 주셨으면 하는 바람이 있을 때가 있습니다. 그럴 때에는 꼭 목소리로 말하지 않아도 하나님께 그것을 올려 드릴 수 있습니다. 외적인 음성으로 소리를 낼 때와 다름없이 주님께 소원과 뜻을 아뢸 수 있습니다.

물론 혀도 유용하게 쓰입니다. 우리는 혀로 하나님을 찬송합니다(약 3:9 참고). 혀를 사용하여 다른 사람들과 함께 기도하기도 하고, 서로 대화하기도 합니다. 그러나 개인적으로 기도할 때 목소리를 사용하는 이유는, 기도할 때의 몸짓과 자세와 마찬가지로, 목소리를 사용하는 것이 마음을 분발시키고 기도를 돕기 때문입니다. 목소리를 냄으로써 우리의 생각이 산만해지는 것을 막을 수 있습니다. 만일 목소리를 내지 않는다면, 아마도 우리의 생각은 더욱 산만해질 것입니다. 우리가 미처 의식하지 못하는 사이에 생각이 어딘가로 흘러갈 것입니다. 그럴 때 목소리를 사용함으로써 생각이 산만하게 흩어지는 것을 막는 것입니다.

결론적으로 어떤 경우에는 소리를 내지 않고 기도하는 편이 더 낫고, 또 어떤 경우에는 그 반대입니다. 소리를 내는 것이 기도에 방해가 되기도 하고 도움이 되기도 합니다. 각 사람과 상황에 따라 달라지는 것입니다. 이것으로 답이 되었기를 바랍니다.

6. 기도와 시간의 문제

■ **질문** 사람이 어떤 중대한 일 때문에 바쁠 때에는 어떻게 기도해야 합니까? 즉, 신속하게 처리해야 하는 일 때문에 기도할 여유와 자유가 없을 때에는 어떻게 기도해야 합니까?

성경을 통해 우리는 성도들의 기도가 때로는 길고 때로는 짧았다는 것을 알 수 있습니다. 때때로 주님은 기도로 온 밤을 지새우셨습니다. 그렇다고 그분에게 언제나 많은 시간이 주어진 것은 아니었습니다. 우리에게는 상황에 따라 길게 기도할 수도 있고 짧게 기도할 수도 있는 자유가 주어졌습니다. 다만 이것만은 기억해야 합니다. 아무리 중요한 일이라 하더라도 우리 영혼의 구원과 하나님을 예배하는 것보다 더 중요할 수는 없다는 점입니다. 그러므로 정말로 시급한 경우가 아니라면, 여전히 기도의 의무를 훨씬 더 중요하게 여겨야 합니다. 그리고 기도가 진정 중요한 일이라면, 다른 모든 사소한 일들이 이 의무를 방해하도록 방치해서는 안 됩니다. 기도를 참으로 합당하게 중요하게 여긴다면, 그토록 중요한 일을 소홀히 한 채 사소한 일에만 매달리지는 않을 것입니다.

게다가 처리해야 할 중대한 업무가 있다고 하더라도 먹고 잘 시간은 있어야 한다고 생각하지 않습니까? 기도에 대해서도 이와 같이 말할 수 있지 않을까요? 아무리 바빠도 기도할 시간을 확보해야 하는 것입니다. 욥은 "내가 그의 입술의 명령을 어기지 아니하고 정한 음식보다 그의 입의 말씀을 귀히 여겼도다"(욥 23:12)라고 고백합니다. 욥은 꾸준히 말씀을 읽었던 것입니다. 그에게는 말씀을 읽는 것이 정한 음식을 먹는 것보다 더 중요했습니다. 그는 정해진 시간에 음식을 먹는 일은 빠뜨릴지언정 거룩한 의무를 지속적으로 수행하는 일은 빠뜨리지 않고자 했습니다. 이와 같이 우리도 정말 긴급한 상황이 아니라면 기도의 의무를 빠뜨리지 않도록 주의해야 합니다. 만일 긴급한 상황이라면 짧게 기도해도 무방합니다. 하나님은 우리를 꽁꽁 묶어 두시는 분이 아닙니다.

성경은 우리에게 정확히 어느 때, 몇 시에 기도하라고 규정하지 않습니다. 오히려 자비롭고도 지혜로우신 하나님은 그것을 우리의 자유에 맡기셨습니다. 오직 "쉬지 말고 기도하라"라는 명령만이 있을 뿐입니다. 이 명령을 최대한 실천하십시오. 짧게 기도하더라도 최소한 기도하는 것을 멈추지는 마십시오.

이때 특히 지켜야 할 네 가지 주의 사항이 있습니다.

첫째, 당신이 게을러 시간을 아끼지 못했기 때문에 기도할 시간이 부족한 곤란한 상황을 만나지 않도록 주의하십시오. 미리 주의하여 시간을 아낀다면 기도할 시간이 없어 곤경에 처하는 일도 없을 것입니다. 많은 시간이 요구되는 여행을 떠나려고 한다면 일찌감치 출발해야 할 것입니다. 여행에 필요한 시간을 충분히 확보하기 위해 시간을 아끼는 것입니다. 마찬가지로 조용히 물러나 기도할 시간을 확보하고자 한다면, 당신은 시간을 잘 아끼는 시간의 좋은 청지기가 되어야 합니다.

시간을 아끼기 위해서는, 별로 중요하지도 않은 일을 하느라 아주 중요한 일을 할 시간을 써 버리지 말아야 합니다. 시간을 '속량해야' 합니다. 다른 것을 희생하고서라도 시간을 벌어야 합니다. 직업상의 중요한 일로 시간을 쓰는 것처럼, 하나님을 예배하는 일에도 시간을 써야 합니다. 그것은 어떤 것을 희생해야 비로소 살 수 있습니다. 바로 이것이 시간을 아끼는 것입니다. 그렇지 않으면 우리는 필요한 만큼의 시간을 확보할 수 없습니다. 이것이 시간을 아끼고 '속량'하기 위해 유의해야 할 첫 번째 사항입니다.

둘째, 만일 긴급한 일 때문에 기도하지 못했다면, 다른 때에 그것을 보충해야 합니다. 긴급한 상황이라는 것이 거짓이나 핑계가 아니라면, 시간이 넉넉

할 때 더 많이 기도하십시오. 그저 핑계로 기도를 미루지 않았다는 신실함을 보여 주십시오.

셋째, 너무 많은 일에 매달려서도 안 됩니다. 만일 일 때문에 옴짝달싹할 수 없다면, 그래서 거룩한 의무를 충분히 수행할 수 없다면, 바로 자신이 그 원인을 제공한 셈입니다. 일을 줄이고 구원에 속한 일들에 더욱 많은 시간을 보내는 것이 훨씬 좋습니다. 마치 마르다도 좋은 일을 하고 있었지만 마리아가 더 좋은 것을 택한 것처럼 말입니다(눅 10:42 참고). 또한 너무 많은 일에 매달리지 말아야 할 뿐 아니라 우리의 생각이 세상 염려에 너무 많이 몰두하지 말아야 합니다. 왜냐하면 세상 염려에 신경을 많이 쓰게 되면 일이 많을 때와 마찬가지로 기도가 산만해지기 때문입니다. 사람이 지나치게 일에 몰두하고 너무 많이 신경 쓰게 되면 영혼이 세상일에 매여 기도할 수 없게 됩니다. 기도하기 위해서는 영혼이 다른 것에 매이지 않고 자유로워야 합니다.

넷째, 대부분 기도할 시간이 부족한 상황은 하나님을 신뢰하기보다는 다른 수단들을 더욱 의지하는 데에서 발생합니다. 그런 상황은 종종 우리가 중대한 일에 착수할 때 발생합니다. 이런저런 사람들을 찾아다니며 의지하거나, 여러 가지 다른 수단들을 활용하려고 애쓰느라 기도할 시간을 확보하지 못하는 것입니다. 그것은 단지 시간이 부족해서라기보다는 다른 수단들에 너무 골몰하기 때문입니다. 다른 수단들에 집중할 뿐 하나님을 충분히 신뢰하지 않는 것입니다. 그러므로 그런 시간을 줄이고 더욱 하나님을 찾는 데 시간을 쓰십시오.

7. 기도한 후에 다른 수단들을 활용하는 것에 대하여

■ **질문** 사람이 기도함으로써 하나님을 찾도록 명령받았다면, 다른 수단들을 활

용하는 문제는 어떻게 됩니까? 그런 수단들을 사용해서는 안 되는 것입니까?

기도는 결코 다른 수단들을 배제하는 것이 아닙니다. 오히려 그 모든 것을 포함합니다. 우리가 하나님께서 무언가를 베풀어 주시기를 바랄 때, 그 소원이 열렬하다면 우리는 자연히 다른 수단들을 부지런히 활용하게 됩니다. 그것이 진지하게 하나님을 찾고 그분께 간구하는 모습입니다. 만일 어떤 사람이 기도만 할 뿐 수단들을 활용하는 데 태만하다면, 단언하건대 그것은 게으름뱅이의 욕구에 불과합니다. 그것은 시들고 게으른 욕구일 뿐입니다. 게으른 사람은 바라기만 할 뿐 아무것도 가지지 못합니다. 그는 바라기만 할 뿐 양손을 주머니에 찔러 넣고 아무것도 하지 않습니다.

이처럼 수단들을 활용하지 않는 것은 그 기도가 뜨겁지도, 절실하지도 않다는 뜻입니다. 은혜를 바란다고 하면서도, 악한 정욕과 유혹을 이길 힘을 달라고 하면서도 정작 은혜를 강화시키고 힘을 더하는 수단들을 외면하는 것은, 그의 바람이 헛되다는 것을 드러냅니다.

또한 우리가 수단들을 활용하기에 게으르다면, 그것은 우리가 자신의 기도를 중요하게 여기지도 않고 하나님을 신뢰하지도 않는다는 증거가 될 뿐입니다. 기도는 결코 수단을 배제하지 않습니다. 진정으로 당신이 하나님을 찾고 기도를 신뢰한다면, 또 하나님이 열납하실 기도를 한다면, 당신은 수단들을 마치 하나님이 일을 성사시키기 위해 준비하신 소중한 것으로 받아들일 것입니다.

마치 이와 같습니다. 사람은 자신이 신뢰하는 의사의 손에 자신의 목숨을 맡길 것입니다. 그 의사가 무언가를 처방하면, 예컨대 음식과 관련하여 어느 때에 무엇을 먹으라고 지시한다면, 그는 그 의사를 신뢰하는 만큼 진지하게 그 의사의 처방에 따를 것입니다. 마찬가지로 우리가 하나님을 더욱 신뢰할수록, 우리는 하나님이 지시하시는 이런저런 수단들을 진지하게 활용할 것입니다. 그러므로 우리가 수단들을 무시하거나 태만히 여기지 않고 신중하게 활용하는 것이 우리의 기도가 더욱 효과적임을 나타내 주는 하나의 표징이라고 저는 단언합니다.

또한 이 점을 숙고하십시오. 우리의 기도는 수단들을 배제한 채로 일이 이루어지게 해 달라고 요청하는 것이 아니라, 오히려 수단들을 통해 복을 달라고 요청하는 것입니다. 우리가 수단들을 통해 복을 달라고 기도한다면, 우리의 마음이 그 수단들을 배제해서는 안 됩니다. 하나님은 피조물들을 통해 많은 일들을 행하십니다. 그분은 우리를 구원하실 때에도 우리를 배제하지 않으십니다. 곧 우리를 수단으로 사용하시는 것입니다. 그분은 인간과 다른 피조물들과 여러 수단들을 통해 일하십니다. 그리고 우리가 기도하는 것도 아무런 수단도 활용하지 않고 일을 이루고자 하는 것이 아니라, 수단들에 복을 주셔서 일이 성취되도록 하려는 것입니다.

그러므로 분명히 기도는 유일한 수단이 아니라 일을 성취하는 여러 가지 수단들 중 일부일 뿐이라는 점을 기억하십시오. 일을 이루는 데는 기도와 수단 모두가 필요합니다. 기도는 유일한 수단이 아닙니다. 기도를 유일한 수단으로 여기는 것은 나른 한쪽 수단을 배제하는 것입니다. 기도는 단지 한 부분이며, 각각의 수단들이 서로 하나로 결합하여 일을 이루기 때문에, 기도는 수단을 배제하지 않고 오히려 수단과 하나로 결합합니다.

이것으로 수단을 활용할 수 있는 문제에 대해서는 충분히 설명한 것 같습니다. 우리는 기도도 하고 손에 쟁기도 잡아야 합니다. 우리는 하나님을 바라보면서 동시에 성실해야 합니다. 기도하는 사람이야말로 누구보다 성실해야 합니다.

수단을 활용할 때 다음과 같은 점을 주의하십시오.

첫째, 올바른 수단만 사용해야 합니다. 하나님을 신뢰하고 의지하는 사람은 부당한 수단을 가까이하지도 않을 것이며, 불법적인 수단을 부당한 방식으로 활용하지도 않을 것입니다. 부당한 수단이나 방식을 사용하는 것은 스스로 자신의 기도가 아무 가치가 없다는 것을 드러내는 셈입니다. 하나님이 정하신 수단 외에 다른 수단을 사용하는 것은 하나님을 신뢰하지 않는 것과 같습니다.

둘째, 수단을 활용하고 기도할 때에는 언제나 기도 속에서 확신을 얻어야지 수단 그 자체를 신뢰해서는 안 됩니다. 수단을 활용하는 것과 수단을 의지하는 것은 전혀 다릅니다.

마치 태양빛을 사용하는 사람처럼 수단을 사용해야 합니다. 빛을 활용하되 그 빛이 태양으로부터 발산되는 것임을 잊지 말아야 합니다. 태양이 지면 빛도 사라지고 맙니다. 또는 저수지나 강에서 물을 끌어다 쓰는 사람에 비유할 수도 있습니다. 그는 물을 활용하면서 언제나 물의 수원지를 바라봅니다. 그는 수원지가 마르면 강도 곧 마르게 되리라는 것을 알고 있습니다. 우리도 이와 같이 생각해야 합니다. 어떤 일을 이루기 위해 이런저런 수단들이나 도구들을 사용한다고 해도, 눈은 항상 하나님께 머물러야 합니다. 왜냐하면 피조 세계에서 얻는 모든 도움은 하나님으로부터 오는 도움의 광선일 뿐이기 때문입니다.

또한 우리는 약을 처방하는 의사처럼 행해야 합니다. 그들은 여러 가지 성분의 약들을 처방하지만, 병을 치료하는 데 효력이 있는 것은 그중 한 가지 주요 성분입니다. 기도와 수단을 모두 활용하십시오. 또한 그러면서도 기도가 효력을 나타내는 주요 성분이라는 점을 기억하십시오. 다른 성분들은 보조적입니다. 우리가 신뢰할 수 있는 것은 주요 성분인 기도입니다. 진정으로 모든 일을 가능하게 하시는 분은 하나님입니다. 그분이 행하시는 일만이 선합니다. 하나님만이 만물을 자기 뜻대로 움직이는 분이십니다.

선한 것이든 악한 것이든 우리에게 주어지는 수단 자체가 어떤 일을 이루는 것이 아닙니다. 그것은 말 그대로 수단이며 도구일 뿐입니다. 맥주이든 포도주이든, 약을 녹이는 것들은 단지 약을 섭취하기 위한 수단일 뿐 치료하는 것은 약입니다. 이처럼 모든 수단들은 그 자체만으로는 일을 이루지 못합니다. 일을 이루는 것은 하나님의 도우심이요, 하나님의 능력입니다. 그러므로 우리는 수단을 활용하되 수단 그 자체를 의지하지 않도록 주의해야 합니다. 우리의 눈으로 하나님을 바라보며 우리의 마음으로 그분을 신뢰해야 합니다. 그렇게 하지 않는 것은 수단을 잘못 활용하는 것입니다.

마지막으로, 어떤 특정한 수단에 집착하지 않도록 주의해야 합니다. 그것은 하나님을 신뢰하지 않는다는 증거입니다. 우리가 흔히 저지르는 실수는 한 가지 방식에 집착하여 오직 그것만 되고 다른 것은 안 된다고 생각하는 것입니다. 그러나 하나님을 신뢰한다면, 그분이 여러 가지 방식으로 일하실 수도 있음을 인정해야 합니다. 그분에게는 일을 이루시기 위한 다양한 수단들이 있습니다. 어떤 방법으로 그 일을 행하실 것인지는 그분께 맡겨야 합니다. 그분은 종종 우리가 생각하지 못한 방식으로 최선의 일을 이루시기도 하기 때문입니다.

예를 들어, 다윗은 왕국을 약속받았습니다. 그런데 그가 유다 왕국을 얻게 되었을 때에도 이스라엘의 다른 지파들이 여전히 버티고 있었습니다(삼하 3장 참고). 이스보셋이 이스라엘의 왕이 되었고, 아브넬이 군대 장관으로 있었습니다. 하나님은 다윗이 전혀 생각하지 못한 방법을 통해 다윗으로 유다 족속에게로 돌아오게 하셨습니다. 사울이 전쟁에서 죽고, 그의 많은 아들들도 죽었습니다. 다윗은 그 과정에서 일을 이루기 위해 어떤 수단도 쓰지 않았습니다. 나중에 이스라엘 왕국이 그에게서 떨어져 나가고 다윗이 오직 유다 지파만을 얻었을 때, 이스보셋과 그의 군대 장관 아브넬 사이에 분열이 생겼습니다. 그리하여 아브넬이 다윗을 찾아와 전 왕국을 다윗에게 돌리겠다고 말했습니다. 그러나 그때에도 여전히 아브넬은 다윗에게 화해한 적장일 뿐이었습니다. 아브넬이 하려 했던 바를 다윗은 알지 못했습니다. 결국 하나님의 섭리에 따라(요압이 죄를 지은 것이지만), 아브넬은 요압에 의해 제거되고 말았습니다. 그리고 이때에도 여전히 살아 있던 이스보셋을 하나님의 섭리에 따라 두 사람이(물론 이 두 사람은 큰 죄를 지었습니다) 죽여 그 머리를 다윗에게로 가져왔고, 그렇게 해서 온 이스라엘 왕국이 다윗에게 주어지게 되었습니다(삼하 4,5장 참고). 하나님께서 다윗이 전혀 생각하지 못한 방식으로 일하신 것입니다.

그러므로 비록 우리가 수단을 활용할 수는 있지만, 그 수단을 활용할 때나 그 이후에나 여전히 하나님을 의지해야 하며, 하나님께서 친히 이런저런 수단을 사용하여 일하시도록 해야 합니다. 이는 마치 우리를 위해 어떤 일을 시행하는 매우 숙련된 기술자를 대하는 것과 같습니다. 우리가 목수에게 찾아가 무언가를 만들어 달라고 요청할 때, 혹은 수도관 기술자에게 물을 끌어다 달라고 요청할 때, 우리가 원하는 바를 그들에게 말합니다. 그러나 그들이 그 일을 어떻게 해야 하는지, 어떤 방식으로 해야 하는지에 대해서는 우리가 설명할 필요가 없습니다. 우리는 그것에 대해 알지 못하며, 그저 그들에게 일임할 뿐입니다. 그들이 정직한 일꾼이요 약속을 잘 지키는 사람이라면, 그들이 일을 착수한 것만으로도 충분합니다.

하물며 우리가 하나님을 의지하는 것이 마땅하지 않습니까? 우리보다 훨씬 더 무한한 지혜와 권능을 가지신 하나님께 일을 이루시는 방식까지 맡겨야 하지 않을까요? 우리는 수단을 활용하되, 더욱 하나님을 신뢰함으로써 그분이 기뻐하시는 대로 이런저런 수단을 활용하시도록 맡겨 드려야 합니다. 때로는 그분이 우리가 활용하려던 수단을 제거해 버리실 수도 있습니다. 또 때로는 우리가 얼마간 낙심하도록 내버려 두셨다가, 그분 자신의 방식을 찾아내시기도 합니다. 그리하여 우리가 그분을 신뢰하고, 일을 이루시는 그분의 능력과 지혜를 묵상하도록 하십니다.

8. 믿음의 기도

■ **질문** 다른 사람의 구원을 위해 기도하려고 해도, 저에게는 그에 대한 약속이 없습니다. 그런데 어떻게 믿음으로 기도할 수 있습니까?

어떤 사람이 특정한 문제에 대해 인도하심을 구할 때, 혹은 어떤 일이 이루어지기를 바랄 때, 어떤 질병이나 재난으로부터 벗어나기를 원할 때, 그가 특별한 약속을 발견하지 못할 수도 있습니다. 적어도 그가 아는 한, 그런 약속은 결코 주어지지 않을 수도 있습니다. 그런데 만일 믿음의 기도가 그 일이 일어나리라고 믿는 것이라면, 그런 상황 속에서 어떻게 그에게 믿음으로 기도하라고 말할 수 있겠습니까? 이것이 바로 믿음으로 기도한다는 것과 관련하여 흔히 범하는 오류입니다.

저는 믿음으로 기도하는 것이란 약속이 허락하는 데까지 가는 것이라고 생각합니다. 그 누구도 이렇게 구원받고 저렇게 은혜를 입을 것이라는 약속을 받지는 못합니다. 그리고 믿음으로 기도하는 것이 어떤 특정한 일이 일어나리라고 믿는 것을 의미하지도 않습니다.

그러나 당신이 이렇게 말할 수도 있습니다. "그렇다면 믿음이란 무엇입니까? 그렇게 바라는 것이 믿음 아닌가요?"

저는 이렇게 말하겠습니다. 하나님이 아버지이심을 믿는 것으로 충분합니다. 그분이 기꺼이 들으시고 어떤 상황에서든 나에게 기꺼이 최선의 일을 행하시리라 믿는 것입니다. 둘 다 필요합니다. 즉, 한편으로는 그분이 아버지로서 우리에게 자비를 베푸시며, 우리가 유익하도록 돌보시는 분이심을 믿는 것입니다. 또 한편으로는, 거기에서 한 걸음 더 나아가 그분이 어떤 상황에서든 자신의 영광과 우리의 유익을 위해 최선의 일을 행하실 것임을 믿는 것입니다. 당신이 그것을 믿는다면, 비록 어떤 특정한 문제에서 당신이 구하는 대로 이루어질 것인지 모른다고 해도, 당신은 여전히 믿음으로 기도하는 것입니다.

마치 엘리야가 비가 내리지 않을 것이라는 약속을 받았던 것처럼(왕상 17:1 참고), 정말 우리가 어떤 특별한 약속을 받았다면, 그 일이 일어나리라고 믿어야 합니다. 그러나 그러한 약속을 받지 않았다면, 거기에 매여서는 안 됩니다. 오히려 어떤 특별한 일이 허락되리라고 믿을 만한 근거가 전혀 없을 때에도, 당신은 믿음으로 기도할 수 있습니다.

예를 들어, 아버지가 자기 아들의 마음속에 은혜가 역사하여 그 아들이 구원받게 되기를 기도할 때, 주님은 그 일을 결코 행하시지 않을 수도 있습니다. 또는 어떤 사람이 자기 친구를 위해 동일하게 기도할 때, 그 일이 결코 일어나지 않을 수도 있습니다. 그럴 경우, 그 사람의 기도는 자기에게로 돌아옵니다. 그 기도로 인해 그 사람이 실패자가 되는 것이 아닙니다. 진실하게 하나님을 찾은 것에 대해 그 사람은 합당한 보상을 받게 될 것입니다. 그렇게 기도하는 것이 그 사람의 의무입니다. 다른 특정한 문제와 관련해서도 마찬가지입니다.

이것이 당신에게 전하는 격려입니다. 구하는 대로 이루어지지 않았다고 해서 기도가 실패한 것은 결코 아닙니다. 당신의 기도가 받아들여진다는 것을 확신하십시오. 하나님은 당신을 위해 최선을 행하실 것입니다. 당신의 기도는 결코 실패하지 않습니다.

9. 기도와 응답

■ **질문** 사람이 주께서 자기 기도를 들으시는지 아닌지를 어떻게 알 수 있습니까?

이 문제에 대해서는 한 가지 확실한 규칙이 있습니다. 곧 주님은 하나님의 성령의 도우심으로 드려지는 기도를 언제나 들으신다는 것입니다. 당신이 그것을 깨닫는다면, 언제든지 하나님이 기도를 들으시는지에 대해서 의문을 품을 필요가 없습니다. 마음이 하나님의 영으로 고무될 때 기도는 거룩한 소원의 표현이 될 것이며, 주님은 언제나 그 소리에 귀를 기울이실 것입니다.

"마음을 살피시는 이가 성령의 생각을 아시나니 이는 성령이 하나님의 뜻대로 성도를 위하여 간구하심이니라"(롬 8:27).

이 말씀은 이 문제에 대해 명확하게 가르쳐 줍니다. 하나님은 성령의 생각을 아십니다. 하나님은 성령의 간구에 귀를 기울이시며 언제나 그 간구를 받아 주십니다. 그러므로 우리의 마음이 거룩한 소원을 품고 특별한 방식으로 고양될 때, 그것은 분명히 하나님께서 우리의 요청에 응답하실 것임을 의미합니다. 만일 하나님께서 기도를 들으시려 하지 않았다면 우리 마음속에 성령을 중보자로 보내시지도 않았을 것입니다. 그렇게 하실 요량이셨다면 그분은 성령을 거두어 가셨을 것이며, 성령으로 말미암아 우리 마음이 고양되는 것도 허락하시지 않았을 것입니다.

다만 여기서 이 점을 기억하십시오. 우리는 때때로 매우 진지하게 기도합니다. 마치 다윗이 죽어 가는 자녀를 바라보며 그랬던 것처럼, 부모는 자기 자녀에 대해 매우 진지하게 기도합니다. 또 모세는 진심으로 가나안 땅에 들어가기를 바랐습니다. 다윗이나 모세의 소원은 진지했지만 단지 자연적인 욕망의 표현일 수도 있습니다. 그런 경우에는 비록 사람이 매우 진지하다고 하더라도 "내 마음이 기도 중에 무척 고양되었고 하나님께서 내 기도를 들으셨습니다"라고 말할 수는 없습니다.

   그렇지만 이것을 마음에 새기십시오. 당신이 마음의 소원을 하나님 앞에 아뢰는 중에 마음이 거룩한 욕망으로 가득해지고 보통 때와는 달리 특별한 방식으로 고양될 때, 다시 말해서 당신의 마음이 분발되고 크게 넓혀지고 강화되고 은혜와 거룩함에 예민해지는 것은 하나님의 성령의 역사입니다. 바로 그럴 때 "하나님께서 성령의 생각을 아신다"(롬 8:27 참고)라는 말씀에 근거하여, 당신의 기도가 들으신 바 되었다고 확신할 수 있습니다.

4장
기도의 열납과 조건

"쉬지 말고 기도하라"(살전 5:17).

마지막으로 우리가 기도할 때에 요구되는 자격이 무엇인지에 대해 말씀드리고자 합니다. 기도에 대해 많은 것들을 살펴본 이 시점에서, 이제 우리는 바로 이 문제를 알아야 합니다.

"무엇이 우리의 기도를 받아들여지게 만드는가?"

우리의 기도가 받아들여지려면 어떤 조건이 충족되어야 합니까?

1. 의로움

기도에 요구되는 첫번째 조건으로, 다른 무엇보다 먼저 중요하게 제시하고 싶은 것은 그 사람 자체의 '의로움'입니다.

"의인의 간구는 역사하는 힘이 크니라"(약 5:16).

사람은 다른 무언가를 가지기 전에 먼저 그리스도를 가져야만 합니다. 하나님은 그 아들과 함께 모든 것을 우리에게 주셨습니다(롬 8:32 참고). 우리가 다른 모든 것을 얻었다 해도 그리스도를 얻지 못했다면, 그것은 아무것도 아닙니다. 하나님의 모든 약속들은 오직 그리스도 안에서만 '예'와 '아멘'이 됩니다(고후 1:20 참고). 그러므로 우리는 먼저 그리스도를 얻어야 합니다.

또한 일반적인 언약이 특정한 약속보다 선행되어야 합니다. 모든 기도의 근거는 특정한 약속이지만, 무엇보다 먼저 당신이 언약 안에 있어야 합니다. 특별하고도 구체적인 것들을 붙들기 전에 먼저 전체적인 언약이 당신의 것이 되어야 합니다. 누구든지 먼저 언약에 속한 자가 되어야 합니다. 그 사람이 먼저 의로워야 하고 하나님께 받아들여져야 합니다. 어느 누구도 이 문제에 대해 자신을 속여서는 안 됩니다. 사람은 자기 마음이 진실하기를 바라고, 자기 기도가 올바르기를 바라며, 그 결과 역시 선하기를 바랍니다. 그러나 비록 이 모든 것이 사실이라고 해도 만일 그 사람이 의롭지 못하다면, 하나님은 다른 모든 것을 옳다고 인정하시지 않습니다.

양의 피나 돼지의 피는 사실 다를 바가 없습니다. 어쩌면 돼지의 피가 양의 피보다 더 나을 수도 있습니다. 그러나 돼지의 피가 받아들여지지 않는 것은 그것이 돼지의 피이기 때문입니다. 마찬가지로 거듭나지 못한 사람의 기도는 그 내용이 아무리 훌륭하고 잘 다듬어졌다고 해도 별 의미가 없습니다. 중요한 것은 기도하는 당사자의 마음, 기도하는 그 사람이 어떠한가입니다.

먼저 기도하는 사람이 의로워야 한다는 점을 유의하십시오. 다윗은 시편에서 자신의 기도가 왜 받아들여지는지에 대해 이렇게 말합니다.

"여호와께서 자기를 위하여 경건한 자를 택하신 줄 너희가 알지어다. 내가 그를 부를 때에 여호와께서 들으시리로다"(시 4:3).

하나님이 다윗의 기도를 들으시는 근거는, 그분이 친히 자기를 위하여 경건한 자를 택하셨기 때문입니다. 다윗은 마치 이렇게 말하는 것 같습니다. "나는 수많은 사람들에게 둘러싸여 있다. 너희들은 나의 대적들이며, 나를 쳐서 이길 것이라고 생각한다. 그러나 나는 너희를 두려워하지 않는다. 나는 나를 보호하실 하나님께 기도한다. 나는 경건한 사람이며, 바로 그것 때문에 하나님께서 내 기도를 들으실 것이라고 나는 믿는다."

사랑하는 성도들이여, 만일 우리가 의로워지지 않는다면, 우리가 아무리 열심히 기도한다고 해도 여전히 우리의 죄가 더 큰 소리로 우리의 기도를 막을 것입니다. 죄악의 소리는 기도 소리보다 더 큽니다. 죄악의 시끄러운 소리에 우리의 기도 소리는 묻혀 버리고 맙니다. 죄악의 소리는 마치 천둥과도 같은데, 우리의 기도 소리는 가시나무 가지들이 서로 부딪치는 소리에 불과합니다. 죄가 하나님의 귓전에 소음을 일으키는 동안에는 우리의 기도 소리가 들리지 않을 것입니다. 우리가 죄 가운데에서 하나님 앞으로 나아간다면, 거듭나지 못한 상태로 그분의 임재 앞에 나아간다면 그렇게 되는 것입니다. 그러나 이것이 끝이 아닙니다. 언약 안에 있는 사람이 품고 있는 특정한 죄는 그의 기도를 방해하고 복을 막습니다.

그러므로 먼저 죄가 제거되어야만 기도 소리가 하나님의 귀에 들릴 수 있습니다. 자녀는 집에서 영원히 거합니다. 그러나 자녀라 하더라도 큰 죄를 지으면 아버지가 그를 하인처럼 대할 수도 있습니다. 무언가를 바라며 두 손을 펴고 나아올 때에 그의 요청을 거절하고, 그 손을 거절할 수도 있습니다. 자녀의 요청이 받아들여지기 위해서는, 뉘우침과 화해가 있어야만 합니다. 가로막고 있던 죄가 먼저 제거되고 해결되어야만 하는 것입니다.

그러므로 하나님을 부를 때에 이것을 마음에 새기십시오. 다윗과 에스라를 보십시오. 그들은 먼저 겸손하게 죄를 자복하면서 기도를 시작합니다. 그들 자신이 먼저 깨끗해져야 하기 때문입니다. 그들의 죄가 먼저 제거되어야 계속 기도하면서 나아갈 수 있기 때문입니다. 동일한 이유로 사도는 이렇게 말합니다.

"각처에서 남자들이 분노와 다툼이 없이 거룩한 손을 들어 기도하기를 원하노라" (딤전 2:8).

이 말씀은 사람이 기도할 때에 언약 안에 있을 뿐 아니라 모든 특정한 죄로부터 정결해져야 한다는 뜻입니다. 우리가 하나님께 받아들여지기를 원한다면 우리에게 그 어떤 죄가 있든지 회개하고 마음을 새롭게 하여 반드시 그 죄를 제거해야 한다는 것입니다. 그 외에도 사람이 기도하러 나아갈 때 무엇을 유의해야 하는지에 대해 성경이 말하는 바를 살펴보십시오. 기도하러 나아가기 위해서는 마음속의 교만이 제거되어야 합니다. 하나님이 교만을 싫어하시기 때문입니다. 마음이 겸손히 낮아져야 합니다. 또한 분노를 씻어 없애야 합니다. 분노 없이 거룩한 손을 들어야 합니다. 이는 성경에서 종종 요구되는 바입니다.

"그러므로 예물을 제단에 드리려다가 거기서 네 형제에게 원망 들을 만한 일이 있는 것이 생각나거든 예물을 제단 앞에 두고 먼저 가서 형제와 화목하고 그 후에 와서 예물을 드리라"(마 5:23,24).

또한 감사하지 않는 마음을 회개해야 합니다. 받은 은혜에 대해 감사하는 마음이 없는 사람의 기도는 받아들여지지 않습니다. 이 점은 모든 구체적인 죄에 적용됩니다. 탐욕과 부패한 정욕 등이 우리의 마음을 지배하지 않도록 자신을 살펴야 합니다. 오직 우리는 깨끗한 마음과 거룩한 손을 들어야 합니다. 사람이 의로워야 하는 것, 바로 그것이 기도하는 데 가장 필요한 조건입니다. 언약 안에 있어야 할 뿐만 아니라, 기도를 막는 모든 죄가 제거되어야 하는 것입니다.

2. 믿음

두 번째로 요구되는 것은 '믿음'입니다. 분노와 다툼이 없이 거룩한 손을 드십시오. 또한 하나님께 구하는 사람은 "오직 믿음으로 구하고 조금도 의심하지 말라"(약 1:6)라는 말씀을 기억하십시오. 기도가 하나님의 보고(寶庫)를 여는 열쇠라면, 믿음은 그 열쇠를 돌리는 손입니다. 손이 없다면 열쇠도 아무 소용이 없습니다.

한편으로 주님은 그분 자신을 위해서 우리에게 믿음을 요구하십니다. 만일 당신이 주님께 나아오면서도 그분을 신뢰하지 않는다면, 그분을 올바르게 인정하는 것이 아닙니다. 오히려 주님은 자신의 영광을 잃어버리게 됩니다. 왜냐하면 우리가 그분을 신뢰하는 것이 그분께 영광을 돌리는 것이기 때문입니다. 우리가 그분을 신뢰하지 않는 것은 그분의 명예를 손상시키는 것입니다. 또 우리가 그분께 나아와 구하면서도 그분을 신뢰하지 않는 것은 그분의 명예를 더럽히는 것입니다.

또 한편으로 주님은 우리 자신을 위해서 우리에게 믿음을 요구하십니다. 믿음이 없이는 우리의 기도가 하나님께 상달되지 않기 때문입니다. 야고보서 1장 6절은 믿음으로 기도하라고 명령하면서 왜 그래야 하는지를 설명합니다.

"의심하는 자는 마치 바람에 밀려 요동하는 바다 물결 같으니."

즉, 의심하는 사람은 때때로 들이치는 밀물처럼 진지하고도 간절하게 기도합니다. 그러나 얼마 못 가서 아무것도 아닌 것처럼 사라지고 맙니다. 그래서 사도는 의심하는 사람의 기도가 한결같지 않다고 말합니다. 그는 진지하고도 간절히 나아왔다가도 이내 식어 버리고 멀어집니다. 바다 물결처럼 밀려 왔다가 사라지기를 반복합니다. 뿐만 아니라 그가 기도하는 방식도 항상 불안정합니다. 진정으로 하나님을 신뢰하는 사람은 꾸준히 기도할 뿐 아니라, 기도에 대한 자세 또한 한결같습니다. 반면 하나님을 신뢰하지 않는 사람은 언제나 바다 물결처럼 요동합니다. 의심하는 사람이 부지런히 기도할 수도 있고, 일정 시간 동안 기도하며 하나님께 나아갈 수도 있습니다. 그러나 그는 하나님을 신뢰하지 않고 다른 것을 의지합니다. 그는 바다 물결과도 같습니다. 지속적이지도 않으며, 믿음도 부족합니다. 그러하기에 기도하는 데 믿음이 필요한 것입니다.

1) 하나님의 섭리와 약속에 대한 믿음

하나님을 향한 우리의 기도에는 두 가지 믿음이 필요합니다. 하나는 하나님의 섭리에 대한 믿음이며, 또 하나는 하나님의 약속에 대한 믿음입니다.

첫째로, 하나님의 섭리를 믿는 믿음이 있어야 합니다. 이것이 매우 중요한데도 우리는 이것을 쉽게 잊어버립니다.

"야곱의 하나님을 자기의 도움으로 삼으며 여호와 자기 하나님에게 자기의 소망을 두는 자는 복이 있도다. 여호와는 천지와 바다와 그중의 만물을 지으시며 영원히 진실함을 지키시며"(시 146:5,6).

하나님께서 하늘과 땅과 바다를 지으셨습니다. 하늘과 땅을 지으신 하나님께서, 모든 것을 이루실 수 있으며 그 어떤 일도 행하실 수 있지 않겠습니까? 성경에서 분명히 말하듯이, 여호와는 자신의 언약을 영원히 기억하십니다(시 111:5 참고).

마르다와 마리아가 나사로를 일으켜 달라고 그리스도께 나아온 사건을 떠올려 보십시오(요 11:1-44 참고). 그들은 주님이 그 일을 하실 준비가 되어 있다고 믿었으며 기꺼이 그 일을 행하시리라고 믿었습니다. 그러나 그들에게는 그분의 섭리를 믿는 믿음이 부족했습니다. 그래서 주님이 오셨을 때 마르다는 이렇게 말합니다. "주여, 그가 죽어 무덤에 있은 지 나흘이 되었습니다."

이는 마치 이렇게 말한 것과 같습니다. "지금은 너무 늦어 그 일을 하실 수 없습니다. 조금만 더 일찍 오셨더라면 될 수도 있었을 텐데요." 마르다는 주님께 기꺼이 도우실 의향이 있다고 믿었지만 하나님의 섭리에 대해 믿지는 못했던 것입니다.

이번에는 섭리에 대한 믿음을 가지고 있었던 한 나병환자를 봅시다.

"주여, 원하시면 저를 깨끗하게 하실 수 있나이다"(마 8:2).

여기에 섭리에 대한 그의 믿음이 나타납니다. 그는 주님의 능력을 인정했습니다. "주여, 원하시면 저를 깨끗하게 하실 수 있습니다." 물론 주님이 그에게 대답하신 말씀을 보면 그가 약속에 대한 믿음도 가지고 있었던 것 같습니다. 여기서 말하고 싶은 것은 우선 섭리에 대한 믿음이 있어야 한다는 것입니다.

둘째로, 하나님의 약속을 믿는 믿음이 있어야 합니다. 여기에는 충분한 근거가 있습니다. 주님은 이 점에 대해 분명하게 말씀하십니다.

"구하라 그리하면 너희에게 주실 것이요, 찾으라 그리하면 찾아낼 것이요, 문을 두드리라 그리하면 너희에게 열릴 것이니"(마 7:7).

"그의 뜻대로 무엇을 구하면 들으심이라"(요일 5:14).

우리는 하나님의 약속에 대한 우리의 믿음이라는 문제를 면밀히 숙고해야 합니다. 우리는 쉽사리 이렇게 말합니다. "저는 하나님이 하실 수 있으리라 믿어 의심치 않습니다. 하지만 그분이 행하실지 아닐지에 대해서는 의문입니다." 그러나 우리의 기도가 진정으로 강력하고도 효력이 있기를 원한다면, 그분의 약속을 더욱 강하게 믿어야 합니다. 약속에 대한 믿음이 강할수록 우리의 기도는 더욱 효과적으로 하나님께 올려질 것입니다. 약속에 대한 믿음이란 그토록 중요한 것입니다.

2) 믿음의 강화

그렇다면 우리의 믿음을 어떻게 강화시킬 수 있는지 간략히 살펴봅시다.

무엇보다도, 하나님의 성품을 숙고함으로써 믿음을 강화시킬 수 있습니다. 사랑하는 성도들이여, 왜 우리가 하나님의 약속을 잘 믿지 못할까요? 왜 역경의 때에 그분께서 기꺼이 우리를 도우시리라는 것을 잘 믿지 못할까요? 바로 우리가 하나님의 성품과 속성에 무지하기 때문입니다. 그것을 신중히 생각하지 않기 때문입니다. 그러면 하나님을 찾고 기도하고자 할 때, 그리고 우리의 믿음을 강화시키고자 할 때, 어떻게 하나님의 속성을 묵상하면 좋을까요?

첫째, 하나님의 공의에 대해 묵상하십시오. 성도들이 하나님의 속성을 생각하며 믿음을 강화시킨 것에 대한 많은 예들이 있습니다. 다윗은 이렇게 논증했습니다.

"여호와는 의로우사 의로운 일을 좋아하시나니 정직한 자는 그의 얼굴을 뵈오리로다"(시 11:7).

다윗은 자신의 무죄함을 아뢰고 하나님의 공의에 대해 고백하면서 강력하게 호소합니다. 그는 자주 그런 식으로 기도합니다.

"여호와께서 내 의를 따라 갚으시되 그의 목전에서 내 손이 깨끗한 만큼 내게 갚으셨도다"(시 18:24).

그는 "주님은 제가 의로운 줄을 아시고, 원수들은 이런저런 악을 행하였습니다. 그리고 주님은 의로우십니다"라는 식으로 말합니다. 하나님은 이것을 부인하실 수 없습니다. 이렇게 하나님의 속성으로부터 유추한 논증은 강력한 힘이 있습니다.

둘째, 하나님의 선하심을 묵상하십시오.

"여호와는 긍휼이 많으시고 은혜로우시며 노하기를 더디 하시고 인자하심이 풍부하시도다"(시 103:8).

"나는 심히 비천하니이다"(시 142:6).

이 두 가지 고백이 하나로 묶일 때, 그것은 우리의 믿음을 강화시키는 유익한 수단이 됩니다. 그래서 다윗 역시 종종 재난이나 질병이나 원수들에게서 듣는 비방을 토로하면서 하나님의 자비에 호소하였습니다. 마치 다윗이 이렇게 말하는 듯합니다. "하나님이시여, 인자하심이 풍성하신 하나님이시여, 저는 지금 괴로운 처지에 있습니다." 하나님은 긍휼이 많은 분이시기에 이런 호소에는 힘이 있습니다. 다윗은 이런 식의 논증으로 믿음을 강화했습니다.

셋째, 하나님의 영광을 묵상하십시오. 우리는 "주여! 주는 영광 중에 거하시며, 내 눈은 주의 영광을 앙망하나이다"라고 말할 수 있습니다. 하나님의 영광을 위하여 구하는 청원은 강력한 힘을 가집니다. 모세 역시 이스라엘 백성들을 위해 변론할 때 그런 식으로 호소했습니다. "주께서 이 백성을 죽이시면 주의 이름이 욕되게 될까 두렵습니다. 이방인들이 이를 두고 뭐라고 말하겠습니까? 주의 영광을 위하여 간청하오니 저의 간구를 물리치지 마옵소서"(민 14:15-19 참고).

히스기야와 다윗 역시 같은 방식으로 간구했습니다.

"진토가 어떻게 주를 찬송하며 주의 진리를 선포하리이까?"(시 30:9)

"사망 중에서는 주를 기억하는 일이 없사오니 스올에서 주께 감사할 자 누구리이까?"(시 6:5)

곧 "사망 가운데에서 우리가 주의 영광을 위해 무엇을 할 수 있겠습니까?"라는 의미입니다. 이처럼 주님의 영광을 생각하며 그 영광을 목적으로 삼는 것은 우리의 믿음을 강화하는 또 다른 방법입니다.

넷째, 하나님의 능력을 묵상하십시오. 하나님 앞에 나아가서 우리의 연약함과 하나님의 능력을 묵상하며 이렇게 고백하십시오. "주여, 우리는 약하고 아무것도 할 수 없습니다. 그러나 주여, 주님은 전능하사 하늘과 땅을 만드셨습니다." 이는 하나님을 향한 강력한 청원입니다.

아사 왕은 역대하 14장 11절에서 하나님께 부르짖어 호소했습니다.

"여호와여, 힘이 강한 자와 약한 자 사이에는 주밖에 도와줄 이가 없사오니 우리 하나님 여호와여 우리를 도우소서. 우리가 주를 의지하오며."

마치 이렇게 말하는 듯합니다. "우리의 수는 심히 적습니다. 우리는 심히 약합니다. 우리는 아무것도 할 수가 없습니다. 그러나 주님은 많은 수의 사람이 할 수 있는 일을 적은 수의 사람으로도 능히 하실 수 있습니다." 아사는 자신의 연약함과 하나님의 능력을 연결하여 기도한 것입니다.

여호사밧에게서도 비슷한 예를 찾아볼 수 있습니다.

"우리를 치러 오는 이 큰 무리를 우리가 대적할 능력이 없고 어떻게 할 줄도 알지 못하옵고 오직 주만 바라보나이다"(대하 20:12).

그는 마치 이렇게 말하는 듯합니다. "주여, 주님께는 충분한 힘과 능력이 있습니다. 비록 우리는 그 일을 할 수 없을지라도 주님은 능히 행하실 수 있습니다." 이것이 바로 하나님의 능력을 묵상하며 호소하는 기도입니다.

다섯째, 하나님의 변하지 않으심을 생각하십시오. 주님께 나아갈 때 이렇게 말하십시오. "주여, 주님은 이전에 종들을 위해서 이렇게 행하셨습니다. 또 주님은 이전에 저를 위해서도 이런 일을 이루셨습니다. 주님이 변하지 않는 동일하신 하나님이심을 제가 믿습니다." 이는 우리의 믿음을 강화시키기에 유익한 방법입니다.

법정에서 소송할 때 어떻게 합니까? 이전의 판례가 있으면, 그 판례를 제시하는 것이 강력한 논증 방식입니다. 기도하는 데에도 이전의 선례는 우리에게 큰 힘을 더합니다. 왜냐하면 하나님이 변하시지 않기 때문입니다. 이런 식의 기도는 다윗이 사용한 강력한 논증 방식을 따르는 것입니다. "주여, 주님은 변하지 않는 분이십니다. 주님은 같은 상황에 처한 다른 사람들에게 이렇게 행하셨습니다. 그리고 같은 상황에 처한 저에게도 역시 그렇게 행하셨습니다."

다윗이 어떻게 믿음을 지탱하는지 보십시오.

"우리 조상들이 주께 의뢰하고 의뢰하였으므로 그들을 건지셨나이다. 그들이 주께 부르짖어 구원을 얻고 주께 의뢰하여 수치를 당하지 아니하였나이다"(시 22:4,5).

마치 이렇게 말하는 듯합니다. "주여, 주님은 변하지 않으십니다. 주님은 같은 문제로 주님을 의뢰하는 사람들의 소리를 들으셨습니다. 그렇다면 이제 그들과 마찬가지로 저의 사정을 돌아보소서. 저 역시 그들처럼 곤란 중에 주님의 도우심을 구합니다."

여섯째, 하나님의 신실하심을 생각하십시오. 신실하심은 그분의 속성입니다. 우리는 기도할 때 이렇게 말할 수 있습니다. "주님, 주님은 신실하십니다. 그러므로 저는 주님을 신뢰합니다." 이는 강력한 진술입니다. 이 말은 사람들에게도 설득력을 가질 것입니다. "그는 나를 신뢰해. 그래서 나는 그를 속일 수가 없어."

주님은 영원토록 약속을 지키며 은총을 베푸십니다. 그래서 우리는 주님께 나아가 이렇게 기도할 수 있습니다. "주님, 주님은 신실하십니다. 주님은 영원히 언약을 지키며 은혜를 베풀겠다고 스스로 말씀하셨습니다. 주님은 약속을 어기실 수 없는 분입니다. 이것이 주님의 성품입니다. 주님은 스스로를 부인하시지 못합니다. 그러므로 저는 주님을 신뢰합니다. 이 문제도 주님께 의뢰합니다."

주님은 우리를 실망시키지 않으실 것입니다. 사람도 자기를 신뢰하는 자를 거절하지 않거늘, 어찌 주님께서 자기를 신뢰하면서 나아오는 자를 거절하시겠습니까? 결단코 하나님은 자기를 신뢰하는 자를 버리지 않으십니다.

일곱째, 하나님의 절대적 속성 외에 상대적 속성들도 묵상하십시오. 그분은 아버지이시요 주님(Master)이십니다. 우리는 이 사실로 하나님께 강력하게 호소할 수 있습니다. 주님께 나아갈 때 이렇게 기도할 수 있습니다. "주여, 당신은 아버지이시며 주님이시며 남편이십니다. 자녀들이 아버지께로 가지 않으면 어디로 가겠습니까? 아내가 남편에게로 가지 않으면 어디로 가겠습니까? 또한 종들이 주인, 곧 그들의 상전에게로 나아가지 않으면 누구에게로 가겠습니까? 주여, 주님은 우리에게 명하시기를 사람이 자기 자녀와 아내와 종들을 돌봐야 한다고 말씀하셨고, 그렇지 않으면 이방인들보다 악하다고 하셨습니다. 주여, 우리는 주님께 속하였으며, 주님의 소유입니다."

다윗도 이런 식으로 기도했습니다. 우리는 시편에서 그런 기도를 흔히 볼 수 있습니다. 다윗은 하나님의 종이었습니다. 그는 종종 그런 관계를 언급하면서 "나는 당신의 종입니다"라고 고백합니다. 하나님은 그의 하나님이시며, 그는 하나님의 종이었습니다. 그는 하나님께 속한 자로서 하나님만을 의뢰하였습니다.

그러므로 사랑하는 성도들이여, 하나님을 의지하고 찾는 것은 그분으로 하여금 우리를 도우시도록 하는 강력한 방편입니다. 우리에게 속한 누군가가 우리를 의지한다고 생각해 보십시오. 그것이야말로 그 사람을 돕는 강력한 동기가 되지 않겠습니까? 마찬가지로 그렇게 하나님께 호소하는 것은 효력이 있으며, 우리의 믿음을 강화시켜 줄 것입니다.

이런 방법을 통하여 하나님께 효과적으로 호소할 수 있다는 것은 또한 그런 방법으로 우리 자신을 설복시킬 수 있다는 의미이기도 합니다. 곧 그렇게 함으로써 우리의 믿음이 강화되며, 하나님을 기꺼이 우리를 돕는 분으로 믿게 되는 것입니다. 그리고 우리가 그것을 믿고 그분을 신뢰할 때, 바로 그때가 하나님이 우리를 도우실 수 있도록 우리가 준비된 때입니다. 그때 우리는 믿음의 기도를 통해 우리의 소원을 얼마든지 아뢸 수 있습니다. 만일 우리가 의심한다면, 그런 기도는 하나님께 받아들여지지도 않고 효력도 없습니다.

저는 지금까지 우리가 믿음으로 기도해야 한다고 말했습니다. 그것이야말로 효과적일 뿐만 아니라 성경이 분명하게 가르치는 조건입니다. 믿음이 없는 기도는 받아들여지지 않습니다.

"너희 믿음대로 되라"(마 9:29).

이 말씀은 어느 상황에서든지 마땅히 숙고되어야 합니다.

3) 믿음의 표징

한두 마디를 덧붙이겠습니다. 먼저, 우리가 믿음으로 기도할 때에 우리의 심령은 고요함과 안정을 누립니다. 사람이 하나님을 부를 때 그 마음이 잠잠하고 평안하다면, 그것은 그가 하나님을 믿고 신뢰한다는 하나의 표징입니다. 그것이 바로 믿음의 기도입니다. 한나를 기억하십니까? 기도하고 난 그녀의 얼굴에는 다시는 근심 빛이 없었습니다(삼상 1:18 참고). 그녀는 그 일이 이루어지리라 믿었습니다. 그러므로 만일 당신의 마음에 근심이나 당혹감이 있다면, 그것은 당신의 기도에 그만큼 믿음이 부족하다는 뜻입니다. 왜냐하면 하나님을 온전히 의뢰한다면 그분 안에서 잠잠하고 평안할 것이기 때문입니다.

또한, 만일 당신이 진실로 믿는다면, 당신은 계속해서 기도할 것입니다. 가나안 여인의 믿음에서 그 점을 볼 수 있습니다(마 15:22-28 참고). 그녀는 거절당하는 것도 아랑곳하지 않고 계속해서 간청했습니다. 처음에 주님이 여자의 청을 거절하고 멀리하였는데도 여인은 포기하지 않았습니다. 그 이유가 무엇이겠습니까? 그녀는 예수님이 다윗의 자손인 것을 믿었으며, 그분이 자비로우신 것을 믿었고, 그분이 결국 자신의 청을 들어주실 것임을 믿었기 때문입니다. 이와 같이 기도를 지속하는 것이 바로 주님을 믿는다는 증거입니다. 우리가 믿는다면 기꺼이 기다릴 것입니다. 믿는 사람은 서두르지 않습니다. 왜냐하면 그는 하나님을 신뢰하고 의지하기 때문입니다. 그리고 하나님이 명령하신 수단들을 부지런히 활용하고 다른 수단을 의지하지 않을 것입니다.

3. 간절함(뜨거움)

기도에 요구되는 세 번째 조건은 '뜨거움'입니다. 야고보서 5장 16절 말씀에서 의인의 '뜨거운 기도(fervent prayer – KJV)'는 역사하는 힘이 크다고 했습니다. 주께서 뜨거운 기도를 요구하시는 것은, 그것이 마음을 거룩하게 만들고 영적인 성향으로 이끌기 때문입니다. 하나님께서 우리에게 원하시는 것은 단지 우리의 필요를 간청하는 것이 아니라, 오히려 기도로써 우리 마음이 은혜를 받기에 합당한 상태가 되는 것입니다. 뜨겁게 기도하는 것은 영혼의 바퀴가 바르게 굴러가는 것과 같습니다. 그 간절함이 우리의 마음을 거룩하고도 영적인 상태로 이끌어 줍니다. 주님께서는 완고함이나 세상적인 산만함 때문에 은혜받기에 합당하지 않았던 우리의 마음이 간절한 기도를 통해 조율되기를 바라십니다.

주님이 간절히 기도하게 만드시는 것은 기도의 간절함 그 자체를 존중해서가 아니라, 그 간절함으로 인해 우리의 마음이 하나님 앞에 나아가기에 더 알맞은 상태가 되기 때문입니다. 이는 마치 의사를 찾는 환자의 간절함과도 같습니다. 의사가 환자의 입맛이 당기는 달콤한 음식을 오랫동안 못 먹게 할 수도 있습니다. 맛있는 음식을 환자에게 주기 싫어서가 아니라, 환자의 몸을 조절하기 위해서 말입니다. 때로는 환자의 몸에서 해로운 것들을 토하게 하고 씻어 내야 할 때도 있습니다. 그렇게 해야만 투여한 약의 효과가 제대로 나타날 수 있기 때문입니다.

주님도 종들에게 그렇게 행하십니다. 그분이 우리에게 기꺼이 은혜를 주시고자 하는데도 우리가 아직 적절히 준비되지 못했다면, 그분은 우리에게 계속해서 간절히 기도하도록 요구하십니다. 그러므로 우리가 더욱 간절히 기도할수록 성령의 모든 은혜들이 왕성하게 활동하며 더욱 증대됩니다. 이 간절함에 감동되신 주님께서 그렇지 않았다면 허락하지 않으셨을 은혜들을 우리에게 허락하시는 것입니다.

자, 그렇다면 간절함이란 무엇일까요? 우리는 성경에서 이 간절함이 대개 '주께 부르짖다, 주와 더불어 씨름하다, 주님과 겨루다, 하나님으로 쉬지 못하시게 하다'와 같은 비유로 표현되어 있음을 발견할 수 있습니다. 이와 관련하여 다음의 두 가지를 살펴보겠습니다.

첫째, 사람이 자신의 모든 힘을 다해 기도할 때 간절해집니다. 즉, 주님께 진지하고도 끈질기게 간청하며 온 힘을 다해 그분과 씨름하는 것입니다. 비록 많은 어려움과 장애물들이 있다 하더라도, 간절한 사람은 그 모든 것을 뚫고 나아갑니다. 이것이 바로 '뜨거운' 혹은 '간절한' 기도입니다.

예를 들어, 기도하러 나아온 어떤 사람이 많은 실망거리를 발견했다고 합시다. 자신에게는 죄가 가득하고, 거룩함이라고는 찾아볼 수 없으며, 믿음조차 희미한 것 같습니다. 그리고 자신의 영은 거의 죽은 것 같습니다. 그러나 그는 계속 나아갑니다. 그는 자신에게서 그런 장애물들을 발견할 뿐 아니라, 주님마저 저 멀리 물러나 계시며, 아무 대답도 하지 않고 귀도 기울이시지 않는 것 같습니다. 마치 예수님이 처음에 가나안 여인에게 행하셨던 것처럼 말입니다.

또 한 예를 생각해 보십시오. 어떤 사람이 자신의 건강을 위해 기도합니다. 그러나 오히려 병이 갈수록 심해집니다. 혹은 사람이 정욕과 유혹을 이기게 해 달라고 기도하는데도 오히려 그것이 두 배로 증대될 수 있습니다. 혹은 고난에서 벗어나고자 기도하는데도 오히려 그 고난이 갈수록 커질 수도 있습니다. 마치 이스라엘 백성들이 구원받기 위해 그토록 애썼는데도 억압이 더 심해졌던 것처럼 말입니다. 그러나 흔들리지 말고 끝까지 견디십시오. 계속해서 기도하십시오. 하나님이 우리의 요청을 거절하시는 것처럼 보일 때에도 하나님과 겨루어 이기십시오. 바로 그것이 간절한 기도입니다.

둘째, 간절함이란 단지 크게 기도하는 것이 아니라 계속해서 두드리는 것입니다. 주님께 절박하게 구할 뿐 아니라 오랫동안 계속해서 간청하며, 구하는 복을 얻을 때까지 결코 포기하지 않는 것입니다. 주님과 밤새도록 씨름했던 야곱의 간절함을 보십시오. 그가 씨름한 이유는 무엇입니까? 그는 자신이 빌던 복을 얻기까지 천사를 보내려 하지 않았습니다. 이와 같이 진실하고도 지속적인 기도야말로 모든 장애물들을 뚫고 주님과 씨름하게 만듭니다.

힘을 다해 씨름하는 데는 어느 정도 장애물이 있기 마련입니다. 아무 장애물도 없는 일은 대수롭지 않은 일입니다. 그러므로 주께서 멀리 물러나 계시고, 일이 도무지 이루어질 것 같지 않으며, 어려움이 많고, 앞으로 어떻게 될지 전혀 예측할 수 없을 때, 바로 그때 계속해서 힘을 다해 씨름함으로써 주님으로 하여금 쉬시지 못하게 하십시오. 결코 포기하지 마십시오. 바로 이러한 간절함이 주님이 요구하시는 기도의 한 가지 조건입니다.

단, 간절한 기도와 관련하여 실수하지 않도록 다음의 두 가지를 기억하고 주의하시기 바랍니다. 먼저, 올바른 간절함이 되기 위해서는 그 자체가 믿음의 열매이어야 합니다. 믿음에서 우러나오지 않고 단지 자연적인 두려움이나 결핍에서 비롯되는 간절함도 있습니다. 사람은 자칫하면 무언가에 꽉 끼어 소리 지르는 돼지와 같아질 수도 있습니다. 도움을 요청하는 기도라기보다는 곤경에 처했기 때문에 소리 지르는 것입니다. 사람은 물론 동물들도 무언가가 부족할 때 본능적으로 끈질기게 소리칠 수 있습니다. 자신의 필요에 따라 진지해질 수도 있습니다. 그러나 주님은 그런 간절함에 주목하시지 않습니다. 왜냐하면 그것은 단지 자연적인 욕구를 표현하는 것일 뿐이기 때문입니다. 그 속에는 어떠한 거룩함도 없고, 영혼의 불도 없습니다. 우리가 원하는 것을 감각적으로 느낄 뿐 아니라, 은혜에 대한 소망이 더해져야 하며, 구하는 것을 받게 되리라는 믿음의 근거가 있어야 합니다. 바로 이러한 바탕 위에서 진지하고도 간절해져야 합니다. 이러한 진지함이 바로 믿음의 한 열매입니다.

예수 그리스도께서 이 땅에 거하실 때, 사람들은 큰 소리로 부르짖으며 간절하게 주님을 찾았습니다. 그리고 무척 끈질기게 구했습니다. 어떤 이들은 병이 치유되기를, 또 어떤 이들은 귀신이 떠나가기를 구했습니다. 그런데 그들의 기도에 대한 주님의 대답은 그들의 끈질김이나 간절함대로가 아니라 그들의 믿음대로 되리라는 것이었습니다. 주님은 이렇게 말씀하셨습니다. "너희들의 기도가 단지 원하는 것을 표현하는 소리일 뿐이라면, 단지 필요만을 자각할 뿐 그 이상 아무것도 없다면, 너희가 아무리 간절하게 외친다 하더라도 나는 그런 아우성을 듣지 않고 거기에 귀를 기울이지 않는다. 그러나 만일 믿음에서 나오는 소리라면, 믿음으로 나를 구하고 찾는 것이라면, 내가 대답하건대 '네 믿은 대로 될지어다'(마 8:13)."

필요의 자각과 은총에 대한 소망, 진정 이 두 가지가 기도의 간절함에 더해져야 합니다. 사람에게 믿음과 소망이 있을 때 더욱 간절해집니다. 믿음과 소망이 바로 간절함의 근거입니다. 간절함은 우리의 필요에 대한 자각만이 아니라 믿음과 소망을 토대로 발생하는 것입니다. 믿음과 소망이 우리의 기도를 크게 도와, 마치 타는 불에 장작을 올려놓은 것처럼 우리의 기도를 더욱 간절하고도 뜨겁게 타오르도록 만들 것입니다. 그러므로 필요를 자각할 뿐 아니라, 거기에 믿음과 소망을 더하십시오. 그러한 간절함이 바로 믿음의 한 열매입니다.

또 한 가지 주의해야 할 점이 있습니다. 우리의 간절함이 진실해야 한다는 것입니다. 사람은 하나님께 무언가를 요청하고 이런저런 복을 얻고자 할 때 간절해집니다. 매우 열심히 하나님의 자비를 간청합니다. 어떤 일과 관련하여 그분의 인도하심과 지혜를 구하기도 합니다. 건강을 구하기도 하고, 생명의 연장을 구하기도 합니다.

그러나 왜 그렇게 간구합니까? 만일 사람이 자기 정욕을 따라 구하는 것이 다 허락되기를 바라고, 인생을 더 유쾌하게 즐길 수 있기를 바라며, 세상에 자신의 이름이 알려지기를 바라고, 자기 몸의 욕구를 충족시킬 외적인 편안함이 제공되기를 바랄 뿐이라면, 주님께서 이런 간절함을 들어주실까요? 물론 그런 소원들을 모두 배제하라는 말이 아닙니다. 주님은 우리의 필요를 위해서 구하도록 허락하십니다. 그러므로 우리의 필요와 편익을 위해서도 진지하고 간절하게 구할 수 있습니다. 그러나 이 모든 것이 오직 우리의 편익만을 위할 뿐이며, 더구나 그것마저 남용할 가능성이 있다면, 주님은 그러한 간절함에는 귀를 기울이시지 않습니다. 그것은 진실한 열심이 아닙니다.

그러므로 사도 바울의 권면처럼 부지런하여 게으르지 말고 열심을 품고 주님을 섬기십시오(롬 12:11 참고). 우리는 너무나도 자주 우리 자신을 섬기는 데에만 열심을 품으며, 우리 자신의 목적을 위해 열심히 요구하고, 자기 자신을 위하여 유능한 은사들과 높은 재능들과 영광과 부를 간절히 구할 뿐, 정작 주님을 섬기는 데는 열성적이지 않습니다. 주인을 위해서가 아니라 자기 자신을 위해 쓰려고 재능을 구하는 것입니다.

주님께서 과연 그런 기도에 귀를 기울이실까요? 그런 사람이 하나님의 손에서 무언가를 얻을 수 있을 것이라 기대합니까? 신실한 성도들은 그와는 반대입니다. 그들은 주님께 무언가를 간절히 구할 때 이렇게 말합니다. "주여,

저는 저를 위해서가 아니라 주님의 영광을 위해서 이것을 구합니다. 우리로 하여금 이것을 선한 목적을 위해 사용하게 하옵소서."

다윗은 병에 걸려 자신이 회복될 수 있을지 의심스러울 때에 자기 생명을 위해 간절히 기도하면서 뭐라고 말합니까?

"사망 중에서는 주를 기억하는 일이 없사오니 스올에서 주께 감사할 자 누구리이까?"(시 6:5)

마치 이렇게 말하는 듯합니다. "주께서 제게 생명을 주시면, 제가 그것을 다시 주님께 드리겠습니다. 저는 그것을 잘 아끼고 활용하여서 나 자신이 아닌 주님의 유익을 위해 쓰겠습니다."

한나 역시 그랬습니다. 아들을 달라고 간절하게 구하면서 그녀는 주님과 주님이 하실 일을 위해 그 아들을 다시 드리겠다고 약속했습니다.

"서원하여 이르되 만군의 여호와여, 만일 주의 여종의 고통을 돌보시고 나를 기억하사 주의 여종을 잊지 아니하시고 주의 여종에게 아들을 주시면 내가 그의 평생에 그를 여호와께 드리고 삭도를 그의 머리에 대지 아니하겠나이다"(삼상 1:11).

그리고는 약속대로 아들을 주님께 드렸습니다. 주님을 섬기고 주님이 쓰시도록 그 아들을 구별해서 드렸습니다.

야곱 역시 먹을 양식과 입을 옷을 구할 때 이렇게 말했습니다.

"내가 기둥으로 세운 이 돌이 하나님의 집이 될 것이요 하나님께서 내게 주신 모든 것에서 십분의 일을 내가 반드시 하나님께 드리겠나이다"(창 28:22).

우리가 주님께 무언가를 구할 때, 우리의 양심이 '만일 주께서 허락하셔서 제가 그것을 얻게 된다면 그것을 다시 주께 드리겠습니다'라고 말할 수 있다면, 바로 그것이 올바른 간절함입니다. 우리가 그것을 남용하지 않고 자신의 정욕을 위해 사용하지 않으며, 자신을 섬기는 데 쓰지 않고 주님을 섬기는 데 쓰겠다고 고백하는 것입니다.

4. 겸손

네 번째로 요구되는 조건은 겸손입니다.

"하나님이 교만한 자를 물리치시고 겸손한 자에게 은혜를 주신다 하였느니라"(약 4:6).

"내 이름으로 일컫는 내 백성이 그들의 악한 길에서 떠나 스스로 낮추고 기도하여 내 얼굴을 찾으면 내가 하늘에서 듣고 그들의 죄를 사하고 그들의 땅을 고칠지라"(대하 7:14).

이 말씀뿐 아니라 성경 어디를 보더라도 이것은 하나님께서 부여하신 기도의 조건입니다. 이사야서에서 여호와께서는 모든 피조물들을 둘러보시면서 "내 손이 이 모든 것을 지었으므로 그들이 생겼느니라. 무릇 마음이 가난하고 심령에 통회하며 내 말을 듣고 떠는 자 그 사람은 내가 돌보려니와"(사 66:2)라고 말씀하십니다. 피조물들은 선하게 지어졌으며 하나님은 그것들을 귀하게 보십니다. 특히 피조세계 중에서도 하나님이 가장 귀하게 보시는 것은 겸손한 심령입니다.

"마음이 가난하고 심령에 통회하며 내 말을 듣고 떠는 자 그 사람은 내가 돌보려니와."
만일 우리의 기도가 상한 심령에서 우러나온 것이 아니라면, 그것은 주께서 돌보신다고 하는 조건에 맞지 않는 기도입니다. 하나님이 겸손한 사람에게 은혜를 베푸시는 이유는 겸손한 사람은 스스로를 낮추어 높임을 받기에 적합하지 않다고 여기기 때문입니다. 겸손이 오히려 하나님의 손으로부터 긍휼을 받기에 합당하게 만들어 주는 것입니다.

하나님께서는 마음이 낮고 겸손한 사람을 돌보십니다. 하나님은 그러한 사람을 높이십니다. 반면 스스로를 높이는 사람은 하나님께서 낮추십니다. 사람이 스스로를 작은 자로 여기고, 하나님 앞에서 합당하지 않은 자라고 여기는 것이 오히려 하나님의 마음을 움직입니다. 그래서 야곱은 에서의 손으로부터 건져 달라고 탄원하면서 "나는 주께서 주의 종에게 베푸신 모든 은총과 모든 진실하심을 조금도 감당할 수 없는 자입니다"(창 32:10 참고)라고 말하는 것입니다. 이 말은 "저울의 한쪽에 하나님의 은혜를 올려놓고 또 다른 쪽에 저를 올려놓으면, 제가 훨씬 가볍습니다"라는 말과 같습니다. 우리에게 있는 모든 가치를 합하더라도 하나님이 베푸신 약간의 은혜에도 미치지 못한다는 의미입니다. 이렇게 자기를 낮은 자요 작은 자요 비천한 자로 여기는 야곱에게 주님은 은혜를 베푸셨습니다. 그것이 은혜받기에 합당한 상태이기 때문입니다.

주님이 다윗에게 나단을 보내어 다윗을 위하여 영원한 집을 세우리라고 선포하게 하셨을 때 다윗은 자신을 어떻게 표현했습니까? 그는 여호와 앞에 나아가 이렇게 말했습니다.

"주 여호와여, 나는 누구이오며 내 집은 무엇이기에 나를 여기까지 이르게 하셨나이까?"(삼하 7:18)

마치 이렇게 말한 것과 같습니다. "저는 진토에서 취함을 입었습니다. 저는 이스라엘의 가장 낮은 자 중 한 사람입니다. 어떤 자격과 권리도 갖추지 못한 저를 주님은 여기까지 이르도록 돌보아 주셨습니다. 저를 주님의 백성을 다스리는 왕으로 삼으셨을 뿐만 아니라, 저의 집안과 왕국을 세우시고 영원히 지속되게 하리라 약속하셨습니다."

우리 자신의 무가치함에 대한 이러한 자각이 오히려 우리를 은혜받기에 더욱 합당하게 만듭니다. 여호와께서 겸손한 사람의 기도를 들으시고 그가 요청한 것을 허락하심으로써 그를 높여 주시는 것입니다.

더 나아가 하나님은 겸손한 자에게 은혜를 주십니다. 하나님은 겸손한 자가 나아와 무언가를 구할 때 자비를 베푸십니다. 겸손한 자는 무엇이든 하나님이 원하시는 바를 받아들일 태세가 되어 있기 때문입니다. 사도행전에서는 다윗에 대해 이렇게 언급합니다.

"내가 이새의 아들 다윗을 만나니 내 마음에 맞는 사람이라. 내 뜻을 다 이루리라"(행 13:22).

주님의 뜻이라면 무엇이든 행하고자 하는 것이 겸손한 자의 특징입니다. 겸손한 자는 여호와의 뜻에 순종합니다. 그는 주님이 기뻐하시는 일이라면 무엇이든 행할 태세가 되어 있습니다. 그는 무슨 일이든지 그분을 거역하지 않습니다. 이처럼 무엇이든지 하나님이 원하시는 대로 행하고자 하는 사람에게 하나님은 그가 원하는 모든 것을 행하고자 하십니다. 주님은 가나안 여인에게 말씀하셨듯이 기꺼이 이렇게 말씀하실 것입니다.

"네 소원대로 되리라"(마 15:28).

반대로, 사람이 주님을 거역한다면 주님도 그를 거역하십니다.

"하나님은 교만한 자를 대적하시되 겸손한 자들에게는 은혜를 주시느니라"(벧전 5:5).

거역하는 영은 주님이 우리의 기도를 거절하시는 요인입니다. 주님이 겸손한 자에게 기꺼이 은혜를 주시는 것은 그가 주님의 뜻에 순복하기 때문입니다. 사람이 주님께 순복하고 그분의 계명에 순종할 때, 하나님께서는 그 사람이 구하는 바를 주십니다.

뿐만 아니라, 겸손한 마음과 상하고 통회하는 심령은 주께서 기쁘게 받으실 만한 제물입니다. 주님은 다른 어떤 것보다 그런 제물에서 향기로운 냄새를 맡으십니다. 그렇습니다. 그것이야말로 우리가 드리는 모든 제물보다 더 값집니다. 최상의 기도, 최상의 봉사라 해도, 그것이 겸손한 마음에서 비롯된 것이 아니라면 주님은 그 가치를 인정하지 않으십니다. 다윗은 이에 대해 이렇게 말했습니다.

"주여, 내 입술을 열어 주소서. 내 입이 주를 찬송하여 전파하리이다. 주께서는 제사를 기뻐하지 아니하시나니 그렇지 아니하면 내가 드렸을 것이라. 주는 번제를 기뻐하지 아니하시나이다"(시 51:15,16).

주님께 탄원을 올릴 때, 교만한 사람은 빈손으로 나아옵니다. 옛 율법에서는 우리가 빈손으로 나아가지 않는 것이 법이었습니다. 반면 겸손한 사람은 제물을 가지고 나아옵니다. 최상의 제물은 그 자신과 그 자신의 의지입니다. 즉, 겸손한 사람은 자신에게서 자신을 비웁니다. 교만한 사람은 빗장을 걸어 주님을 밖에 머무시게 하지만, 겸손한 사람은 주님이 들어오셔서 그와 더불어 거하시도록 마음의 문을 엽니다. 주님은 그런 제사를 기뻐하십니다. 그래서 우리가 그런 제사와 함께 간청을 드릴 때 주님은 기꺼이 그 소리를 들으십니다.

마지막으로, 주님이 겸손한 자들의 소리에 귀를 기울이시는 이유는, 무엇을 받더라도 그들은 그것을 빚이 아니라 은혜로 여기기 때문입니다. 교만한 사람은 스스로를 속이고 자신이 은혜받기에 합당하다고 여깁니다. 그는 자신의 봉사와 받는 보수 사이에 어떤 상관관계가 있다고 생각합니다. 누가복음 18장 9-14절에서 바리새인에 대해 주님이 하신 말씀을 한 번 보십시오. 바리새인보다 오히려 세리가 의롭다하심을 받고 내려갔습니다. 왜 그렇습니까? 세리가 스스로를 아무것에도 합당하지 않은 자로 여겼기 때문입니다. 에스겔서 36장 31절에서도 주님은 자기 백성에게 큰 은혜를 약속하시면서, 그 조건으로 그들이 스스로를 멸망당하기에 합당한 자로 여길 것을 요구하십니다.

사람이 자기 자신의 무가치함을 자각하고 주님께 나아와 오직 은혜와 자비만을 구할 때, 바로 그것이 주님의 마음을 움직이는 강력한 요인이 됩니다. 주님은 그러한 기도에 귀를 기울이십니다. 신명기 9장에서 주님은 가나안 땅에 들어갈 백성들을 경계하며 이렇게 말씀하셨습니다.

"네가 가서 그 땅을 차지함은 네 공의로 말미암음도 아니며 네 마음이 정직함으로 말미암음도 아니요……여호와께서 이같이 하심은 네 조상 아브라함과 이삭과 야곱에게 하신 맹세를 이루려 하심이니라"(5절).

즉, 오직 여호와의 이름을 위하여, 하나님의 긍휼 때문에, 하나님께서 이스라엘의 조상들과 맺으신 언약 때문에 그 일을 이루시는 것이지 그들의 의로움 때문이 아니라는 것입니다.

바로 이것이 주님을 부르며 기도하는 자들이 지켜야 할 조건입니다. 곧 우리의 마음이 겸손해야 하고, 스스로를 작고 미천한 자라고 여기며, 상하고 통회하는 마음으로 나아와 모든 일에 그분께 기꺼이 순복할 준비가 되어야 하는 것입니다. 하나님은 이런 마음을 가진 자에게 은혜를 주십니다. 이런 자들에게 자비를 베푸시고 그들의 요청을 기꺼이 들어주십니다.

5. 거룩함

기도의 또 다른 조건으로, 우리 마음에 주님을 거룩한 분으로 모셔야 합니다(벧전 3:15 참고). 나답과 아비후가 여호와께서 명령하시지 않은 다른 불을 가져오자(레 10:1 참고) 여호와께서는 그들을 죽이셨습니다. 그 이유는 이렇습니다.

"나는 나를 가까이하는 자 중에서 내 거룩함을 나타내겠고 온 백성 앞에서 내 영광을 나타내리라"(레 10:3).

우리가 주님의 이름을 부르며 나아가는 것이 그분께 가까이 나아가는 것입니다. 그리고 그렇게 그분께 가까이 나아갈 때 우리의 마음은 그분을 거룩히 여겨야 합니다. 흠도 없이 깨끗하시며 가장 거룩하신 그분을 마치 보통 사람처럼 여겨서는 안 됩니다.

그러하기에 구약에서 이스라엘 백성들이 제사를 드릴 때에 그들은 먼저 자신을 깨끗이 씻어야 했습니다. 누구든지 부정한 상태에서 제물을 드리러 나아온다면, 그는 그 백성 중에서 끊어져야 했습니다. 그러므로 마음속에서 주님을 거룩하게 여긴다는 것은 주님께 정결한 마음으로 나아온다는 의미입니다. 디모데전서 2장 8절에서 사도는 이렇게 말합니다.

"분노와 다툼이 없이 거룩한 손을 들어 기도하기를 원하노라."

분노와 다툼이 없이 정결하고 거룩한 마음과 손을 높이 드십시오.

그렇다면 거룩함이란 무엇입니까? 사랑하는 성도들이여, 간단히 말해, 거룩함이란 일상적인 것으로부터 무언가를 구별하여 하나님 한 분에게만 올려 드리는 것입니다.

성전에 있는 것은 무엇이든 여호와께 거룩한 것입니다. 그것이 그릇이든 사람이든 제사장이든, 다른 용도에서 구별되어 여호와께만, 그리고 여호와만을 섬기기 위해서 특별히 구별되었기 때문입니다. 마찬가지로 사람의 마음 역시 다른 모든 것에서부터 벗어나 오직 주님만을 향하게 될 때에 거룩해집니다. 정숙한 아내가 모든 애정을 오직 남편에게만 쏟듯이 우리의 마음이 주님만을 향할 때, 우리의 애정과 의지가 나른 누구도 아닌 오직 주님만을 향할 때, 그것이 바로 주님을 향한 거룩한 마음입니다. 그러므로 그 마음으로 주님 외에 세상의 칭찬이나 헛된 영광을 바라는 자, 부나 정욕이나 다른 어떤 것을 더 바라고 그것에 붙들린 자, 온전히 드려야 할 애정의 일부만을 주님께 드리는 자는 거룩하지 못한 자입니다. 그 마음이 다른 모든 것으로부터 구별되어 오직 주님께만 드려지는 것, 이것이 바로 거룩함입니다.

마음이 거룩해야 하는 것처럼 기도 역시 거룩해야 합니다. 주님께 기도할 때에는 그분을 향한 경외심으로 그분을 바라보며 나아가야 하며, 그 외에는 그 어떤 것도 기도의 일부가 되지 못하도록 주의해야 합니다. 만일 세속적이고도 육신적인 생각을 품고 기도한다면, 그런 생각들이 기도의 일부가 됩니다. 그런 기도는 구별되지 않은 기도요 불경한 기도입니다. 주님께만 구별되어 드려진 것이 아니므로 거룩하지 않은 것입니다.

또한 주님을 찾는 우리가 그분에게 굳게 결합되어 있는 것이 거룩함입니다. 우리는 이렇게 굳게 결심해야 합니다. "나는 주님의 종이다. 나는 그분만을 섬긴다. 나는 사람이나 다른 어떤 것의 종이 아니다. 나는 주님과 결혼하였으며, 나에게는 오직 그분의 뜻만이 중요하다. 나는 다른 모든 것으로부터 내 마음을 구별하여 오직 주님께로만 향한다."

또한 사람이 기도할 때 그 영혼이 주님만을 향하고 다른 어떤 것에도 분산되지 않는다면, 애정의 물결이 오직 그분을 향해서만 흘러간다면, 그것이 바로 거룩함 속에서 그분을 찾는 것이며, 우리 마음속에서 그분을 거룩하게 하는 것입니다.

6. 정결함

히브리서 10장에서 언급되는 양심의 악함을 가지고 있는 사람, 즉 회개하지 않은 죄를 의식하는 사람은 기도할 수 없습니다. 그것은 그 사람을 부정하게 만듭니다. 그 사람 안에 죄악의 탐욕이 억제되지 않고 씻기지 않은 채로 남아 활동하고 있다면, 그 사람은 부정합니다. 진정 그렇습니다. 성도들조차도 하나님께 죄를 범할 때에는 언약의 혜택이 일시적으로 중단됩니다. 받아 누릴 수 있는 은혜를 그 죄 때문에 받을 수 없게 됩니다. 그 죄가 씻기기까지, 그 사람은 거룩하지 않습니다.

평소에는 하나님을 섬기는 일에 온전히 구별된 제사장도 부정한 무언가를 만지고 나면 그 몸을 씻기 전까지는 부정해집니다. 언약 안에 있는 성도들 역시 그와 같습니다. 비록 우리가 거룩한 사람이라고 해도 나쁜 길에 빠져 죄로 오염되면, 그것이 남아 있는 동안 우리는 부정합니다. 그런 사람은 주님을 뵈러 나아온다고 해도, 구약의 심판이 알려 주고 있는 것처럼 하나님의 백성의 무리에서 끊어질 뿐입니다.

이것은 성도들이 기도할 때에도 동일하게 적용됩니다. 어떤 특정한 은총을 구하려고 주님을 찾아올 때, 하나님의 백성들은 먼저 자신의 마음에 있는 문제를 아뢰고 씨름해야 합니다. 자신의 죄로 인해, 또 그 백성들의 죄로 인해 겸비해져야 합니다. 다니엘이나 에스라나 다윗이 모두 그렇게 기도했습니다. 그러므로 우리 역시 주님께 어떤 요청이나 탄원을 가지고 나아올 때마다 그렇게 해야 합니다. 먼저 자신의 마음과 삶을 면밀하게 살피십시오. 자신이 전에 행한 모든 일을 돌아보십시오. 구체적으로 하나하나 철저히 살피며 생각하십시오. 아직도 잘못된 것은 없는지, 어떤 부정한 찌꺼기가 씻기지 않은 채로 남아 있지는 않은지, 육체와 영혼의 전인격에 오염된 부분은 없는지를 살피십시오. 그리고 만일 그러하다면 모든 기도의 수고가 허사임을 유념하십시오. 사람이 준비되지 않은 채 주님께 나아오는 것, 씻기지 않은 채 그분께 가까이 나아가는 것은 그분을 노엽게 만들 뿐입니다.

■ **질문** 그렇다면 우리가 어떻게 씻길 수 있습니까?

우리는 회개와 그리스도의 피 뿌림에 의해 정결하게 될 수 있습니다. 사람이 자기 마음을 정결하게 한다는 것은, 자신의 죄로 인해 스스로를 낮추어 하나님의 언약 안으로 들어가 다시는 그 죄로 되돌아가지 않으려 한다는 것입니다. 그 죄가 그리스도를 통해 용서받는다는 것을 믿을 때, 곧 그리스도께서 흘리신 보혈이 죄를 깨끗이 씻어 준다는 것을 믿을 때 정결하게 됩니다. 비록 우리의 죄가 크다고 해도, 그분의 피가 우리를 정결하게 할 것입니다.

그리하여 씻김을 받았다면, "주 예수 그리스도의 이름과 우리 하나님의 성령 안에서 씻음과 거룩함과 의롭다하심을 받았느니라"(고전 6:11)라는 말씀을 간직하십시오. 자기가 저지른 이런저런 죄를 기억하고 의식하는 것만큼 우리를 찔러 아프게 하고 우리의 기도를 방해하며 기도의 의무를 이행하기 어렵게 만드는 것도 없습니다. 그러나 낙심하지 마십시오. 예수 그리스도의 피가 그 모든 죄를 씻어 주시기 때문입니다. 비록 사람의 얼굴에 아주 더러운 것이 묻었다 하더라도 깨끗한 물로 씻으면 모든 더러움이 제거되는 것과 마찬가지로, 그리스도의 보혈은 효력이 있어서 우리의 양심을 정결하게 하고 모든 죽은 행실들로부터 깨끗하게 씻어 줍니다. 죄책과 죄의 권능과 죄의 얼룩을 모두 제거해 줍니다.

"우리가 마음에 뿌림을 받아 악한 양심으로부터 벗어나고 몸은 맑은 물로 씻음을 받았으니 참 마음과 온전한 믿음으로 하나님께 나아가자"(히 10:22).

마치 이렇게 말씀하는 듯합니다. "먼저 씻음을 받아야 확신을 가지고 하나님께 나아갈 수 있다. 이렇게 마음에 뿌림을 받고 깨끗하게 씻기지 않고서 나아간다면, 주님을 노엽게 할 뿐이다."

■ **질문** 그러나 만일 먼저 깨끗해야 한다면, 과연 어떤 사람의 기도가 상달될 수 있을까요? 자신의 마음이 깨끗하고 그 손이 무죄하다고 말할 수 있는 사람이 누가 있겠습니까? 거룩한 손을 들고 정결한 마음으로 나아가지 않고서는 받아들여지지 않는다면, 우리가 어떻게 주님의 이름을 부르면서 위안을 얻을 수 있겠습니까?

깨끗한 심령이 된다는 것은, 일상에서의 실수나 죄가 전혀 없다는 의미가 아닙니다. 어느 누구도 그렇게 되지는 못합니다. 오히려 깨끗한 마음, 거룩한 마음이란 우리의 몸을 정결한 물로 씻듯이 우리의 악한 양심을 그리스도의 보혈로 씻는 것입니다. 즉, 주님 앞에 정결하게 된다는 것은, 비록 여전히 죄의 더러움이 묻어 있을지라도 자기 자신을 씻을 준비가 된 마음 상태를 의미합니다. 이것이 바로 거룩한 사람의 마음입니다. 어떤 사람이 비록 흠이 있고 더러운 상태일지라도 습관적으로 꾸준히 주님 앞에 나아간다면, 그 사람은 깨끗한 심령을 가졌다고 할 수 있습니다. 그 사람 안에 있는 새로운 원리, 새로운 본성이 안에서 활동하여 그 더러움을 씻어 내도록 합니다.

물론 여전히 저항이 있고 공격을 받고 유혹에도 노출되며 때로는 실패하기도 하지만, 그는 계속해서 죄에 대항하여 싸웁니다. 마치 이스라엘이 아말렉 족속과 절대 화친해서는 안 된다는 명령을 받은 것과 같습니다. 거룩한 사람의 마음에는 그러한 성향이 있습니다. 그는 결코 그 어떤 죄와도 화친하지 않습니다. 비록 그가 때때로 죄의 포로로 끌려가기도 하지만, 그렇다고 완전히 항복하여 감금당하지는 않습니다. 이것이 바로 깨끗한 심령을 가진다는 의미입니다. 비록 그의 마음이 때때로 그릇이 더러워지는 것처럼 더럽혀지기도 하지만, 그는 자신의 마음을 씻어 냅니다. 그는 결코 자기 마음이라는 그릇이 진흙투성이가 되도록 방치하지 않습니다. 그 사람 속에는 샘물, 곧 은혜의 샘이 있어서 불순물과 진흙을 씻어 냅니다.

이렇게 자신의 더러움을 씻는 사람은, 비록 많은 유혹을 받고, 많은 정욕과 죄로 인해 그 샘이 더러워질 때가 있더라도, 계속 자기 자신을 씻습니다. 그리하여 어떤 죄가 마음과 뒤섞이는 것을 허용하지 않습니다. 결코 죄가 그 마음속에 머물고 자리잡고 눕고 계속 거하는 것을 허용하지 않습니다. 바로 그런 사람이 깨끗한 마음을 가진 사람입니다.

우리는 흔히 깨끗함이란 오직 순전하고 순수하며 다른 것이 전혀 섞이지 않은 상태라고 생각합니다. 마치 순수한 기름에 불순물이 전혀 없는 것처럼 말입니다. 그러나 사람이 깨끗한 마음을 가졌다는 것은 그것과는 다릅니다. 다른 불순물이나 죄가 전혀 없고 아무런 찌꺼기 없이 순수하기만 한 사람을 가리키는 것이 아닙니다. 깨끗한 마음을 가진 사람은 그런 불순물이나 죄나 찌꺼기가 자리잡고 머물도록 허용하지 않는 사람입니다. 마치 기름에 물을 넣고 휘저으면 잠시 서로 섞이는 듯하지만, 이윽고 기름은 기름대로, 물은 물대로 분리되는 것과 같습니다.

거듭난 사람 곧 하나님으로부터 난 사람은 그 속에 하나님의 씨가 거합니다. 그래서 그가 죄를 지음에도 그는 죄를 짓지 않는다고 사도는 말합니다.

"하나님께로부터 난 자마다 죄를 짓지 아니하나니 이는 하나님의 씨가 그의 속에 거함이요 그도 범죄하지 못하는 것은 하나님께로부터 났음이라"(요일 3:9).

다시 말해, 그가 죄에 동의하지 않으며 죄와 뒤섞이지 않는다는 말입니다. 죄가 그의 마음에 머물지 못하는 것은, 그가 분을 내며 죄를 몰아내기 때문입니다. 그가 흔들리고 유혹에 빠지고 분별력을 잃을 때에 비록 죄와 뒤섞이고 마음의 샘이 더럽혀지는 것처럼 보이지만, 그러나 그는 이내 정신을 차리고 죄를 몰아내려 할 것입니다. 그것이 깨끗한 심령을 갖는 것입니다.

이러한 심령을 가진 사람은 은혜의 보좌 앞으로 담대히 나아갑니다. 그리고 낙심하지도 않습니다. 비록 당신의 죄가 무수히 많고 매우 크고 자주 반복된다 하더라도 당신 안에 스스로를 씻고자 하는 거룩한 성향이 있다면, 단언하건대 당신이 여전히 흠이 있다고 해도 그 심령은 깨끗합니다. 당신은 은혜의 보좌 앞으로 담대히 나아갈 수 있습니다.

■ **질문** 그러나 어떻게 육적인 사람에게도 그렇게 말할 수 있습니까? 그는 하나님께 죄를 짓고 나아와 자비를 구합니다. 그는 울면서 용서와 믿음을 구하며 다시는 죄를 짓지 않겠다고 말합니다. 그러나 다음 날이면 또다시 죄를 짓고 술에 취합니다. 그는 마치 술에 취하고 깨는 것을 반복하는 것처럼 죄를 짓고 회개하기를 반복합니다. 우리가 이것을 어떻게 구분할 수 있을까요? 정결해지고자

하는 성도의 내적 성향과, 마음을 정결하게 하는 은혜의 역사를 경험한 적이 없는 육적인 사람의 헛된 욕망을 어떻게 구분할 수 있을까요?

여기서는 그 차이를 구분할 수 있는 방법을 간단히 설명하겠습니다. 경건한 사람은 죄를 지어 더러워질 때마다 자기를 씻습니다. 그는 죄의 진상과 잘못된 행동에서 드러난 정욕의 실상을 파악합니다. 그리하여 결국 죄가 힘을 잃고 맙니다. 그러나 육적인 사람은 정반대입니다. 그의 죄는 갈수록 늘어 가며 습관화되고, 정욕은 갈수록 강해집니다. 죄가 그를 밑바닥까지 끌어내려 그에게 남아 있던 예전의 선한 행실들을 모두 말살시킵니다. 그래서 날마다 더욱 악해집니다. 그것이 악한 사람, 진정으로 회개하지 않은 사람의 특징입니다. 그는 갈수록 악해집니다. 그가 죄에 더 깊이 빠질수록 죄가 그를 더 많이 사로잡고, 결국 그 사람은 잃어버린 바 되고 맙니다.

거룩한 사람은 그렇지 않습니다. 그가 죄에 더 많이 빠질수록 그는 더 많은 힘을 냅니다. 그 죄로부터 정결해지기 위해 더 많은 힘을 쏟아 붓습니다. 더 신중하게 깨어 있고, 자신을 더 많이 비우고, 주님께 더 가까이 나아가고, 그분을 향한 사랑으로 더욱 불타오릅니다. 믿음 안에서 힘을 내고, 진정으로 회개하고, 더 큰 은혜를 얻습니다. 행동이 습관을 강화시킨다는 일반적인 규칙이 이 사람에게는 오히려 정반대로 적용됩니다. 역설적이게도 죄의 행동들이 죄된 습관을 약화시킵니다. 이것이 거룩한 사람의 성향입니다.

어떻게 그럴 수 있을까요? 모든 행동은 그 본성상, 거룩한 사람에게서나 악한 사람에게서나 습관으로 자리잡으려는 경향이 있습니다. 그것이 자연적인 것입니다. 그러나 거룩한 사람의 경우에는 실패와 미끄러짐과 넘어짐과 약함이 그 사람 속에서 오히려 은혜를 분발시킵니다. 그리고 은혜가 그 속에서 분발하면서 더 큰 활기와 힘을 제공합니다. 마치 더 많은 반대를 만날수록 더욱 분발하는 진정한 용기와도 같습니다. 하나님의 자녀가 죄에 떨어질 때 은혜가 더욱 분발하게 되는 것입니다.

반면 사탄은 힘을 잃습니다. 히스기야가 교만해졌을 때처럼 말입니다. 그가 바벨론 왕의 사신에게 왕궁의 보물 창고를 보여 주었을 때(왕하 20:15 참고), 그로 인해 그의 마음속에 존재하던 교만이 오히려 약해졌습니다. 히스기야는 이 일이 있기 전까지 자신의 마음속에 이런 교만이 있는 것을 알지 못했습니다. 그런데 그 죄가 그가 이전에 보지 못했던 자신의 부패성을 명백히 보게 해 준 것입니다. 또한 다윗은 자기 백성의 수를 세고 난 후에 그 일로 인하여 오히려 더욱 겸손해졌습니다(삼하 24:10 참고). 그리고 주님은 이전보다 더 많은 은혜를 그에게 베푸셨습니다. 주님은 성전이 어디에 세워져야 하는지, 다윗을 어떻게 사용하실지 보여 주셨습니다. 성도들의 경우도 마찬가지입니다.

그런 일을 곰곰이 생각한다면 기만당하지 않을 것입니다. 우리는 성도들이 죄에 빠졌다가 씻기는 것과 악인들이 부패에 빠지는 것의 차이를 구별할 수 있습니다. 진정한 은혜가 있다면 저항이 발견될수록 은혜가 더욱 분발한다는 것을 마음에 새기십시오. 물의 흐름이 막히는 곳에서 물살이 더욱 거세지기 마련이며, 바람 역시 그러합니다. 은혜도 똑같은 특성을 가지고 있습니다. 막히고 저항이 있는 곳에서 은혜는 더욱 강해지고 집중됩니다. 이방인들도 이러한 진리를 어렴풋이 인지하고서 상처 입었을 때 더욱 새로워지고 왕성해지는 덕목에 대해 말하곤 했습니다. 그것이 은혜와 거룩함의 참모습입니다.

참된 덕목은 저항을 받을수록 더욱 자라게 됩니다. 서로 대립하는 학자들의 논쟁에서도 볼 수 있듯이, 한편에서 반대가 거세지면 다른 한편도 마찬가지로 강해집니다. 한쪽에서 강하게 의견을 제시하고 유리해지고 힘을 얻는다 싶으면, 다른 한쪽도 새롭게 움직이고 새로운 답변을 제시합니다. 물론 이전보다 한결 더 강하게 말입니다.

마찬가지로, 진리가 거하는 마음에서는 공격을 당하고 유혹을 받을수록 하나님으로부터 거룩한 능력과 힘을 더욱 많이 얻게 됩니다. 내부에서 하나님의 은혜가 증대되는 것입니다. 그래서 더 많은 자극과 도전을 받을수록 은혜가 증대되고, 마음을 쏟아 비울수록 죄의 정욕이 줄어들게 됩니다. 우리 속에 있는 찌꺼기와 불순물이 채로 치듯 걸러지고, 마음이 더욱 정결해집니다. 이런 일을 경험하고 싶다면 주님께로 와서 기도하되, 마음속에 그분을 거룩하게 모셔야 합니다. 즉, 거룩하고도 정결한 마음으로 나아와야 합니다.

이렇게 해서 지금까지 거룩함과 깨끗함이란 무엇인지, 그것이 어떤 마음에 존재하는지, 또한 우리를 기만하는 육적인 욕망을 어떻게 구별할 수 있는지에 대해 살펴보았습니다. 이것으로 이 문제에 대해서는 충분히 다루었습니다.

7. 이미 받은 은혜에 대한 감사

이제 빌립보서 4장 6절 말씀과 관련하여 한 가지를 더 언급하겠습니다. 우리가 우리의 필요를 아뢰며 주님 앞으로 나아갈 때에 그분이 요구하시는 또 다른 조건이 있습니다. 이미 받은 은혜에 대해 감사하라는 것입니다.

"모든 일에 기도와 간구로, 너희 구할 것을 감사함으로 하나님께 아뢰라."

마치 이렇게 말씀하시는 듯합니다. "이것을 주의하라. 언제든지 너희가 주님 앞에 나아와 기도하고 간구할 때, 감사의 의무를 잊지 말라. 너희가 원하는 것을 요청하러 나아올 때마다 이미 가지고 있고 누리는 것에 대해 적극적으로 감사해야 함을 기억하라."

사랑하는 성도들이여, 이것을 간과해서는 안 됩니다. 우리의 구할 것을 기도와 간구와 감사함으로 하나님께 아뢰어야 합니다. 우리의 요청과 간구에 감사가 수반되어야 하는 많은 이유들이 있습니다. 자신을 위해 무언가를 요청하고자 나아간다면 하나님이 용납하실 만한 모습으로 나아가야 하지 않겠습니까? 오직 자신이 원하는 것만 말하며 나아가는 모습이 합당하겠습니까? 자기애와 자기 존중에서 비롯된 행동만 해서는 안 됩니다. 주님이 용납하시고 기뻐하실 만하게 행동해야 합니다.

구약시대에 하나님은 이스라엘 백성들에게 화목 제물을 가지고 나아오라고 명령하셨습니다. 즉, 주님께 특별한 요청을 아뢸 때마다 감사를 표현하라는 것입니다. 레위기를 비롯하여 구약의 여러 곳에서는 여호와께 무언가를 요청하러 나아올 때 빈손으로 오지 말라고 명령합니다. 그렇다면 그들이 무엇을 가지고 나와야 했습니까? 화목 제물입니다. 그것이 무엇입니까? 그들이 누리고 있는 화평에 대한 감사입니다. 그것이 바로 화목 제물입니다.

화평이란 모든 종류의 은혜를 포괄하는 표현입니다. 건강이란 바로 우리 몸속의 신경이나 체액의 평온함이 아닐까요? 기쁨이나 즐거움이란 곧 양심의 평화가 아닐까요? 이 외에도 재물이든 영예든 우리가 누리고 있는 위로들이 있다면, 그것들을 화평이라는 말로 표현할 수 있지 않을까요? 그러므로 언제든지 간구하러 나아갈 때 화목 제물을 가지고 나아가야 함을 잊지 마십시오. 당신이 이미 받고 누리는 것에 대해 감사하면서 나아가야 함을 잊지 마십시오.

자신을 위해 무언가를 요청할 뿐 아니라 그분이 기뻐하실 만한 무언가를 행하십시오. 그렇게 해야 하는 중요한 이유가 있습니다. 만일 어떤 사람이 주님께 나아와서 자신의 요구사항만 계속해서 쏟아 낸다면, 그의 마음은 영적으로 조화되기 어렵습니다. 그 기도가 중언부언하고 우울한 기분과 불평을 쏟아 내게 됩니다. 결국 마음이 쓴물처럼 되는 것입니다.

사람이 자기가 받은 많은 은혜를 기억할 때, 그 은혜들을 하나씩 회상하며 열거할 때, 그 마음이 단물처럼 됩니다. 그것은 마음을 더욱 은혜롭게 해 줍니다. 그것은 그 안에 있는 은혜가 활동하도록 만듭니다. 그것은 그 사람을 주님께로 더욱 가까이 이끌어 줍니다. 그것은 그를 분발시키고, 그가 처한 상황과 조건에 더욱 만족하게 해 줍니다. 반면 은혜를 잊는 것은 이루어진 일들 중에서 자신이 행한 부분만을 생각하게 만들고, 마음에 불평을 일으킵니다. 마치 어린아이들이 자기 마음대로 되지 않을 때 손에 쥐고 있던 것을 집어던지는 것과도 같습니다.

우리는 자주 그런 잘못을 저지릅니다. 우리에게 필요한 것을 구하려고 주님께 나아올 때에 이미 받은 은혜들을 마치 아무것도 아닌 것인 양 쉽게 잊어버리곤 합니다. 주님은 그런 모습을 기뻐하시지 않습니다. 주님은 우리가 받은 바를 기억하고 감사하기를 원하십니다. 우리의 마음이 십자가 아래서 인내하며 만족하기를 원하시고, 잠시 자신을 부인하며 그분을 기쁘시게 하기를 원하십니다. 욥의 고백처럼 말입니다.

"우리가 하나님께 복을 받았은즉 화도 받지 아니하겠느냐?"(욥 2:10)

이것은 그 아내의 저주스러운 말에 대한 욥의 대답입니다. 은혜에 감사하는 마음을 가지고 있는 사람도 기꺼이 욥처럼 말할 것입니다. 그는 지금은 많은 것이 부족하지만 마치 원하는 것을 이미 손에 넣은 것처럼 만족할 것입니다. 그리고는 이렇게 고백할 것입니다. "나는 주님의 손에서 이처럼 좋은 것을 많이 얻었다. 그것 하나가 없다고 해서 무슨 대수인가? 설사 고난과 어려움을 겪게 된다 하더라도 그것이 나를 어찌할 것인가? 나는 기꺼이 만족하며 그것을 감수할 것이다."

주님은 바로 이것을 살피십니다. 그분께 조르듯이 불평하는 것은 그분의 손에서 무언가를 얻고자 구하는 겸손한 태도가 아닙니다. 겸손하게 구하는 것은, 하나님의 선한 뜻이라면 구하는 것이 거절되더라도 만족하는 것입니다. 구하는 것이 거절되었을 때에도 만족하며 조용히 우리 자신을 주님의 손에 맡기는 것이 은혜에 감사하는 태도입니다. 그런 사람은 주님께 무언가를 구할 때마다 감사로 아룁니다.

당신은 주님께 구하기 위해 나아갈 때마다 받은 은혜에 감사하고 있는지 점검해 보십시오. 그리고 감사가 우리의 구하는 바를 얻게 하는 훌륭한 수단임을 기억하십시오. 감사는 우리의 간구에 향기를 더하는 것과 같아서, 우리의 간구를 주님이 기쁘게 받으실 수 있게 만듭니다. 그러므로 감사가 많을수록 더 빨리 얻게 될 것입니다. 감사 없이 간구하는 것은 마치 향연 없이 제물을 올리는 것과 같습니다. 감사는 '입술의 찬가'입니다. 그러므로 감사로 간구하는 것은 마치 향기로운 제물을 올려 드리는 것과 같습니다.

8. 예수 그리스도의 이름

우리가 언제나 잊지 말아야 할 또 하나의 조건은, 예수 그리스도의 이름으로 주님께 나아가야 한다는 것입니다. 어떤 사람은 이렇게 말할 것입니다. "이것은 누구나 다 아는 사실이 아닙니까? 우리가 그리스도의 이름으로 나아가지 않으면 그 어떤 간구도 받아들여지지 않는다는 사실을 누가 모르겠습니까?"

사랑하는 성도들이여, 이와 관련하여 야고보 사도는 우리가 내일 일을 알지 못한다고 하면서 이렇게 말했습니다.

"주의 뜻이면 우리가 살기도 하고 이것이나 저것을 하리라"(약 4:15).

"누가 이것을 모른단 말입니까?"라고 대답할 수 있다면, 이제 그렇게 행해야 합니다. 사람이 선을 행할 줄 알면서도, 주님의 뜻이 무엇인지 알면서도 행하지 않으면 죄라고 했습니다(약 4:17 참고). 우리는 예수 그리스도의 이름으로 나아가야 한다는 것을 잘 알고 있으면서도 너무나 잘 잊어버립니다. 또는 예수 그리스도의 이름으로 나아가는 것이 너무나 형식적이고도 습관적인 태도로 그칠 때가 많습니다.

구약시대에 제사장 없이 제물을 드리는 것이 얼마나 큰 죄였는지를 생각해 보십시오. 레위기 17장 1-9절에서는, 누군가가 최상의 희생 제물을 가지고 나온다 하더라도, 만일 그 사람이 그것을 제단과 제사장 앞으로 가져오지 않고 다른 곳에서 제사장 없이 잡는다면, 그 사람은 피 흘린 죄로 인해 이스라엘 백성 중에서 끊어질 것이라고 말합니다. 웃시야가 저지른 잘못이 바로 그것이었습니다. 그가 제사장이 해야 할 일을 대신하여 직접 분향하려 했던 것입니다(대하 26:18,19 참고).

그런데 우리도 주님 앞에 나아오면서 동일한 죄를 범합니다. 우리는 이런 식으로 생각합니다. "우리가 회개하고 열심히 기도했으니, 우리의 마음과 영이 좋은 상태이니, 특별히 떠오르는 어떤 죄도 없으니 하나님이 우리의 기도를 들으시겠지?" 물론 기도할 때에 이런 점들이 요구되는 것은 사실이지만, 그것 때문에 하나님이 기도를 들으실 것이라 생각해서는 안 됩니다. 바로 이런 것이 제사장 없이 드리는 제물이기 때문입니다.

우리는 기도할 때에 그분을 향해 이렇게 고백해야 합니다. "주여, 고백합니다. 이 모든 것에도 불구하고 저는 자격이 없습니다. 주님께서 저를 당연히 인정해 주실 수밖에 없는 그런 요소가 제게는 없습니다. 저 자신이나 저의 기도 그 자체는 주님이 받으시기에 합당하지 않습니다. 그러나 탄원하오니, 저와 저의 기도가 우리의 대제사장이신 그리스도의 손에 올려지게 하옵소서. 휘장 안으로 들어가신, 성도들의 기도를 받아 향기로운 향료와 섞어 주시는 그리스도의 손에 올려지게 하옵소서." 사람이 이렇게 그리스도를 의지할 때, 그리고 그분의 이름 안에서 담대히 나아갈 때, 비로소 합당한 제물을 올려 드리는 것입니다. 이것을 신중히 기억하십시오.

레위기 5장 12절은 이것을 훌륭하게 표현합니다. 사람에게는 분명히 기도의 열렬함이나 정결함이나 거룩함이나 그 어떤 것도 없습니다. 사람에게서 나오는 그 어떤 것도 기도를 열납되게 할 수 없습니다. 오직 제사장만이 그렇게 할 수 있습니다! 레위기 5장 6-11절의 말씀을 통해 사람이 어린양이나 염소를 속죄 제물로 가지고 나아오는 것이 율법이었음을 볼 수 있습니다. 그러나 만일 그 사람이 가난하여 그렇게 할 수 없다면 비둘기 두 마리를 가져올 수도 있었습니다. 심지어 그것조차도 힘에 부쳐 할 수 없다면 '고운 가루 십분의 일 에바를 예물로 가져오도록' 하였습니다. 그것은 아주 적은 것입니다. 그리고 계속해서 12절에서는 이렇게 말씀합니다.

"그것을 제사장에게로 가져갈 것이요 제사장은 그것을 기념물로 한 움큼을 가져다가 제단 위 여호와의 화제물 위에서 불사를지니 이는 속죄제라."

여기서 저는 이런 사실을 발견합니다. 즉, 제물이 받아들여지는 것은 제물 자체의 훌륭함이나 값어치 때문이 아니라는 것입니다. 일천 마리의 양이나 그만큼의 염소나 수소이든지, 아니면 고운 가루의 십분의 일 에바에 불과한 보잘것없이 적은 것이든지 차이가 없습니다. 모두 동일하게 간주됩니다.

분명히 제물이 열납되는 것은 제물 자체에 달려 있지 않습니다. 가장 보잘것없고 적고 값싼 제물이라 할지라도, 하나님께서는 가장 크고 값비싼 제물과 마찬가지로 여기십니다. 그 이유가 무엇입니까? 하나님은 제사장이 제물을 드려야 한다고 말씀하십니다. 제사장이 제물을 하나님께서 받으실 만한 제물이 되게 하는 것입니다. 제사장이 드리는 제물은 무엇이든지 절대 보잘것없지 않습니다. 만일 제물을 드리는 분이 그리스도이시라면, 제물이 그 제사장에게 위탁되어 드려지는 것이라면, 하나님께서는 기꺼이 그것을 받으십니다. 레위기 5장 11절은 이 점을 명백히 보여 줍니다.

그런데 11절 후반부에서는 속죄제 위에 "기름을 붓지 말며 유향을 놓지 말라"라고 말합니다. 그렇다면 제물이 향 없이 드려져야 합니까? 그렇지 않습니다. 레위기 16장을 보면, 제사장은 지성소에 들어갈 때마다 언제나 향을 피워야 했습니다. 제사장이 피운 향연으로 '증거궤 위 속죄소를'(13절) 가려야 했습니다. 그 뜻을 좀 더 자세히 설명드리겠습니다. 누구든지 기도하러 주님께 나아올 때 그 위에 스스로 향을 놓을 수는 없습니다. 오직 제사장만이 향을 놓을 수 있습니다. 즉, 오직 예수 그리스도만이 향을 올릴 수 있으며, 거기에서 하나님이 좋은 향을 맡으시는 것입니다. 하나님이 기쁘게 받으실 요소가 오직 그리스도에게서만 나오기 때문입니다. 그러므로 다시 말하건대, 그리스도의 이름으로 나아와야 함을 주의하여 기억하십시오.

어떤 사람은 "모든 사람이 그렇게 하지 않나요? 우리가 진정 그리스도의 이름으로 나아가는 것을 어떻게 알 수 있지요?"라고 말할지도 모릅니다. 당신이 만일 담대함과 확신을 가지고 있다면, 이것은 당신이 자신이 아니라 그리스도를 바라본다는 하나의 표징입니다. 사람이 지나치게 소심해지고 의심스러워하고 두려워하면서 은혜의 보좌 앞으로 감히 나아가지 못하거나 자신의 기도가 받아들여질지 의심하게 되는 이유는, 사람이 대제사장을 잊어버리고는 자기 자신만 지나치게 바라보기 때문입니다.

만일 우리가 그분의 이름으로 나아간다면, 우리는 얼마든지 기도할 수 있습니다. 그것이 우리 안에 담대함과 확신을 불어넣을 것입니다. 우리가 그리스도의 이름으로 나아간다면, 그리스도를 통해 우리의 기도를 올려 드린다면, 모든 간구 속에서 그리스도를 깊이 바라본다면, 우리의 마음속으로부터 이런 고백이 흘러나올 것입니다. "제가 구하는 것이 허락될 때마다 예수 그리스도께 감사할 것입니다." 사람이 죄를 용서받고 기도를 응답받은 근거가 무엇인지를 생각할 때마다 그리스도께 빚진 것을 깨닫고, 그의 마음에 감사가 더욱 넘쳐날 것입니다. 속죄의 은총을 곰곰이 생각할 때마다 그는 이렇게 고백할 것입니다. "만일 예수 그리스도께서 죽지 않으셨다면, 만일 내게 하늘로 들어가신 대제사장이 없었다면 나는 어떻게 되었을까?" 이것이 바로 사도가 히브리서 9장 10절에서 전하는 내용입니다.

"이런 것은 먹고 마시는 것과 여러 가지 씻는 것과 함께 육체의 예법일 뿐이며 개혁할 때까지 맡겨 둔 것이니라."

"만일 그리스도께서 나를 위한 중보자가 되시지 않았더라면, 나는 이 은혜를 입을 수 없었을 것이다. 나는 결코 주님께 기도하러 나아오지도 않았을 것이며, 혹 그랬다 할지라도 내 기도는 상달될 수 없었을 것이다."

■ **질문** 하나님께서 그리스도 때문에 우리의 기도를 들으신다면, 여전히 죄가 있고 위의 조건들을 지키지도 못하며 마음속에 거룩함도 없는 사람일지라도 대제사장이신 그리스도께서 그 사람과 기도를 받으실 만한 것으로 만드신다면, 그렇다면 왜 그런 사람이 거룩한 성도처럼 소망을 가질 수 없는 것입니까?

비록 제사장이 자신이 받은 모든 것을 제물로 드리고 또 우리의 기도가 그분을 통해 기쁘게 받으실 만한 것이 된다고 해도, 그것이 전부가 아닙니다. 그 외에도 필요한 두 가지가 더 있습니다. 하나는 제물을 가져오는 사람이 깨끗해야 한다는 것입니다. 부정한 사람은 절대 제물을 가지고 올 수 없습니다. 또 하나는 제물 역시 흠이 없어야 한다는 것입니다. 수컷을 가져와야 할 사람이 암컷을 가져오면 저주를 받습니다.[1]

기도에도 이와 같은 것이 요구됩니다. 기도하는 사람이 의로워야 하고, 기도가 간절해야 합니다. 하나님의 성령의 도우심을 따라 그런 사람과 기도가 주께서 받으시기에 합당한 제물이 되는 것입니다. 그러나 이 시점에서, 우리

---

[1] 역자주 – 속죄제를 드리는 사람의 신분과 형편에 따라 희생 제물의 종류와 암수가 달랐습니다. 예를 들어, 대제사장과 온 회중은 수송아지, 족장은 수염소, 평민은 암염소나 어린 암양이었습니다(레 4:3-35 참고).

가 그리스도를 통해 배우는 것은 이것입니다. 비록 그 사람이 의롭고 간절할 뿐 아니라 기도에 필요한 여러 조건들을 갖추었다고 해도, 제사장이 없다면 그 기도가 받아들여지지 않는다는 것입니다.

그러므로 영광스러운 하나님을 묵상할 때, 그분의 거룩함을 생각하고 그분과 우리 사이의 거대한 간격을 의식할 때 제사장을 생각하고 용기를 내십시오. 그리고 자신을 살피십시오. 자신이 얼마나 악한 죄인인지, 주님 앞에 나아와 간청을 드리기에 얼마나 부적절한 자인지를 생각하십시오. 우리가 중보자 곧 하늘로 들어가 주권자의 보좌 우편에 앉아서 우리를 위해 간구하시는 대제사장을 생각할 때, 구약의 율법에 따른 제사장이 아니라 하나님의 아들로서 온 집을 주관하시는 대제사장을 생각할 때, 수소나 염소의 피가 아니라 자신의 피로 영원한 성소로 들어가신 그분을 생각할 때, 우리는 확신을 가질 수 있습니다. 담대하게 주님께 가까이 나아갈 수 있습니다. 바로 이것이 그리스도를 통해 주님께 제물을 드리는 것입니다.

지금까지 살펴본 모든 조건들을 숙고하고 우리의 기도를 그 조건들에 적합하게 맞추었을 때, 그것으로 충분히 확신을 가지고 많은 것을 기대할 수 있습니다. 우리는 기도를 마치고 이렇게 말할 것입니다. "주여, 저는 이제 제가 구한 것을 얻기를 기대합니다. 주여, 주님께서는 이제 그것을 부인하실 수 없을 것입니다. 저는 기다리겠습니다."

우리는, 기도하고 나서 구하는 것이 즉시 주어지지 않을 때 쉽게 단념하는 실수를 저지르곤 합니다. 기꺼이 기다리려고 하지 않는 것입니다. 그러나 사랑하는 성도들이여, 바로 이것을 특별히 기억하십시오. 우리는 기도를 귀중하게 여기고 기도의 가치와 능력을 높이 평가해야 합니다. 그러면 기도는 마침내 그 효력을 발휘하게 될 것입니다.

상처나 질병을 치료하기 위해 약이나 약초를 사용할 때, 한 번을 쓰고 두 번을 쓰고 세 번을 써도 효력이 나타나지 않을 수 있습니다. 그럴 때 사람들은 그 약을 치워 버리고 다른 약을 찾으면서 "그 약을 써 보았는데 효력이 나타나지 않더군"이라고 말하곤 합니다. 기도에도 그런 사람이 있습니다. 그런 사람은 이렇게 말합니다. "나는 주님을 찾았어. 나는 이 일을 위해 두 번 세 번 기도했어. 그러나 구하는 것이 주어지지 않더군." 그래서 그는 기도가 효력이 없다고 여기며 옆으로 치워 버리고는 다른 수단을 찾아나섭니다. 기도를 이렇게 간주하는 것이야말로 약의 효능을 모르는 것과 같습니다.

그러므로 기도의 효능을 믿고 신뢰하십시오. 단념하지 마십시오. 서두르지 마십시오. 효능이 나타날 때까지 기다리십시오. 아브라함과 사라가 주님께 아들을 구했을 때 사라가 저지른 잘못이 무엇이었습니까? 너무나 조급한 나머지 기다리지 못하고 하갈을 아브라함에게 준 것입니다. 그들은 주께서 주님의 방식대로 일하실 때까지 기다려야 했습니다.

리브가 역시 마찬가지였습니다. 약속이 있었으며, 의심할 바 없이 야곱과 그녀는 그 약속이 이루어지기를 기도했습니다. 그러나 그녀는 너무 조급했습니다. 그녀는 잘못된 방법을 선택했고 거짓말로 복을 얻으려 했습니다. 기다리지 못하고 다른 수단으로 발걸음을 옮긴 것입니다. 그녀가 기도하면서 하나님만 의지해서는 일이 이루어지지 않으리라고 생각했기 때문입니다.

사울 왕 역시 하나님을 기다리지 못하고 스스로 제물을 바쳤습니다. 이것이 서두르는 것입니다. 서두르게 되면 낙심하게 되는 법입니다. 다윗도 한때 구하는 것이 즉시 주어지지 않자 포기하려고 했습니다. 그는 절망스런 불평을 쏟아 내며 이렇게 말했습니다.

"내가 후일에는 사울의 손에 붙잡히리니 블레셋 사람들의 땅으로 피하여 들어가는 것이 좋으리로다"(삼상 27:1).

성도들이여, 이것을 주의하십시오. 지금까지 말한 방식대로 기도하고는 그 결과가 어떻게 되는지를 살피십시오. 기도의 효능을 믿고서 하나님을 의지하며 기다리십시오. 확신 있게 말하십시오. "나의 기도는 거절당하지 않을 것이다. 틀림없이 구하는 것을 주실 것이다."

2부

기도의 영

"모든 기도와 간구를 하되 항상 성령 안에서 기도하고 이를 위하여 깨어 구하기를 항상 힘쓰며 여러 성도를 위하여 구하라"(엡 6:18).

복음의 일꾼
나다니엘 빈센트(Nathaniel Vincent)

| 들어가는 말 |

하나님의 전신갑주와 기도

사도 바울은 에베소교회의 성도들을 군사들처럼 간주하고 있습니다. 바울은 에베소서 6장의 후반부에서, 성도들이 혈과 육을 상대하는 것이 아니라 어둠의 세상 주관자들과 악의 영들을 상대하는 싸움에서 어떻게 승리할 수 있는지에 대해서 가르칩니다(12절 참고). 그는 먼저 그들의 힘이 어디에 있는지를 말합니다. 그들은 '주 안에서와 그 힘의 능력으로 강건해져야 합니다'(10절 참고). 그다음으로 그는 하나님의 전신갑주에 대해 말합니다. 성도들은 여러 가지 요소들로 구성된 전신갑주를 입음으로써 마귀의 간계를 대적하고 악한 날에도 굳게 설 수 있습니다(11,13절 참고).

그들은 진리의 띠로 허리를 동여매야 합니다(14절 참고). 그렇지 않으면 사탄이 매우 유리해집니다. 어린아이들처럼 헛된 감언이설에 속아 이리저리 흔들리는 사람들이 얼마나 많습니까? 바른 교훈과 진리가 그리스도인들이 굳게 서고 은혜 안에서 자라는 데 큰 영향을 미칩니다.

그들은 의의 호심경(護心鏡)을 붙여야 합니다(14절 참고). 그들의 마음이 의롭고도 진실해야 합니다. 죽은 행실을 씻어 깨끗해진 양심은 청동 흉배보다도 효과적인 보호막이 될 수 있습니다. 사탄은 마음이 성결한 사람을 쉽게 흔들지 못하며 유혹하지도 못합니다. 진실로 성결한 사람은 죄를 미워하고 죄의 유혹을 꾸짖으며 전심으로 하나님을 따릅니다.

그들의 발은 평안의 복음이 준비한 것으로 신을 신어야 합니다(15절 참고). 그들은 복음이 공표하는 평화로 고무되어 하나님이 명하시는 길을 달려갈 준비를 해야 합니다. 비록 그들이 가는 길이 육체적으로 조금 힘들고 불편하더라도, 믿음의 고백을 지키고 악에서 멀리 떠나 거룩한 길로만 가며, 악의 희생물이 되지 않도록 해야 합니다.

뿐만 아니라 믿음의 방패를 굳게 붙들어 그것으로써 악한 자의 모든 불화살을 소멸시켜야 합니다(16절 참고). 사탄의 유혹은 화살과도 같습니다. 사탄은 우리에게 부상을 입히고 고통을 주고 죽이기 위해 화살을 쏘아 댑니다. 이 화살들을 '불화살'이라고 부릅니다. 지옥에서 날아오는 이 불화살은 제때에 끄지 않으면 양심을 지옥처럼 만듭니다. 그러나 믿음은 그 불화살들을 막아 내고 격퇴하는 방패입니다. 믿음은 그리스도의 의와 힘을 우리에게 적용하여, 이전에 입었던 상처를 누그러뜨리고 치유할 뿐 아니라 우리의 양심을 더욱 안정되게 합니다.

구원의 투구는 악한 영들과 싸우는 날에 머리에 써야 합니다(17절 참고). 구원의 산 소망은 믿음의 싸움을 계속해서 잘 싸우도록 격려해 주고, 의를 위한 고난을 인내하도록 힘을 줍니다.

사도는 성령의 검 곧 하나님의 말씀에 대해서도 말합니다(17절 참고). 우리는 반드시 그것을 사용해야 합니다. 만일 우리가 하나님의 말씀을 이해하고 믿고 묵상하고 사랑하고, 거룩한 경외심으로 우리 안에 간직하며 우리 안에 거하게 한다면, 우리는 강해지고 악한 자를 능히 이길 수 있습니다. 이것이 하나님의 전신갑주입니다.

그러나 마귀와의 싸움에서 원군(援軍)의 도움이 필요하지 않겠습니까? 하늘에서 떨어진 악한 천사와 싸울 때에는 반드시 원군의 도움이 필요합니다. 우리는 구원의 대장이신 그리스도를 바라보고 계속해서 하늘의 도움을 요청해야 합니다. 기도로 말미암아 우리는 영적 원수들에게 대적할 하나님의 힘을 얻습니다. 그러므로 사도가 이렇게 명령하는 것은 조금도 놀랄 만한 것이 아닙니다.

"모든 기도와 간구를 하되 항상 성령 안에서 기도하고"(엡 6:18).

본문은 세 부분으로 나눌 수 있습니다. 첫째, 기도의 의무를 명령합니다. 기도에 우리의 안전이 달려 있으므로 기도는 우리의 의무입니다. 둘째, 기도의 의무를 확대합니다. 기도를 항상 행하되 모든 종류의 기도를 행해야 합니다. 셋째, 기도의 의무에 관한 몇 가지 조건들을 가르칩니다. 기도는 성령 안에서 행해야 하며, 깨어서 행해야 하고, 인내하며 해야 합니다. 또한 기도는 공공의 유익을 구하는 정신으로 해야 합니다. 우리는 자신뿐만 아니라 모든 성도들을 위해 기도해야 합니다. 왜냐하면 그들 역시 같은 싸움에 참여하고 있기 때문입니다.

위의 내용을 좀 더 쉽게 이해할 수 있도록, 질문과 대답의 형식으로 설명하겠습니다.

■ **질문** '기도'와 '간구'에는 어떤 차이가 있습니까?

'기도'라고 번역된 단어는 우리가 기도를 통해 하나님과 교제해야 함을 시사합니다. 우리는 하나님을 '듣는 자요 돕는 자(Hearer and Helper)'로 여기고 그분께 우리의 탄원을 올릴 수 있습니다. 또 '간구'라고 번역된 단어는 우리가 우리의 궁핍과 부족함을 아뢰고 모든 것이 풍족하신 주님의 공급을 바라보아야 함을 뜻합니다.

■ **질문** '항상 기도한다'는 것은 무슨 뜻입니까?

여기서 성령이 사용하신 헬라어 단어는 '주어지는 모든 기회마다 기도하라'는 의미입니다. 그렇다고 온통 기도하는 일에만 매달리라는 맹신적인 부류의 가르침을 옹호하는 것은 아닙니다. 결코 그렇지 않습니다! 기도의 의무 외에도 하나님이 명하신 다른 의무들이 있으며, 기도의 의무 때문에 다른 의무들을 소홀히 해서는 안 됩니다. 다만 기도를 위해 허락된 기회들을 즐거이 붙잡아 준수하고 잘 활용해야 합니다. 이것이 항상 기도한다는 의미입니다. 사무엘하 9장 13절에서 므비보셋이 항상 왕의 상에서 먹었다고 할 때 '항상'이라는 말이 바로 그와 동일한 의미의 표현입니다. 이 말씀을 어떻게 그가 밤이고 낮이고 먹기만 했다는 식으로 이해할 수 있겠습니까? 그 말씀은 식사 때마다 그가 참여했다는 의미입니다. 마찬가지로 항상 기도한다는 것은 기도의 기회마다 기도한다는 뜻입니다.

■ **질문** '모든 기도'란 무엇입니까?

불링거(Bullinger)는 이 구절에 대해 "모든 헌신, 집중, 마음의 간절함이 가능한 한 기도에 내포되어야 한다"라는 의미라고 말했습니다. 그러나 무스쿨루스(Musculus)는 '모든 종류의 기도'로 이해했습니다. 실로 모든 종류의 기도는 꼭 필요합니다. 주님께서도 은혜의 교통 가운데 우리로 하여금 다양한 폭과 깊이로 기도하도록 격려하십니다.

■ **질문** 성령 안에서 기도한다는 것은 무엇입니까?

어떤 사람들은 이 구절을 세상적인 모든 즐거움들은 무시하고 오직 영적인 복만을 구하라는 의미로 해석합니다. 영적인 복만이 가장 고귀하므로 가장 힘써 구해야 한다는 것입니다. 그러나 일시적인 은혜들도 공손하게 구해야 합니다. 일용할 양식도 구해야 합니다. 가장 달콤하고 복된 빵은 기도의 열매로 얻는 것입니다.

또 어떤 사람들은 성령 안에서 기도하는 것이란 하나님의 영과 기도하는 그 사람의 영 모두와 관련된 기도라고 말합니다. 그들의 말은 옳습니다. 기도는 하나님의 성령과 관계되어 있습니다. 곧 성령은 하나님의 뜻에 따라 성도들을 위해 중보하십니다.

"이와 같이 성령도 우리의 연약함을 도우시나니 우리는 마땅히 기도할 바를 알지 못하나 오직 성령이 말할 수 없는 탄식으로 우리를 위하여 친히 간구하시느니라. 마음을 살피시는 이가 성령의 생각을 아시나니 이는 성령이 하나님의 뜻대로 성도를 위하여 간구하심이니라"(롬 8:26,27).

이 말씀대로, 그분은 마땅히 기도할 바조차 알지 못하는 성도들의 연약함을 도우십니다. 또한 기도는 기도하는 사람의 영과도 관계되어 있습니다. 기도는 마음에서 우러나와야 합니다. 그렇지 않은 기도는 아무런 효력이 없습니다. 기도하는 사람의 영은 기도하는 바가 무엇인지, 그 가치가 무엇인지를 알아야 하며, 그것을 얻기 위한 애정이 솟구쳐야 합니다.

■ **질문** "(인내로써) 깨어 구하기를 항상 힘쓰며"(엡 6:18)라는 말씀을 어떻게 이해해야 합니까?

우리는 자신의 마음을 살피고 하나님을 바라보되, 이를 지속적으로 행해야 합니다. 지속적으로 깨어 기도하지 않는다면 우리는 곧바로 유혹에 빠지고 말 것입니다. 믿음의 싸움에 참여하는 모든 성도들은 두려움과 위험에 처해 있습니다. 또한 모든 성도들은 그리스도는 물론이거니와 우리와도 가까운 관계입니다. 그러므로 우리는 그들에게 큰 관심을 기울여야 하며, 마치 우리 자신을 위해 기도하는 것처럼 그들의 안전과 복지를 위해서 기도해야 합니다.

이상의 내용을 정리해 봅시다.
첫째, 그리스도인의 안전은 언제나 기도에 달려 있습니다.
둘째, 모든 종류의 기도가 필요하며 활용되어야 합니다.
셋째, 올바르게 행해진 기도는 곧 성령 안에서 올리는 탄원입니다.
넷째, 반드시 깨어 기도해야 합니다.
다섯째, 우리는 기도에 박차를 가하면서도 인내해야 합니다.
여섯째, 우리 자신뿐 아니라 모든 성도를 위해 간구할 정도로 우리의 심령이 넓어져야 합니다.

Nathaniel Vincent

The Spirit of Prayer

1장
항상 기도하라

"모든 기도와 간구를 하되 항상 성령 안에서 기도하고 이를 위하여 깨어 구하기를 항상 힘쓰며 여러 성도를 위하여 구하라"(엡 6:18).

먼저 '그리스도인의 안전은 언제나 기도에 달려 있다'는 교훈부터 살펴보겠습니다. 그리스도인은 비록 이 세상의 어떤 무기로도 뚫을 수 없는 갑옷을 입고 머리끝부터 발끝까지 무장한다고 해도, 기도 없이는 안전할 수 없습니다. 성경에 등장하는 성도들은 은혜의 보좌를 그들의 은신처요 안식처로 삼았습니다. 은혜의 보좌를 피난처로 삼았으며, 그곳에서 고난과 유혹을 이길 힘을 얻었습니다.

다윗은 아무런 이유 없이 자기와 싸우려는 대적들의 술수와 증오를 알게 되었을 때에도 "나는 기도할 뿐이라"(시 109:4)라고 말했습니다. 그는 그것을 현명한 방법으로 여겼습니다. 그의 영혼이 사자들에게 둘러싸이고 분노로 흥분한 대적들 가운데 처하게 되었을 때, 그는 자신을 위하여 모든 것을 이루시는 하나님께 부르짖었습니다(시 57:2,4 참고).

사도 바울은 사탄의 사자에 의해 고충을 겪을 때에 그것이 떠나가도록 주님께 세 번을 간구했으며 이런 응답을 받았습니다(고후 12:7-9 참고).

"내 은혜가 네게 족하도다"(9절).

뿐만 아니라 우리의 구원의 대장되신 그리스도도 유혹을 받을 때 하나님의 말씀을 무기로 사용하셨으며 놀랍도록 간절하게 기도하셨습니다.

"그는 육체에 계실 때에 자기를 죽음에서 능히 구원하실 이에게 심한 통곡과 눈물로 간구와 소원을 올렸고 그의 경건하심으로 말미암아 들으심을 얻었느니라"(히 5:7).

그러므로 이러한 기도에 대해 다음과 같은 순서로 살펴보고자 합니다. 첫째, 기도가 무엇인지 기도를 정의하겠습니다. 둘째, 항상 기도한다는 것이 무엇인지를 보겠습니다. 셋째, 그리스도인의 안전이 왜 기도에 달려 있는지를 보겠습니다. 넷째, 그리스도인이 왜 항상 기도해야 하는지 몇 가지 이유들을 숙고하겠습니다. 그리고 마지막으로 적용을 제시하겠습니다.

1. 기도란 무엇인가

어느 옛 저자는 기도에 대해 "기도란 하나님께로 향하는 마음의 상승이며, 그분에게 필요한 것들을 구하는 것이다"라고 기술하였습니다. 목소리뿐 아니라 마음도 오직 하나님께로 향해야 합니다. 그리고 지혜롭고 은혜로우신 하나님께서 우리에게 필요하다고 여기시는 것들만을 바라고 구해야 합니다. 아퀴나스(Aquinas)는 기도를 '실제적인 이해의 행동, 의지와 욕망의 표현, 다른 이에게 요청하는 것'이라고 정의합니다. 이는 결국 하나님을 향해 마음과 의지가 활동하는 것을 의미합니다. 이때 마음은 의지가 바라는 바를 드러냅니다.

"주여, 나의 모든 소원이 주 앞에 있사오며 나의 탄식이 주 앞에 감추이지 아니하나이다"(시 38:9).

그다음으로 이 욕구가 만족되기까지 열렬한 갈망이 있습니다.

"아침에 주의 인자하심이 우리를 만족하게 하사 우리를 일생 동안 즐겁고 기쁘게 하소서"(시 90:14).

그러나 기도에 관해 좀 더 포괄적으로 정의하자면, '기도는 지각이 있고 믿음 있는 영혼이 하나님을 향해 수행하는 의무로서, 그분의 뜻에 따라 그리스도의 이름으로 구하며, 이미 받은 것에 대해 감사하면서 구하는 것'이라고 할 수 있습니다. 이 정의를 나누어서 각 부분에 대해 좀 더 자세히 설명하겠습니다.

1) 기도는 의무이다

기도는 우리가 하나님께 마땅히 드려야 할 존경과 예배의 일부입니다. 본성의 빛은 이것을 분명하게 보여 줍니다. 요나서 1장에서 보듯이, 이교도 선원들도 구원을 위해 '여호와께 부르짖었습니다'(욘 1:14 참고). 그러나 성경의 빛은 이를 더욱 분명하게 보여 줍니다. 성경은 빈번하게 기도하라고 명령합니다. 기도하지 않는 자는 하나님을 경외하지 않는 자이며, 전능자를 향하여 "우리를 떠나소서"라고 말하는 것과 같습니다(욥 21:14,15 참고). 그러므로 기도는 성경이 가르치는 의무입니다.

또한 기도는 우리를 위한 것입니다. 우리에게는 하늘의 도움이 필요합니다. 그리고 우리가 큰 관심을 나타내는 필요는 오직 한 분, 모든 것이 풍성하신 주님이 아니면 그 무엇으로도 채워질 수 없습니다. 그리고 우리가 그분을 부를 때에 우리는 그분께 영광을 돌리게 됩니다. 왜냐하면 기도는 우리가 그분의 능력과 자비를 믿는다는 것을 입증하기 때문입니다.

2) 기도는 오직 하나님을 향해 수행되는 의무이다

"주 너의 하나님께 경배하고 다만 그를 섬기라"(마 4:10).

"나의 왕, 나의 하나님이여 내가 부르짖는 소리를 들으소서. 내가 주께 기도하나이다……내가 주께 기도하고 바라리이다"(시 5:2,3).

"여호와의 손이 짧아 구원하지 못하심도 아니요 귀가 둔하여 듣지 못하심도 아니라"(사 59:1).

그분은 우리가 바라는 것을 충분히 이루실 수 있을 뿐 아니라, 우리가 구하거나 생각하는 것보다 더 넘치도록 행하실 수도 있습니다(엡 3:20 참고). 그런데 교황주의자들은 위험하게도 천사들이나 성인들, 특히 동정녀 마리아에게 기도함으로써 거룩한 예배를 타락시키고 말았습니다. 보나벤투라(Bonaventure)라는 추기경은 시편에서 'Lord(주님)'라는 말 대신 'Lady(여자)'라는 말을 넣어 다윗이 하나님의 손에서 구하던 것을 동정녀 마리아에게 구하라고 가르쳤습니다. 그러나 성경은 분명히 성도들에게 하나님께만 간구하라고 명령하며, 하나님께서 기꺼이 성도들의 소리를 들으시고 구원하신다고 가르칩니다. 하나님의 은혜가 더욱 풍성하고도 완전하게 나타난 복음이 우리에게 다른 누군가에게로 가야 한다고 말합니까? 아니, 그렇지 않습니다! 오직 우리 하나님만이 그리스도 예수 안에서 영광 가운데 그 풍성하심을 따라 우리의 필요를 채우십니다(빌 4:19 참고).

3) 기도하는 사람은 분별과 지각이 있어야 한다

무지와 불신과 완고한 마음은 기도의 말들을 냉소와 조롱거리로 만듭니다. 그러므로 기도하는 사람은 자신의 죄와 필요를 올바로 자각하고, 주님께 받아 소유하게 된 것들이 과분한 은혜임을 깨달아야 합니다. 또한 하나님 외에는 그 누구도 자신을 도울 수 없다는 사실을 깨달아야 합니다.

먼저, 기도하는 사람은 자신의 죄를 인식해야 합니다. 다윗은 이렇게 말합니다.

"무릇 나는 내 죄과를 아오니 내 죄가 항상 내 앞에 있나이다"(시 51:3).

또 이사야 선지자는 이렇게 고백합니다.

"우리의 허물이 주의 앞에 심히 많으며 우리의 죄가 우리를 쳐서 증언하오니 이는 우리의 허물이 우리와 함께 있음이니라. 우리의 죄악을 우리가 아나이다"(사 59:12).

우리는 부끄러움과 슬픔 가운데 죄를 고백해야 합니다. 그렇지 않으면 죄가 하나님과 우리 사이를 갈라놓아 우리의 기도로 뚫을 수 없는 두터운 구름이 될 것입니다. 우리의 고백에는 죄에 대하여 진저리 치도록 혐오하는 심정이 내포되어 있어야 합니다. 만일 우리가 마음속으로 죄를 사랑하고 즐긴다면, 하나님은 귀를 막으실 것이며 자비를 베풀지도 않으실 것입니다.

"내가 나의 마음에 죄악을 품었더라면 주께서 듣지 아니하시리라"(시 66:18).

둘째, 기도하는 사람은 자신의 필요를 자각해야 합니다. 아담의 모든 후손들은 아무리 자신이 부요하고 배부르다고 생각하더라도 실상 궁핍한 자들입니다. 첫 사람 아담은 인류를 대표하는 자로서, 인류의 모든 자산을 손에 쥐고 있었으나 그것을 잃어버리고 말았습니다. 전 재산을 잃어버리고 빈털터리가 된 것입니다. 그리하여 아담의 후손인 우리도 하나님의 영광에 이를 수 없게 되었습니다. 우리의 혈과 육으로는 하나님의 나라를 이어받을 수가 없습니다(고전 15:50 참고). 우리는 이것을 이해하고 믿어야 합니다.

그리스도는 심령이 가난해야 한다고 가르치십니다. 그리고는 "심령이 가난한 자는 복이 있나니"(마 5:3)라고 선언하십니다. 자신이 비참하고 가련하며 가난하고 헐벗었음을 깨닫는 사람은, 주님께 큰 소리로 '불로 연단한 금'을 달라고, 그리고 벗은 몸을 가려 줄 '흰 옷'을 달라고 구할 수밖에 없을 것입니다(계 3:17,18 참고). 가난하여 굶어 죽게 된 사람은 빵을 달라고 소리칩니다. 자신의 필요를 절실하게 인식하는 것입니다. 유죄를 선고받은 죄인은 소리쳐 용서를 구합니다. 자신의 생명이 곧 끝날 것을 알기 때문입니다. 이처럼 만일 우리가 우리의 궁핍함을 좀 더 잘 알게 된다면, 우리는 얼마나 크게 소리치며 죄를 용서해 달라고, 은혜를 베풀어 달라고, 영혼의 질병을 치유해 달라고, 평안을 선포해 달라고 간절히 구하게 되겠습니까! 참으로 우리에게는 이 모든 것이 배고픈 자에게 필요한 빵보다도 더 많이, 더욱 절실히 필요합니다.

셋째, 기도하는 사람은 자신이 소유하게 된 것들이 과분한 은혜임을 깨달아야 합니다. 바울은 자신을 가리켜 '모든 성도 중에 지극히 작은 자'(엡 3:8)라고 고백했습니다. 야곱은 "주께서 주의 종에게 베푸신 모든 은총과 모든 진실하심을 조금도 감당할 수 없사오나"(창 32:10)라고 외쳤습니다. 이처럼 우리는 저주와 노여움 외에는, 그 어떤 것도 당연히 우리에게 주어져야 하는 것이라고 주장할 수 없습니다. 하나님이 주신 모든 것을 당연한 삯으로 여길 것이 아니라 값없이 거저 주신 은혜로 여겨야 합니다. 다니엘은 기도하면서 자신의 모든 공로나 의로움을 의지하지 않았습니다. 그는 오직 자신과 이스라엘이 처한 고난이 그들의 반역 때문임을 인정하면서 분명하게 고백합니다.

"우리가 주 앞에 간구하옵는 것은 우리의 공의를 의지하여 하는 것이 아니요 주의 큰 긍휼을 의지하여 함이니이다"(단 9:18).

우리는 진정 그 어떤 큰 은혜라도 구할 수 있습니다. 하나님이 가장 은혜로운 분이시기 때문입니다. 그러나 우리가 확신 안에서 큰 은혜를 구하더라도, 그와 동시에 가장 작은 은혜조차도 우리처럼 악한 자들에게는 지극히 선한 은혜임을 깨달아야 합니다.

넷째, 기도하는 사람은 하나님 외에는 어느 누구도 자신을 도울 수 없음을 의식해야 합니다.

"작은 산들과 큰 산 위에서 떠드는 것은 참으로 헛된 일이라. 이스라엘의 구원은 진실로 우리 하나님 여호와께 있나이다"(렘 3:23).

큰 산처럼 이 땅에서 가장 견고하게 보이는 것이 우리의 소망을 기만합니다. 그래서 다윗도 "나의 영혼이 잠잠히 하나님만 바람이여, 나의 구원이 그에게서 나오는도다……나의 영혼아, 잠잠히 하나님만 바라라. 무릇 나의 소망이 그로부터 나오는도다"(시 62:1,5)라고 고백합니다. 모든 소망과 기대를 하나님께만 두었던 것입니다. 이처럼 우리가 하나님 외에는 어느 누구에게도 도움을 얻을 수 없다는 사실을 굳게 확신할 때, 하나님을 찾는 우리의 기도가 더욱 진지해질 것입니다.

다섯째, 기도하는 사람은 믿어야 합니다. 믿음은 성도가 모든 의무를 수행하는 데 반드시 필요한 은혜입니다. 믿음이 없다면 우리의 의무를 통해 하나님께 영광돌릴 수 없으며, 우리 역시 유익을 얻을 수 없습니다. 우리가 하나님의 말씀을 아무리 자주 듣는다 할지라도, 그 말씀을 믿지 못하면 아무런 유익이 없습니다(히 4:2 참고). 마찬가지로 우리의 기도가 믿음의 기도가 아니라면, 그 기도는 아무런 효력이 없습니다. 기도하는 사람은 반드시 믿어야 합니다.

기도하는 사람은 '하나님이 자기를 찾는 자들에게 상 주시는 분이심을 믿어야'(히 11:6 참고) 합니다. 또한 하나님의 자비로우심과 인간을 향한 그분의 선하신 뜻을 바르게 인식해야 합니다. 하나님은 기꺼이 죄인들과 화목하기를 원하시며, 친히 화목할 수 있는 길을 마련하셨습니다. 하나님은 죄인들에게 평화의 사절들을 보내서서 하나님을 거역한 사람들이 더 이상 악한 일로 그분의 원수가 되지 않도록 탄원하게 하십니다. 또한 하나님은, 자비를 갈망하는 자들에게는 더 이상 노여워하시지 않으며 오직 긍휼히 여기기를 기뻐하시고, 자기를 간절히 찾는 자들을 기꺼이 만나 주시리라 선언하셨습니다. 이러한 일들을 올바르게 인식한다면, 우리의 기도가 더욱 힘을 얻을 것입니다. 그러하기에 사탄은 그와 반대로 속삭임으로써 많은 사람들을 이 의무에서 멀어지게 만듭니다.

바르게 기도하는 사람은 믿음을 통해 중보자이신 그리스도께 관심을 기울여야 합니다. 그리스도만이 길이므로 그분을 통하지 않고서는 그 누구도 아버지께로 올 수 없습니다(요 14:6 참고). 복음이 제시하듯이, 믿음으로 그리스도를 '왕이요 구원자'로 받아들여야 합니다. 이 믿음으로 그분과 연합될 때에 하나님께서는 믿는 자들을 거절하시지 않고 그들을 그리스도의 형제들로, 그리스도의 신부로, 그보다 더 가깝게 그리스도의 지체들로 간주하실 것입니다. 그리하여 그리스도의 하나님이 그리스도께 속한 자들에게도 하나님이 되시며, 그리스도의 아버지가 그들에게도 아버지가 되시며, 하나님께서 그리스도를 사랑하시는 것처럼 그들을 사랑하게 되는 것입니다. 그리고 그분은 진정 그들이 구하는 것을 허락하실 것입니다.

기도하는 사람은 믿음으로 하나님이 들려주신 약속들을 신뢰해야 합니다. 그분은, 구하는 자는 받을 것이요 찾는 자는 찾을 것이요 두드리는 자에게는 열릴 것이라고 말씀하셨습니다(마 7:7 참고). 더욱 힘이 되는 것은 기도할 때에 무엇을 구해야 하는지, 어떻게 구해야 하는지를 성령께서 가르쳐 주신다는 것입니다. 그리스도께서는, 하나님이 부모가 배고픈 자녀들에게 빵을 주는 것보다 더욱 기꺼이 구하는 자들에게 성령을 보내실 것이라고 선포하셨습니다.

"너희가 악할지라도 좋은 것을 자식에게 줄 줄 알거든 하물며 너희 하늘 아버지께서 구하는 자에게 성령을 주시지 않겠느냐?"(눅 11:13)

성령을 주시겠다는 약속은 얼마나 많은 점을 포괄하는지요! 성령은 그리스도께서 이루신 구원을 적용합니다. 또한 성령은 성도의 기도가 상달되게 만듭니다. 주님이 얼마나 분명하게 말씀하셨습니까!

"여호와의 눈은 의인을 향하시고 그의 귀는 그들의 부르짖음에 기울이시는도다"(시 34:15).

기도할 때에 이 말씀이 우리의 마음에 있어야 합니다. 기도하는 사람이 하나님의 약속을 더욱 굳게 믿을수록, 하나님의 약속이 더욱 확실하게 성취됩니다. 그러므로 성경은 "오직 믿음으로 구하고 조금도 의심하지 말라"(약 1:6)라고 명령합니다. 또한 "참 마음과 온전한 믿음으로 하나님께 나아가자"(히 10:22)라고 권면합니다. 우리 주님께서 친히 하신 말씀에 귀를 기울여 보십시오.

"그러므로 내가 너희에게 말하노니 무엇이든지 기도하고 구하는 것은 받은 줄로 믿으라. 그리하면 너희에게 그대로 되리라"(막 11:24).

우리가 하나님께서 그 아들을 위해 주신 언약에 따라 우리 죄를 용서하셨음을 굳게 믿을수록, 하나님은 우리 영혼의 불안을 치유하시고 풍성한 은혜를 주시며 그분의 무한하심을 더욱 알게 하실 것입니다. 우리의 믿음이 자랄수록 하나님의 약속이 더욱 실제적으로 다가올 것이며, 우리의 믿음대로 바라는 것이 이루어질 것입니다. 그러므로 기도하는 사람은 믿어야 합니다.

4) 하나님의 뜻에 따라 기도해야 한다

기도할 때에 우리는 하나님의 뜻대로 구해야 합니다.

"그를 향하여 우리가 가진 바 담대함이 이것이니 그의 뜻대로 무엇을 구하면 들으심이라"(요일 5:14).

그리스도께서는 제자들에게 이렇게 말씀하십니다.

"너희가 내 안에 거하고 내 말이 너희 안에 거하면 무엇이든지 원하는 대로 구하라. 그리하면 이루리라"(요 15:7).

우리 안에 거하는 말씀이 하나님의 뜻을 선포하고 우리의 뜻을 조절하게 되면 우리는 원하는 바를 얻게 될 것입니다. 루터는 말하기를, "저의 뜻이 이루어지게 하소서. 왜냐하면 오 주여, 저의 뜻이 당신의 뜻과 같기 때문입니다"라고 하였습니다. 저는 많은 이교도들이 기도하는 일에 반대하는 것으로 놀라지 않습니다. 그들은 하나님의 마음을 알지 못하기에 무엇을 구해야 하는지도 알지 못하기 때문입니다.

하나님은 성경을 통해 자신의 마음을 우리에게 밝히 드러내셨습니다. 그러므로 성경이 우리의 기도 지침서인 셈입니다. 기도할 때에 우리가 숙고해야 할 하나님의 세 가지 뜻이 있습니다. 그것은 목적, 교훈, 약속과 관련되어 있습니다.

첫째, 목적에 관한 그분의 뜻과 관련하여 살펴봅시다. 자기 백성을 향한 하나님의 목적은 지혜롭고 은혜롭습니다. 사도는 그것을 "모든 선을 기뻐함"(살후 1:11)이라고 말합니다. 우리는 당연히 이 목적에 순복해야 합니다. 그런데 우리는 때때로 우리에게 합당하지 않은 것을 구하기도 합니다. 특히 우리가 어찌할 바를 모르거나 우리에게 적절한 은혜가 무엇인지 짐작할 수 없을 때 그러합니다. 우리는 육적인 위로나 즐거움을 위해 생명의 연장이나 건강의 회복을 구하기도 합니다. 그러나 모든 것이 하나님의 뜻과 목적을 굳게 세우고 성취해야 한다는 조건에 부합해야 합니다. 주님은 때때로 비록 우리가 다 헤아리지 못하더라도 선한 목적을 이루고자 외적인 은혜들을 주시지 않기도 합니다.

둘째, 하나님의 교훈의 목적이 무엇인지 숙고하면서 기도해야 합니다. 우리는 그분께 담대히 나아감으로써 힘을 얻습니다. 그리고 그 힘이 우리로 하여금 하나님이 우리에게 무엇을 명하시든지, 그 명령을 준행할 수 있게 해 줍니다. 주님은 이스라엘이 돌이키도록 부르시고 명령하십니다. 이스라엘을 향하여 악한 길에서 돌이키라고 선지자들을 통해 계속 말씀하십니다. 그때에 에브라임이 돌이켜 이렇게 기도합니다.

"주는 나의 하나님 여호와이시니 나를 이끌어 돌이키소서. 그리하시면 내가 돌아오겠나이다"(렘 31:18).

하나님은 다윗에게 하나님의 법도를 성실히 지키라고 명령하셨습니다. 다윗은 이 명령을 굳게 붙들고는 이렇게 외칩니다.

"주께서 명령하사 주의 법도를 잘 지키게 하셨나이다. 내 길을 굳게 정하사 주의 율례를 지키게 하소서"(시 119:4,5).

또한 하나님은 우리가 하나님을 사랑하고 경외하기를 요구하십니다. 그러므로 우리는 우리의 마음에 할례를 행하고 그분을 사랑할 수 있도록 기도해야 하며, 우리 마음속에서 그분에 대한 경외심이 떠나지 않기를 간구해야 합니다.

셋째, 하나님의 약속을 주목하고 기도해야 합니다. 물론 생명의 약속들이 지금도 신자들에게 해당되기는 하지만, 신자들이 특히 더 귀하게 여기고 힘써 구해야 할 것은 영적이고도 영원한 복에 관한 약속들입니다. 이런 약속들을 '보배롭고도 지극히 큰 약속'으로 여겨, 그 약속들에 근거하여 "세상에서 썩어질 것을 피하여 신성한 성품에 참여하는 자가 되게 하소서"(벧후 1:4 참고)라고 기도해야 합니다. 하나님께서 어떻게 행하시지도 않을 일을 약속하실 수 있겠습니까?

"여호와 하나님은 해요 방패이시라. 여호와께서 은혜와 영화를 주시며 정직하게 행하는 자에게 좋은 것을 아끼지 아니하실 것임이니이다"(시 84:11).

우리가 하나님께 그 약속을 이루어 달라고 간청하는 것은, 실제로 그분의 능력과 사랑과 진실하심과 성실하심이 높이 드러나기를 간청하는 것과 같습니다.

5) 그리스도의 이름으로 기도해야 한다

기도는 그리스도의 이름으로 행해져야 합니다. 그리스도 외에 그 어떤 이름이 효력이 있겠습니까?

"진실로 진실로 너희에게 이르노니 너희가 무엇이든지 아버지께 구하는 것을 내 이름으로 주시리라"(요 16:23).

그리스도를 묵상할 때 우리는 하나님께로 더 빨리 나아갈 수 있습니다. 교황주의자들은 천사들과 성인들을 묵상하면서 기도합니다. 그러나 바울은 우리에게 이렇게 말합니다.

"하나님은 한 분이시요 또 하나님과 사람 사이에 중보자도 한 분이시니 곧 사람이신 그리스도 예수라"(딤전 2:5).

이 땅의 성도들은 하나님의 명령에 따라 서로를 '위해(for)' 기도할 수 있을 뿐입니다. 가장 강한 자라도 약한 자들의 기도를 필요로 합니다. 사도 바울도 로마의 성도들에게 힘을 같이하여 자기를 위하여 기도해 달라고 진지하게 요청합니다(롬 15:30 참고). 그러나 성경 어디에도 어떤 성자나 성도'에게(to)' 기도하라는 말은 한마디도 없습니다. 야곱이 곤경에 빠졌을 때나 하나님의 천사들을 만나게 되었을 때, 그는 "이는 하나님의 군대라"(창 32:2)라고 말했습니다. 그러나 그는 그들에게 아무것도 구하지 않았으며, 오직 하나님과 씨름하여 이겼습니다(창 32:28 참고).

우리가 그리스도의 이름으로 기도할 때 우리의 시선을 고정시켜야 할 네 가지 요소가 있습니다.

첫째, 그리스도의 속죄를 바라보아야 합니다. 그가 찔림은 우리의 허물 때문입니다(사 53:5 참고). 그분이 저주를 받으신 것은 우리로 하여금 저주에서 구원받고 담대히 기도하도록 하기 위함입니다. 그리스도는 십자가의 보혈로 화평을 이루셨습니다. 우리가 용기를 내서 하나님께 나아가 화해를 청할 수 있게 되었고, 그러면 하나님은 우리의 대적자가 아니라 아버지가 되어 주십니다.

둘째, 그리스도의 속량을 바라보아야 합니다. 그분은 새 언약의 모든 복들을 값 주고 사셨습니다. 천국도 '값 주고 얻은 기업'이라 불립니다(엡 1:14 참고). 이렇게 그리스도께서 값을 지불하신 것은 그것을 우리의 소유로 만들기 위함입니다. 그리스도께서 우리 죄를 사하시고 우리를 구원하기 위해 지불하신 대가를 생각하면, 그리스도의 속죄는 은혜의 행위일 뿐만 아니라 하나님 안에서 의의 행위이기도 합니다.

셋째, 그리스도의 중보를 바라보아야 합니다.

"자기를 힘입어 하나님께 나아가는 자들을 온전히 구원하실 수 있으니 이는 그가 항상 살아 계셔서 그들을 위하여 간구하심이라"(히 7:25).

우리의 대제사장은 하늘로 가셨습니다. 그리고 이제 그곳에서 일하십니다. 그곳에서 믿는 자들을 위해 기도하십니다. 또한 아버지께서 그분의 말을 항상 들으십니다. 이렇게 그리스도의 중보가 뒷받침되는 기도가 어찌 하나님께 상달되지 않겠습니까?

넷째, 그리스도의 힘과 그분의 도우심을 바라보아야 합니다. 바르게 기도하기란 어려운 일입니다. 그러나 그리스도께서 자신의 성령을 통해 기꺼이 믿는 자들의 연약함을 도우시며, 성도들로 하여금 실망과 반대에도 불구하고 기도하게 하시고 또 기도를 통해 복을 얻게 하십니다.

6) 이미 받은 것에 대해 감사하며 기도해야 한다

찬양은 기도의 가장 숭고한 요소입니다. 찬양은 일종의 빚과 같습니다. 우리가 은혜의 많음과 위대함과 거저 주심과 계속됨을 생각한다면, 그 빚이 얼마나 방대한 것이겠습니까? 찬양은 기도를 향기롭게 합니다. 하나님을 찬송하는 것보다 하나님을 더 기쁘시게 하며 우리 자신을 기쁘게 하는 것은 없습니다. 또한 우리가 받은 은혜에 감사하는 것은 간절하고도 격렬하게 부르짖는 것 못지않게 더 많은 은혜를 얻는 데 효과적인 방법이기도 합니다. 오, 그러므로 기도하는 모든 성도들은 '여호와의 인자하심과 인생에게 행하신 기적으로 말미암아 그를 찬송'(시 107:8)해야 합니다.

이렇게 해서 지금까지 저는 기도가 무엇인지를 정의하고, 기도의 성격에 대해 설명했습니다.

2. 항상 기도한다는 것은 무엇인가

이 질문에 대해서는 이미 언급한 바 있지만, 좀 더 구체적으로 설명하고자 합니다.

첫째, 항상 기도한다는 것은, 하나님께서 요구하실 때마다 기도할 수 있는 심령의 상태를 항상 유지한다는 것입니다. 사랑에 빠지듯이 마음이 항상 기도할 준비를 갖추고 있어서 은혜의 보좌 앞으로 주저 없이 나아갈 수 있어야 합니다. 시은소(施恩所, mercy-seat)에서는 많은 것을 얻을 수 있습니다. 측량할 수 없는 그리스도의 보물들이 열리고, 우리는 아무런 제재나 꾸지람 없이 그것들을 믿음의 손으로 움켜쥘 수 있는 만큼 가져갈 수 있습니다. 하나님은 후히 수시고 꾸짖지 않으시는 분입니다(약 1:5 참고). 그러므로 우리는 적극적으로 기도해야 합니다. 그리고 하나님의 은혜로 말미암아 '선을 행하기 원할 때조차도 함께 있는 악'(롬 7:21 참고)을 더욱더 미워하며 억제해야 합니다.

둘째, 항상 기도한다는 것은, 우리에게 은혜롭게 허용되는 모든 기도의 기회들을 붙잡는다는 것입니다. 주님을 만나거나 기도할 수 있을 때마다 그런 기회를 놓치지 말고 붙잡아야 합니다. 한 번 놓친 기회는 다시 돌아오지 않습니다. 통상적으로 정해진 기도의 시간들을 결코 소홀히 여겨서는 안 됩니다. 또한 기도를 위한 특별한 부르심이 있을 때에는 반드시 그 기회를 붙잡아야 합니다.

셋째, 항상 기도한다는 것은, 모든 형편과 조건 속에서 기도한다는 말입니다. 아플 때나 건강할 때, 형통할 때나 어려울 때, 그 어느 때라도 계속 기도해야 합니다. 기도가 없다면, 질병은 불만족스럽고도 불편한 짐일 뿐입니다. 또 병이 낫는다 하더라도 여전히 만족하지 못할 수도 있습니다. 기도가 없다면, 건강도 오히려 벌이 될 수 있습니다. 기도 없이 누리는 건강이 영혼과 천국의 문제를 소홀히 여기게 만드는 요인이 되기 때문입니다. 기도가 없다면, 역경은 참을 수 없는 일이 되며, 형통은 올무가 되어 버립니다. 형통은 하나님을 잊어버리게 하고, 역경은 그분을 거역하게 만듭니다. 그러므로 어떤 상황도 기도를 멈출 만한 변명거리가 되어서는 안 됩니다. 그래서 사도 바울은 분명히 "쉬지 말고 기도하라"(살전 5:17)라고 말합니다.

넷째, 항상 기도한다는 것은, 허락될 때까지 탄원을 멈추지 않는다는 의미입니다. 당장 나아지지 않더라도 기도하다가 낙망하거나 포기해서는 안 됩니다. 누가복음 18장에서 주님은 항상 기도하고 낙망하지 말아야 함을 과부와 재판장 비유로 말씀하셨습니다. 끈질긴 간청이 불의한 재판장도 설복시켰다면, 하물며 하늘의 아버지께서 강청하는 자녀들의 기도를 들어주시지 않겠습니까? 종종 하나님께서 곧바로 허락하시지 않는 것은 우리가 은혜의 가치를 제대로 깨닫고 있는지 시험하시기 위함입니다. 진정 은혜의 가치를 제대로 깨닫는다면, 우리는 끈질기게 기도할 것이며, 주실 때까지 기다릴 것입니다.

다섯째, 항상 기도한다는 것은, 우리가 이 땅에 사는 동안 기도하기를 멈추지 않는다는 의미입니다. 우리 가운데 어느 누구도 이 명령에서 제외될 수 없습니다. 우리 모두가 기도를 필요로 하는 존재이기 때문입니다. 우리의 삶은 싸움의 연속입니다. 우리는 방어를 위해 기도해야 하고, 또 승리를 위해 기도해야 합니다. 우리의 지식과 은혜는 온전하지 않습니다. 그러므로 지식과 은혜 모두가 증대되도록 기도해야 합니다. 그리하여 하나님이 위에서 부르신 푯대를 향하여 달려가는 데 도움을 얻어야 합니다(빌 3:14 참고).

3. 왜 그리스도인의 안전이 기도에 달려 있는가

첫째, 그리스도인의 안전이 기도에 달린 것은, 기도가 하나님을 그리스도인의 편에 서게 하기 때문입니다. 하나님은 의인의 부르짖음을 들으신다고 약속하십니다. 하나님이 의인의 부르짖음을 들으신다는 것은, 그들의 안전과 만족을 위해 하나님의 능력이 역사한다는 것을 의미합니다. 기도는 참된 만족을 바라는 거룩한 의향의 표현이며, 신뢰와 믿음의 행동입니다. 하나님은 주님의 이름을 강한 성루로 삼아 그곳으로 나아오는 자에게, 그분의 영원한 팔을 의지하며 나아오는 자에게 구원의 능력을 보여 주십니다. 주님을 믿고 기대하는 사람은 부끄러움을 당하지 않습니다. 사도는 주저 없이 이렇게 단언합니다.

"누구든지 주의 이름을 부르는 자는 구원을 받으리라"(롬 10:13).

주님의 이름을 믿음으로 간절히 부르는 사람은 누구든지 구원을 받습니다. 그리고 하나님을 자기 편으로 만듭니다. '만일 하나님이 우리를 위하시면 누가 우리를 대적하겠습니까?'(롬 8:31 참고) 하나님은 우리의 악행을 능히 뿌리 뽑으실 수 있습니다. 또한 이 세상과 이 세상의 신이 아무리 강하다 할지라도 전능자에 비하면 약하기 짝이 없습니다. 그분은 우리를 악한 세상과 악한 자와 모든 악한 일들에서 구하실 수 있으며, 천국에 이를 때까지 보존하실 수 있습니다.

둘째, 기도가 육체의 정욕과 욕심을 약화시키기 때문입니다. 우리의 큰 대적은 '제 집에서 자라난' 원수들입니다. 우리의 육체의 정욕이 우리의 영혼을 거슬러 싸우는 것입니다(벧전 2:11 참고). 그래서 사도는 신자들에게 이렇게 경고합니다.

"너희가 육신대로 살면 반드시 죽을 것이로되 영으로써 몸의 행실을 죽이면 살리니"(롬 8:13).

다윗은 자신의 부패성을 이겨 내기 위해 어떻게 했습니까? 그는 그것을 대항하여 기도했습니다. "은밀한 죄에서 나를 씻기소서. 주의 종으로 고의로 죄를 범하지 말게 하소서. 내 속에 정한 마음을 창조하소서. 주님의 성령으로 저를 붙드소서." 그는 하나님의 영광을 위하여 자신의 부패성을 제거해 주시기를 간청하며 부르짖었습니다.

하나님은 성도를 정결하게 하시리라 선포하셨습니다. 성도를 거룩하게 하시는 것이 그분의 일입니다. 그분은 우리의 온 영과 혼과 몸을 정결하게 하겠다고 약속하셨습니다. 우리를 부르시는 이는 미쁘시니 그가 또한 이루실 것입니다(살전 5:23,24 참고). 그리스도께서는 죄로부터 우리를 구속하시고 정결하게 하기 위해 죽으셨습니다. 그분은 자신의 교회를 티나 주름 잡힌 것 없이 거룩하고도 흠이 없게 하시고 자기 앞에 영광스러운 모습으로 세우실 것입니다(엡 5:27 참고). 그러므로 거룩함을 위한 탄원은 은혜를 얻고 몸의 악한 행실을 죽이는 데 효력이 있습니다.

셋째, 그리스도인의 안전이 기도에 달린 것은, 기도를 통해 세상이 자랑하는 것보다 더 좋은 것을 얻게 되기 때문입니다. 세상은 그리스도인들을 강력한 미끼로 유혹하고, 큰 이익과 달콤한 쾌락을 제공하지만, 참으로 가치 있는 복들을 줄 수는 없습니다. 그것들은 은혜의 보좌에서만 얻을 수 있습니다. 기도하는 마음은 화목과 양자 됨의 특권, 하나님과의 교제, 은혜로우신 **성령님**과의 교통, 영원한 영광, 생명의 면류관, 영생, 충만한 기쁨, 영원한 즐거움 등을 생각하며 열망합니다. 이 모든 것은 위에 속한 것이요 기도로 얻는 것들입니다. 이런 것을 어떻게 아래에 속한 것들과 비교할 수 있겠습니까? 은혜의 보좌에서 얻는 것들에 마음을 두고 있는 사람은 세상과 더 잘 **싸울 무장이**

되어 있는 셈입니다. 영적이고도 영원한 복들을 마음에 간직하는 한 세상은 바랄 대상도, 두려워할 대상도 아닙니다.

넷째, 기도가 사탄의 힘을 무너뜨리기 때문입니다. 지옥의 권세들은 기도의 힘을 잘 느낍니다. 그리스도께서는 사탄이 제자들을 밀 까부르듯 하려는 것을 아시고 제자들에게 기도하라고 명령하셨습니다.

"유혹에 빠지지 않게 기도하라"(눅 22:40).

종종 그러하듯이 만일 우리가 유혹자에게 공격을 당하고서도 그리스도를 바라보지 않는다면, 그 유혹이 크게 성공하고 말 것입니다.

기도는 두 가지 면에서 사탄을 대항합니다. 한 가지는 우리 스스로 죄를 고백하게 함으로써 참소자를 침묵하게 만든다는 것이고, 또 한 가지는 간청함으로써 위로부터 사탄을 대항할 은혜를 얻게 한다는 것입니다.

먼저 죄를 고백함으로써 이 참소자가 침묵하게 됩니다. '형제들을 참소하던 자'(계 12:10)로 불리는 사탄은 얼마나 악의적으로 열심히 성도들을 참소하는지요! 요한계시록은 그를 "우리 하나님 앞에서 밤낮으로 참소하던 자"(계 12:10)라고 부릅니다. 그런데 기도하는 것은 성도들이 스스로 자신에 대한 기소장을 가지고 오는 것과 같습니다. 즉, 사탄이 제기할 수 있는 모든 비난과 고소를 성도 스스로 제기하는 것입니다. 하나님 앞에서 잘못된 모든 것을 스스로 인정하는 것입니다. 그들은 자기 죄를 감추지 않으며, 오히려 고백하고 스스로를 괴롭게 합니다. 그리고 스스로를 비난하고 또 비난합니다. 그들은 고백한 죄가 용서되고 그리스도의 피로 깨끗이 씻겨지기를 얼마나 간절하게 바라는지요! 그러므로 사탄은 입을 다물 수밖에 없습니다. 사탄의 고발은 무용지물이 되고 맙니다. 그리고 이렇게 예수를 바라보고 속죄를 바라며 죄를 고백하는 성도들을 하나님은 미쁘시고 의로우사 죄를 사하시며 모든 불의에서 깨끗하게 해 주십니다(요일 1:9 참고).

다음으로 간청함으로써 사탄에게 맞설 수 있는 은혜가 주어집니다. 사도 바울이 사탄의 공격에 시달리면서 엎드려 기도했을 때 그는 어떤 응답을 받았습니까? 주님은 그에게 이렇게 말씀하셨습니다.

"내 은혜가 네게 족하도다. 이는 내 능력이 약한 데서 온전하여짐이라"(고후 12:9).

그러자 바울은 그리스도의 능력이 그에게 머무는 것으로 만족했습니다. 이처럼 기도는 평강의 하나님을 우리 편으로 모셔 옵니다. 그리고 그분이 사탄을 우리 발 아래에서 상하게 하실 것입니다(롬 16:20 참고). 하나님이 그렇게 약속하셨습니다.

기도에 의해 하나님의 지혜가 주어집니다. 빛들의 아버지께서 우리를 더 지혜롭게 하시는 것입니다. 그리하여 우리는 마귀의 악한 궤계를 더 잘 간파할 수 있게 됩니다. 우리를 속이고 더럽히고 결국 우리의 영혼을 죽이려는 마귀의 계략을 훤히 간파할 수 있습니다. 또한 기도에 의해 지혜가 커지는 것처럼 믿음, 사랑, 경외심, 그 외의 다른 은혜들도 기도에 의해 더욱 커지게 됩니다. 우리가 하나님을 더 잘 믿을수록 악한 자를 더욱 멀리하게 됩니다. 우리가 하나님을 더 사랑할수록 우리를 유혹하는 악을 더욱 미워하게 됩니다. 우리가 하나님을 더욱 경외할수록 우리의 마음은 더욱 그분과 연합되기를 소원하게 되고, 그렇게 되면 우리를 설득하여 그분으로부터 떠나가게 하려는 마귀의 일이 더욱 어려워지고 맙니다.

다섯째, 우리의 안전과 영적 유익을 위한 성경 말씀을 기도를 통해 더욱 효과적으로 활용할 수 있게 되기 때문입니다. 하나님의 말씀과 기도는 서로 묶여 있습니다.

"우리는 오로지 기도하는 일과 말씀 사역에 힘쓰리라"(행 6:4).

성도들에게 전해지는 설교는 하늘로부터 명령받은 것이어야 합니다. 그리고 설교를 듣는 성도들은 기도를 통해 이 일을 도와야 합니다. 그러면 선포되는 말씀이 듣는 이들을 더욱 효과적으로 돕게 될 것입니다. 예배에 나오기 전에 더 많이 기도한다면, 예배에서 선포되는 말씀을 통해 더 많은 유익을 얻게 될 것입니다. 그토록 많은 설교들을 듣고도 놓쳐 버리는 일이 없을 것이며, 그토록 많은 씨가 헛되게 뿌려지는 일도 없을 것입니다.

기도는 말씀의 칼날을 가는 일과 같습니다. 그리하여 신속하고도 강력하게 죄를 죽이고 사탄을 끊어 버리게 만듭니다. 기도는 말씀을 가슴 속으로 이끌어 오고 간직하게 함으로써 죄의 침투를 막는 강력한 예방약의 역할을 합니다. 신자들에게는 기도와 하나님의 모든 말씀을 결합시키는 영적 직관이 있습니다. 왜냐하면 주께서 그 말씀들과 협력하여 역사하시지 않는다면 그 말씀들이 그들을 지켜 주거나 유익하게 하지 못한다는 것을 알기 때문입니다.

4. 왜 우리가 항상 기도해야 하는가

우리가 항상 기도해야 하는 첫 번째 이유는, 하나님께서 항상 들으실 준비를 하고 계시기 때문입니다.

"여호와의……귀가 눈하여 듣지 못하심도 아니라"(사 59:1).

하나님은 우리의 기도에 귀를 기울이시며, '하늘에서 인생을 굽어 살피사 지각이 있어 하나님을 찾는 자가 있는가 보려'(시 14:2) 하십니다. 아버지께서는 참되게 예배하는 자, 즉 영과 진리로 예배하는 자들을 찾으십니다(요 4:23 참고). 그러므로 우리는 항상 그분을 신뢰하면서 언제든지 용기를 내어 우리의 마음을 그분께 쏟아야 합니다.

"하나님은 우리의 피난처시로다(셀라)"(시 62:8).

진실로 하나님을 진실하게 찾는 일이 허사가 된 적은 없으며, 앞으로도 그럴 것입니다. 하나님께서는 우리가 아직 죄인이었을 때, 곧 하나님께서 우리의 소리에 귀를 기울이실 것이라 짐작조차 하지 못한 그때에도 우리의 소리를 들으셨습니다. 스스로 탄식하며 자신의 악행으로 혼란스러워할 때, 마치 멍에에 익숙하지 못한 송아지처럼 에브라임은 이렇게 외쳤습니다.

"주는 나의 하나님 여호와이시니 나를 이끌어 돌이키소서. 그리하시면 내가 돌아오겠나이다"(렘 31:18).

그러자 하나님은 "내가 들었노라. 내가 분명히 에브라임의 소리를 들었노라"(렘 31:18 참고)라고 말씀하십니다. 하나님은 에브라임에게 그가 사랑하는 아들이요, 기뻐하는 자식이요, 진정 하나님이 불쌍히 여기시는 백성임을 깨닫게 해 주셨습니다(렘 31:20 참고). 이처럼 하나님은 모든 눈물을 병에 담으시며, 모든 탄식에 귀를 기울이시고, 모든 진실한 열망을 기꺼이 들어주고자 하십니다.

두 번째로 우리가 항상 기도해야 하는 이유는, 그리스도께서 항상 간구하시기 때문입니다.

"그러므로 자기를 힘입어 하나님께 나아가는 자들을 온전히 구원하실 수 있으니 이는 그가 항상 살아 계셔서 그들을 위하여 간구하심이라"(히 7:25).

성도들의 기도는 좋은 지지를 받습니다. 아름다운 향기를 발하는 향료를 가지고 있는 언약의 사자가 모든 성도들의 기도를 언제라도 받아들여질 수 있게 만듭니다. 그리스도께서는 하늘에서 항상 아버지께 자신의 고난을 상기시키며, 또 그 고난으로 인하여 우리가 드리는 모든 기도를 받아 주셔야 한다고 간구하십니다. 그래서 성경은 그분의 피에 대해 "아벨의 피보다 더 나은 것을 말하는 뿌린 피니라"(히 12:24)라고 말합니다. 그리스도께서 저주를 담당하셨기에 우리가 저주를 면제받고, 그리스도께서 우리의 죄로 인해 상처를 입으셨기에 우리에게 용서가 선언됩니다. 나아가 그리스도의 충만함으로 말미암아 우리가 넘치는 은혜를 받을 수 있습니다.

우리가 항상 기도해야 하는 세 번째 이유는, 성령께서 기꺼이 우리의 연약함을 도우시기 때문입니다. 성령을 약속하신 그리스도께서는 약속대로 성령을 보내 주셨습니다. 이 성령은 '은총과 간구하는 심령'(슥 12:10)으로 불립니다. 왜냐하면 성령께서 우리가 하나님이 받으시는 간구를 드릴 수 있도록 우리에게 은혜와 능력을 주시기 때문입니다. 그리스도의 영은 믿는 자들과 항상 함께하십니다.

"내가 아버지께 구하겠으니 그가 또 다른 보혜사를 너희에게 주사 영원토록 너희와 함께 있게 하리니 그는 진리의 영이라. 세상은 능히 그를 받지 못하나니 이는 그를 보지도 못하고 알지도 못함이라. 그러나 너희는 그를 아나니 그는 너희와 함께 거하심이요 또 너희 속에 계시겠음이라"(요 14:16,17).

성령은 우리에게 무엇을 위해 기도해야 하는지를 가르쳐 주시고, 이 의무를 행하도록 마음을 감동하시고, 은혜로운 하나님께로 나아가도록 우리의 잠든 심령을 일깨워 격려하시며, 또 복을 구하며 하나님과 씨름할 수 있도록 힘을 더하십니다. 하나님의 아들의 중보가 아니고서는, 또 성령의 도우시는 힘이 아니고서는, 우리의 기도는 결코 하나님을 설복시킬 수 없습니다.

네 번째로 우리가 항상 기도해야 하는 이유는, 사탄이 항상 우리를 공격하려 하기 때문입니다. 사탄은 성경에서 '우는 사자'(벧전 5:8)에 비유되곤 합니다. 엘리안(Elian)이라는 사람이 관찰한 바에 의하면, 사자는 공격을 당해서 뒤로 물러날 경우, 잠시 물러선 채로 상대를 응시하다가 조금이라도 기회가 주어지면 다시 공격을 시도한다고 합니다. 마찬가지로 사탄도 항상 우리를 그렇게 응시하다가 어느 순간 앞으로 다가와 유혹으로 공격합니다. 그런데도 우리가 어떻게 기도하지 않을 수 있겠습니까? 우리의 전 생애가 유혹에 노출되어 있습니다. 악한 영들이 계속해서 우리를 공격합니다. 사도 바울은 우리에게 이렇게 말합니다.

"우리의 씨름은 혈과 육을 상대하는 것이 아니요 통치자들과 권세들과 이 어둠의 세상 주관자들과 하늘에 있는 악의 영들을 상대함이라"(엡 6:12).

원수들은 우리의 눈에 보이지 않기 때문에 상대하기가 더욱 어렵습니다. 그들은 너무나 포착하기 어려우면서도 강한 상대입니다. 우리가 반드시 쉬지 말고 기도해야만 하는 이유는, 우리를 죄와 파멸에 빠뜨리고자 원수들이 쉬지 않고 공격하기 때문입니다.

다섯 번째로 우리가 항상 기도해야 하는 이유는, 우리가 잠시라도 기도하기에 게으르면 우리의 부패성이 금방 힘을 회복하고 커지기 때문입니다. 다윗이 낮잠 자기 전이나 잠에서 깬 후에라도 기도했더라면, 혹은 한가로이 궁전 지붕을 거니는 대신 은혜의 보좌 앞으로 나아갔더라면, 아마도 목욕하는 밧세바를 처음 본 순간 즉시 하늘로 눈을 돌리며 하나님께 외쳤을 것입니다. 그랬다면 정욕의 불꽃이 미처 다윗을 불사르기 전에 꺼져 버렸을 것입니다. 추악한 타락이, 음울한 결과가 일어나지 않았을 것입니다. 그러나 그가 기도의 의무를 소홀히 여기자 죄가 그 태만을 기회로 삼았습니다. 결국 그는 가증스러운 두 가지 죄에 급히 빠져들고 말았습니다(삼하 11장 참고).

우리 역시 기도를 빠뜨리거나 소홀히 여기면, 바로 그날 우리의 정욕이 우리 안에서 쉽게 격동하고 발판을 마련한다는 것을 경험하게 됩니다. 이스라엘이 아말렉과 싸울 때 모세의 손이 내려오자 아말렉이 이기기 시작했습니다. 그러다가 다시 그 손을 하늘로 높이 들자 이스라엘이 역전하기 시작했습니다(출 17:8-12 참고).

5. 적용

지금까지 살펴본 것처럼 그리스도인의 안전은 항상 기도에 의해 크게 좌우

됩니다.

1) 기도하지 않는 자가 처한 위험

기도하지 않는 영혼이 빠질 수 있는 극단의 위험들이 있습니다. 그러한 위험을 분별할 수 있도록 몇 가지 항목으로 그 위험들을 분명하게 제시하고자 합니다.

첫째, 하나님은 기도하지 않는 자들을 대적하십니다. 오, 참으로 끔찍한 일입니다! 하나님이 누구십니까? 그들은 누구입니까? 그분의 진노를 견딜 자가 누구입니까? 전능자의 팔에서 스스로를 보호할 자가 누구입니까?

"보라, 그에게는 열방이 통의 한 방울 물과 같고 저울의 작은 티끌 같으며 섬들은 떠오르는 먼지 같으리니……그의 앞에는 모든 열방이 아무것도 아니라. 그는 그들을 없는 것같이, 빈 것같이 여기시느니라"(사 40:15,17).

그처럼 영광스럽고도 위대하신 하나님을 대적하는 것은 참으로 두려운 일입니다. 하나님은 그가 보내신 구원자를 의지하지도 않고 기도하지도 않는 자들을 대적하십니다. 하나님과 화목하기 위해 간청하지 않고, 그 사랑의 가치를 무시하고, 그분의 진노를 두려워하지도 않는 자들은 분명히 그분의 진노 아래 있습니다.

둘째, 기도하지 않는 자들이 은혜를 누리고 있는 것처럼 보여도 그것은 진정한 은혜가 아닙니다. 말라기 2장 2절의 저주가 그들에게 임할 것입니다.

"내가 너희에게 저주를 내려 너희의 복을 저주하리라."

고난은 원래 죄로 인해 주어진 저주의 일부이지만, 기도를 통해 고난의 성격을 바꿀 수 있습니다. 기도하는 사람에게는 고난을 통해서도 성화의 은혜가 주어집니다. 하나님은 고통스럽게 느껴지는 일들을 통해서도 합력하여 선을 이루십니다. 하나님은 고난 속에서도 의와 화평의 열매를 맺게 하십니다.

반면 기도가 없는 자에게는 복이 오히려 올무가 되며, 즐기던 좋은 일들이 합력하여 그를 해로움과 파멸에 이르게 합니다. 그들이 즐기는 중에 영혼의 잠이 덮쳐 그들을 사로잡을 것입니다. 그들의 식탁과 풍요와 재물이 그들을 넘어지게 하는 올무와 덫과 거치는 것이 될 것입니다(롬 11:9 참고).

셋째, 기도하지 않는 자들에게는 사탄이 그들을 파멸시키려고 혈안이 되어도 그것을 막아 줄 이가 없습니다. 성경은 사탄을 "불순종의 아들들 가운데서 역사하는 영"(엡 2:2)이라고 말합니다. 사탄이 그들의 마음을 조종하고 그들의 삶을 사로잡고 있습니다. 마귀는 큰 분노로 다가옵니다. 우는 사자처럼 돌아다니며 삼킬 자를 찾고 있습니다. 그가 찾는 풍성한 먹잇감은 대부분 깨어 있지 않고 자기를 대적하여 기도하지 않는 자들입니다. 기도하지 않는 자들은 사탄에게 사로잡혀 그가 원하는 대로 처리되고 맙니다. 그러면서도 그들은 유혹의 올가미를 신경 쓰지도 않고, 깨뜨리려 하지도 않고, 벗어나려고 애쓰지도 않습니다.

넷째, 만일 기도하지 않는 자들이 계속 그 상태로 머문다면, 복음 안에서 계시된 보물을 놓치게 될 것은 너무나 자명한 일입니다! 그들은 그것을 찾기 위해 애쓰지 않습니다. 그러나 복음은 우리에게 필요한 것에 대해, 값진 진주에 대해, 하나님의 나라와 그 의에 대해 '이 모든 것들이 구하는 자들에게 주어진다'는 분명한 원리를 알려 줍니다. 따라서 구하지 않는 자들은 그 가치도 모르고 자신의 필요도 모르는 자이며, 결국 빈손으로 돌아갈 수밖에 없습니다.

다섯째, 기도하지 않는 자들은 재앙의 때에 아무리 소리쳐 불러도 들어줄 귀가 없습니다. 이 말씀을 읽고 두려워하십시오.

"너희가 재앙을 만날 때에 내가 웃을 것이며 너희에게 두려움이 임할 때에 내가 비웃으리라. 너희의 두려움이 광풍같이 임하겠고 너희의 재앙이 폭풍같이 이르겠고 너희에게 근심과 슬픔이 임하리니, 그때에 너희가 나를 부르리라. 그래도 내가 대답하지 아니하겠고 부지런히 나를 찾으리라. 그래도 나를 만나지 못하리니"(잠 1:26-28).

단지 고통으로 부르짖는 소리, 죄에 대한 진정한 슬픔과 낮아짐도 없고 개선되고자 하는 소원도 없는 외침은 무시되고 맙니다. 만일 당신이 주님을 찾을 만한 때 곧 그분이 가까이 계실 때에 찾지 않으면, 급박한 상황에서 당신이 아무리 부르짖는다 해도 그분은 당신에게서 멀리 떨어져 계실 뿐입니다.

여섯째, 기도하지 않는 자들은 그들에게 주어진 시간을 바르게 활용하지 않으면 그것이 신속하게 지나가 버린다는 사실을 진지하게 숙고해야 합니다. 한 번 지나간 기회는 애걸해도 다시 돌릴 수 없습니다. 우리는 성경에서 아무리 불러도 외면당하는 외침을 볼 수 있습니다. 어리석은 처녀들은 문이 닫힌 후 이렇게 말합니다.

"주여, 주여 우리에게 열어 주소서"(마 25:11).

그러나 너무 늦었습니다. 문은 열리지 않고 이런 대답만 돌아올 뿐입니다.

"내가 너희를 알지 못하노라"(마 25:12).

어리석은 부자가 지옥의 불꽃 속에서 고통스러워하며 시원한 물 한 방울을 혀끝에 떨어뜨려 달라고 요청했지만 그것은 거절되었습니다(눅 16:19-26 참고). 지옥에서는 어떠한 형벌도 경감되지 않는 것입니다. 마지막 때에는 누구나 이렇게 기도할 것입니다. "주여, 문을 열어 주셔서 당신의 왕국과 영광에 저를 들여보내 주소서! 주여, 이 극심한 고통과 슬픔이 조금이라도 경감되도록 허락해 주소서!"

그러나 그때에 하나님의 귀는, 천국의 문과 마찬가지로 굳게 닫혀 있을 것입니다. 그분의 자비를 영원토록 기대할 수는 없습니다! 우리에게 주어진 모든 시간들을 헛되게 보내 버리고 은혜받을 만한 날들이 끝나기 전에 은혜의 보좌 앞으로 나아오지 않는 것은 얼마나 어리석은 짓입니까!

2) 경계해야 할 요소

당신이 경계해야 할 두 가지 요소가 있습니다.

첫째, 기도 자체에 안주하는 것과 빈약한 의무 수행에 그치는 것을 경계하십시오. 당신의 안전이 기도에 달려 있다는 것은, 기도 자체가 당신의 보호막이기 때문이 아니라, 기도가 당신을 더 높은 바위에 이르도록 인도해 주기 때문입니다(시 61:2 참고). 기도는 당신을 주님의 날개 아래 머물게 하며, 그분의 깃털로 당신을 덮게 할 것입니다. 그분의 진리는 당신의 방패와 보호막이 됩니다. 단지 기도의 형식에 안주하는 사람들, 기도할 때 마치 주문을 외우듯이 말을 쏟아 내기만 해도 도움을 받을 수 있을 것이라 헛되게 상상하는 자들은 올바른 기도 방식에 무지한 자들입니다.

둘째, 모든 기도가 당신을 지켜 주고 하나님을 당신 편으로 만들 수 있을 것이라는 생각을 경계하십시오. 물론 하나님은 기도를 들으십니다. 그러나 그리스도를 의지하지 않는 불신앙의 기도, 감사와 찬미가 결핍된 냉랭하고 부주의한 기도, 마음이 담기지 않은 위선적인 기도는 하나님의 귀에 도달하지 않으며 복을 불러오지도 못합니다. 죄가 머리를 숙인다고 복을 얻을 수는 없습니다. 또한 죄가 머리를 숙인다고 힘을 잃는 것도 아닙니다. 그런 식의 기도로는 사탄의 두건을 벗길 수 없습니다.

3) 기도에 대한 권면과 격려

성경은 기도의 의무에 대해 매우 자주 명령합니다. 기도하라는 권면이 얼마나 많이 등장하는지 모릅니다. 이 명령은 주님의 권위의 차원에서만이 아니라 선하심의 차원에서도 생각해 보아야 합니다. 그분이 우리에게 기도하라고 명령하시는 것은 우리에게서 무언가를 얻기 위해서가 아닙니다. 그분은 우리보다 훨씬 높으신 분이기에 우리에게서 무언가를 받으실 필요가 없습니다.

또한 그분은 완전하신 분이기에 그분의 존재나 복된 상태와 관련하여 아무것도 더할 필요가 없습니다. 그러므로 주님이 우리에게 "항상 기도하며 깨어 있으라"(눅 21:36), "어디서나 기도하라"(딤전 2:8 참고), "기도에 항상 힘쓰라"(롬 12:12 참고), "모든 일에 기도와 간구로, 너희 구할 것을 감사함으로 하나님께 아뢰라"(빌 4:6)라고 명하신 것은 우리를 위한 것입니다. 우리가 궁핍해지지 않도록 우리에게 필요한 은혜들을 기꺼이 베푸시기 위함인 것입니다.

또한 기도의 효력 자체가 우리로 기도하도록 격려합니다. 하나님은 "너희는 내 얼굴을 찾으라"라고 말씀하셨습니다. 그러하기에 마음으로 "여호와여, 내가 주의 얼굴을 찾으리이다"(시 27:8)라고 고백하는 자에게 하나님은 결코 그 얼굴을 숨기지 않으십니다. 기도를 통해 우리는 하나님의 사랑을 받습니다. 그리고 하나님의 사랑 안에 거하고 있다면 그 어떤 것도 거절당하지 않습니다.

기도의 효력은 명백합니다. 히브리서 11장에서 믿음에 관해 말했던 사도의 방식을 빌려 기도의 경이로운 효력들을 열거해 보겠습니다.

"기도로 아브라함은 만일 의인 열 명만 있었더라면 죄악이 극에 달했던 소돔도 구하였을 것입니다. 기도로 아브라함은 아내 사라의 경수가 끊어진 때에 하나님으로부터 아들을 얻었습니다. 기도로 야곱은 그의 형 에서의 분노에서 구원을 받았으며, 기도로 요나는 큰 물고기의 뱃속에서 건짐을 받았습니다. 기도로 다니엘의 세 친구들은 바벨론의 뜨거운 풀무불에서도 해를 입지 않았습니다. 기도로 다윗은 전염병을 멈추어 이스라엘을 보호할 수 있었고, 멸하는 천사의 칼을 거두게 했습니다.

기도로 엘리야는 삼 년 반 동안 비를 멈추게 했으며, 기도로 하늘에서 다시 비를 내리게 하여 땅이 그 소산을 내도록 했습니다. 기도로 그는 하늘에서 불이 내려와 그를 잡으러 온 오십 부장과 오십 명의 무리를 두 번이나 불사르게 했습니다. 기도로 여호수아는 태양을 기브온 위에, 달을 아얄론 골짜기에 멈추도록 했습니다. 주께서 한 사람의 기도 소리를 들으시고 이스라엘을 위해 싸우신 것입니다. 기도로 다니엘은 사자들의 입을 봉했고 사자 굴에서 아무 해도 당하지 않았습니다. 기도로 베드로와 바울과 실라는 감옥의 차꼬와 단단히 닫힌 철문에서 구출되었습니다.

이 외에도 사무엘, 삼손, 여호사밧 등 여러 선지자들과 사도들에 대해 많이 말할 수 있지만 이를 다 말하기에는 시간이 부족합니다. 기도로 그들 중에 어떤 이는 벼락을 내리게 하여 적들을 멸하기도 했으며, 약한 중에 강하게 되기도 했고, 대적하는 강한 무리들을 도망치게 만들기도 했습니다. 기도로 어떤 이는 죽은 자를 살리기도 했으며, 날 때부터 걷지 못하는 자를 걷고 뛰게 하여 의술로도 치료할 수 없는 병을 고치기도 했습니다. 우리와 똑같은 성정을 가진 사람들이 드린 기도의 놀라운 효력을 보십시오! 이것이 우리로 하여금 기도의 의무를 사모하고 실행하도록 격려하지 않습니까!"

그렇다면 기도하지 못하도록 당신을 방해하는 자가 누구입니까? 누가 당신의 우편에 서서 당신을 대적합니까? 그는 분명 원수입니다. 그는 당신이 하나님께 가까이 나아가는 것을 싫어합니다. 왜냐하면 하나님께 나아가는 것이 당신에게 얼마나 유익한 것인지를 그가 알기 때문입니다. 당신의 마음은 뒤로 물러날 준비를 하고 있습니다. 그러므로 이 교훈으로 어리석고 완고한 마음을 책망하십시오.

기도하지 않으면 어떤 일이 일어납니까? 그것이 죄를 범하는 일로 이어지지 않습니까? 영혼의 힘을 달라고 기도하기에 소홀할 때, 마치 르우벤이 '물의 끓음'(창 49:4) 같다고 하였던 것처럼 당신의 영혼이 불안정해지지 않던가요? 하나님의 얼굴을 찌푸리게 하고 양심의 비난을 받을 만한 행동에 쉽게 빠지지 않던가요? 반면 때때로 기도의 의무를 성공적으로 수행할 때는 어떻습니까? 시은소에서 용기와 은혜를 얻지 않았던가요? 오, 그 쓰리고 달콤한 경험들이 당신에게 기도의 열망을 불러 일으키기를 소망합니다!

기도야말로 영예로운 일입니다. 우리는 이 의무를 수행하면서 하늘의 왕을 알현할 수 있습니다. 우리가 함께 시간을 보낼 그분은 얼마나 높으신 분입니까? 우리가 아버지와 그 아들 예수 그리스도와 더불어 교제를 나누는 것입니다(요일 1:3 참고). 주님은 높은 분이시지만 낮은 자들을 존중해 주십니다. 그분은 가장 비천한 자들의 기도도 멸시하지 않고 들으십니다. 그분은 우리에게 그분의 면전에서 불편을 호소하고 어려움을 아뢸 수 있는 자유를 허락하십니다. 이렇게 곧장 하나님 앞으로 나아갈 수 있고, 언제든지 그분을 부르고 가까이할 수 있다는 것은 얼마나 큰 영예인지요!

또한 빈번하고도 간절한 기도는 우리의 구원과 양자 됨의 큰 증거입니다. 아기는 태어나면 울고, 죄인은 거듭나면 기도합니다. 사도 바울은 회심하자마자 기도했습니다.

"그가 기도하는 중이니라"(행 9:11).

양자의 영이 우리로 하여금 "아빠, 아버지"(롬 8:15)라 부르짖게 합니다. 만일 우리가 하나님께 가까이 나아가지 않고서는 만족하지 못하고, 그분의 자비와 그분과의 교제를 세상의 그 어떤 것들보다 더 귀하게 여기고, 다시 거두어 가지 않으실 복들을 간절히 갈망한다면, 우리는 우리가 영적으로 숨 쉬고 있다는 것과 우리의 영적인 생명에 대해 확신할 수 있을 것입니다. 그것이야말로 거듭남의 좋은 증거입니다. 수고로운 한 날 같은 인생에 그보다 더 가치 있는 것이 무엇이겠습니까?

4) 성도들의 기도에 응답하시는 하나님

성도들의 기도는 하나님의 기쁨입니다.

"악인의 제사는 여호와께서 미워하셔도 정직한 자의 기도는 그가 기뻐하시느니라"(잠 15:8).

"바위 틈 낭떠러지 은밀한 곳에 있는 나의 비둘기야, 내가 네 얼굴을 보게 하라. 네 소리를 듣게 하라. 네 소리는 부드럽고 네 얼굴은 아름답구나!"(아 2:14)

우리는 어린 자녀들이 우리에게 무언가를 요청하는 것을 즐거워합니다. 비록 그들의 발음이 부정확하고 표현이 어눌하더라도 말입니다. 하물며 하나님은 육신의 부모가 자녀들에게 할 수 있는 것보다 훨씬 더 관대하시며, 또 얼마든지 좋은 것을 주고자 하십니다(마 7:11 참고).

하나님이 성도들의 기도에 응답하시는 데는 많은 이유들이 있습니다. 첫째, 그들이 하나님께서 택하신 사람들이기 때문입니다. 하나님은 세상의 기초가 세워지기도 전에 그들을 사랑하기로 작정하셨습니다. 둘째, 하나님의 아들이 그들을 값 주고 사셨기 때문입니다. 그리스도께서 그들을 값을 주고 사시되, 자신의 피를 흘려 그들의 죄를 사해 주셨고, 그들을 위한 대속물로 자기 목숨을 내주셨습니다. 셋째, 그들이 하나님과 언약을 맺었기 때문입니다. 그분은 언약으로 그들의 하나님이 되셨으므로 정녕 그들의 보호자가 되실 것입니다. 넷째, 그들은 긍휼의 그릇으로서, 하나님이 그들로 '그 영광의 풍성함을 알게 하고자'(롬 9:23) 하시기 때문입니다. 하나님은 그들이 기도할 때에 주목하십니다. 그리고 그들에게 필요한 좋은 것들을 주시며, 그들을 악으로부터 구하시고, 그들이 달려갈 피난처가 되어 주십니다.

※

이렇게 해서 그리스도인의 안전이 언제나 기도에 달려 있다는 첫 번째 강론을 마치겠습니다.

2장
모든 기도와 간구로 구하라

"모든 기도와 간구를 하되 항상 성령 안에서 기도하고 이를 위하여 깨어 구하기를 항상 힘쓰며 여러 성도를 위하여 구하라"(엡 6:18).

"모든 기도와 간구를 하되"라고 말하는 본문에서 '모든 기도'는 중요하게 고려하고 활용해야 할 문제입니다. 기도는 매우 폭넓은 영적 의무입니다. 기도의 각 부분들은 놀랍게도 그리스도인의 현재 상황과 조건에 적합하며, 또 다양한 종류의 기도는 우리가 처하는 다양한 환경에 잘 부합됩니다. 하나님을 진지하게 찾기만 한다면, 그리고 하나님이 지정하신 원리를 따르기만 한다면, 하나님을 찾기 위한 여러 가지 방법들이 효과적으로 활용될 수 있습니다. 하나님은 우리에게 분명히 말씀하십니다.

"야곱 자손에게 너희가 나를 혼돈 중에서 찾으라고 이르지 아니하였노라"(사 45:19).

그러므로 이번 장에서는 두 가지를 살펴보고자 합니다. 먼저, 기도의 각 부분들에 관해 살펴보고, 그것들이 어떻게 활용될 수 있는지를 생각해 보겠습니다. 다음으로, 다양한 종류의 기도들을 제시하고, 그 기도들이 어떻게 최대한 수행될 수 있는지를 생각해 보겠습니다.

1. 기도의 각 부분들

1) 하나님을 부름

기도의 첫 번째 부분은 겸손히 말 걸기, 혹은 겸손히 그분을 부르는 것입니다. 그러므로 우리는 성경에서 그분을 가리키는 호칭들을 알고, 그러한 호칭들을 우리의 상황에 적절하게 활용할 수 있어야 합니다. 기도할 때에 그분을 적절한 호칭으로 부르는 것은 우리의 영적인 감정을 은혜롭게 자극해 주곤 합니다.

성경에 기록된 성도들의 기도를 살펴보면, 하나님께서 다양하게 불리신다는 것을 알 수 있습니다. 때로는 '주'로, 때로는 '아버지'로, 때로는 '위대하고 강하시며 엄위하신 하나님'으로, 때로는 '영원히 거하시는 높고 거룩하신 분, 그 이름이 거룩하신 분'으로, 때로는 '그리스도의 아버지 하나님'으로, 또는 '자비의 아버지, 모든 위로의 하나님' 등으로 불리십니다. 하나님의 속성에 따라 그분을 다양하게 부르는 것은 잘못이 아닙니다. 오히려 그런 호칭을 곰곰이 묵상함으로써 우리의 영적인 정서가 기도에 합당하게 조율됩니다.

우리의 마음이 거룩한 경외심과 존경심으로 가득해지기를 원합니까? 그러면 그분의 무소부재하심과 위대하심, 그분의 거룩하심과 질투에 대해 생각해 보십시오. 죄에 대해 상한 심령이 되고자 합니까? 불의를 향한 그분의 진노와 증오에 대해, 나아가 로마서 2장 4절에 기록되었듯이 우리의 회개를 향한 그분의 선하심과 오래 참으심, 화해를 위한 인내에 대해 생각해 보십시오.

"혹 네가 하나님의 인자하심이 너를 인도하여 회개하게 하심을 알지 못하여 그의 인자하심과 용납하심과 길이 참으심이 풍성함을 멸시하느냐?"

또한 우리가 무언가를 요청할 때 우리의 소망이 커지고 믿음이 고무되며 더욱 찬송하는 마음이 되기를 원합니까? 그렇다면 예수 그리스도의 아버지이신 하나님의 풍성한 사랑과 넘치는 은혜에 대해 떠올려 보십시오. 구약시대에 그분은 "이스라엘을 애굽에서 인도하여 내신 주"(출 18:1 참고)로 불리셨으며, 그 후에는 "유다를 북쪽 바벨론 나라의 포로에서 구원하신 주"로 불리셨습니다. 또한 신약시대에 그분은 "하나님 곧 우리 주 예수 그리스도의 아버지"(엡 1:3)라고 불리셨습니다. 그리스도가 우리 기도의 유일하고도 효력 있는 지지자이시며, 하나님과 그분의 관계가 우리의 소망과 기대의 근거인 것입니다.

2) 죄의 고백

기도의 두 번째 부분은, 죄를 인정하고 고백하는 것입니다. 하나님은 이런 고백을 요구하십니다. 주요 하나님이신 그분께 자신이 지은 죄를 시인하십시오. 죄를 고백하는 것은 참회의 행위입니다. 그분을 거역한 것이 분별없고 가증스런 일이었다고 고백하는 것은 그분을 존중한다고 고백하는 것과 같습니다. 고백은 죄인을 겸손하고 부끄러워하게 만듭니다. 그리고 그런 상태에서 용서의 은혜가 신속하게 임합니다.

"내가 입을 열지 아니할 때에 종일 신음하므로 내 뼈가 쇠하였도다. 주의 손이 주야로 나를 누르시오니 내 진액이 빠져서 여름 가뭄에 마름같이 되었나이다(셀라). 내가 이르기를 내 허물을 여호와께 자복하리라 하고 주께 내 죄를 아뢰고 내 죄악을 숨기지 아니하였더니 곧 주께서 내 죄악을 사하셨나이다(셀라)"(시 32:3-5).

죄의 고백은 구체적이어야 합니다. 대략적인 고백은 아무런 의미가 없습니다. 죄의 뿌리를 파헤치고 그로 인해 슬퍼해야 합니다. 바울은 자신이 '비방

자요 박해자요 폭행자'(딤전 1:13)였던 것을 소리쳐 고백했습니다. 또한 자신의 지체 속에 있는 죄의 법이 자신을 원하지 않는 악으로 이끈다고 슬퍼했습니다(롬 7장 참고). 다윗은 부정함과 피 흘린 죄를 구체적으로 고백했으며, 그 가증한 죄를 범하게 된 것이 자신의 부패한 본성 때문이라고 통회했습니다.

"내가 죄악 중에서 출생하였음이여 어머니가 죄 중에서 나를 잉태하였나이다"(시 51:5).

복음 안에서 그리스도께서 우리에게 제공하신 치유책을 멸시한 것 역시 특별히 슬퍼하며 고백해야 합니다. 바로 이 일과 관련하여 우리는 용서와 은혜를 베풀어 주는 이가 없는 마귀보다 더 큰 잘못을 범하기도 합니다.

그리고 마지막으로, 확실한 근거가 있는 말인데, 우리 자신을 심판하고 정죄하며 엎드려야 합니다. 어떤 사람은 진실로 참회하는 자를 "하나님께 자신을 대적하도록 진실하게 탄원하는 자"라고 표현했습니다. 우리는 양심의 책을 펼쳐 주님 앞에 보여 드려야 합니다. 그것을 우리의 손에 들고 "유죄입니다, 유죄입니다!"라고 외쳐야 합니다. 그리고는 가혹한 처벌 이외에는 그 어떤 것도 정당하게 주장할 수 없다고 고백해야 합니다.

3) 두려움에 대한 탄원

기도의 세 번째 부분은, 우리가 두려워하는 것에 대한 탄원입니다. 우리는 하나님의 진노가 임하지 않기를 간절히 갈망하며 기도해야 합니다.

"주께서는 경외받을 이시니 주께서 한 번 노하실 때에 누가 주의 목전에 서리이까?" (시 76:7)

하나님의 진노는 여러 가지 모습으로 나타납니다. 일시적이고도 외적인 재난들로 나타나는 하나님의 진노는 가장 가벼운 것마저도 때로는 매우 끔찍합니다. 전염병, 기근, 전쟁의 칼과 같은 것들은 살을 삼키고 피를 마십니다. 그것을 목격하는 것만으로도 얼마나 끔찍한지요! 그런데 영적인 심판은 이보다 훨씬 심하며 더욱 견디기 힘든 불행을 초래합니다. 주께서 죄인들의 마음을 무감각한 양심, 미혹됨, 해로운 욕심, 완고한 마음 등 눈먼 상태로 방치해 두시는 것은 그분이 크게 진노하셨음을 보여 줍니다. 그러므로 다른 무엇보다도 특히 이런 심판이 임하지 않도록 간청해야 합니다.

그러나 무엇보다 가장 무서운 심판은 다음 세계에서 만나는 영원한 불의 복수입니다! 오, 우리는 앞으로 다가올 진노를 피하기 위해 얼마나 강청해야 하는지요! 주의 큰 날에 저주의 판결을 받고 쫓겨나지 않도록, 지옥이 우리의 영원한 거처가 되지 않도록 얼마나 간절히 탄원해야 하는지요! 완전한 흑암에 갇히지 않도록, 죽지 않는 구더기로부터 괴롭힘을 당하지 않도록, 삼키는 불에 영원히 떨어지지 않도록 얼마나 탄원해야 하는지요!

4) 청원

기도의 네 번째 부분은, 청원입니다. 하나님께서는 우리에게 담대하게 청원하도록 허락하십니다. 우리는 얼마든지 많은 것들을 구할 수 있고, 하나님은 우리가 구하고 생각하는 것 이상으로 얼마든지 주실 수 있습니다. 우리는 먼저 우리가 가장 바라는 죄의 용서를 구해야 합니다. 하나님은 이렇게 말씀하십니다.

"너는 나를 위하여 돈으로 향품을 사지 아니하며 희생의 기름으로 나를 흡족하게 하지 아니하고 네 죄짐으로 나를 수고롭게 하며 네 죄악으로 나를 괴롭게 하였느니라. 나 곧 나는 나를 위하여 네 허물을 도말하는 자니 네 죄를 기억하지 아니하리라"(사 43:24-26).

용서받기 전에는 아무것도 바랄 수 없습니다. 그러나 일단 하나님께서 그리스도 안에서 우리와 화해하시고 우리의 아버지가 되시면, 그 어떤 것도 거절되지 않습니다. 그분의 사랑을 먼저 온 마음으로 간청하십시오. 여호와께서는 은혜와 영화를 주시겠다고 약속하셨습니다(시 84:11 참고). 그러므로 우리는 그 두 가지 모두를 담대히 구할 수 있습니다. 우리는 은혜와 거룩함이 우리 안에 역사하도록, 또한 은혜가 우리 안에서 계속 자라도록, 우리가 죽기까지 인내하며 신실하도록, 그리고 마침내 끝까지 인내한 자에게 약속된 영광과 영예와 불멸의 생명을 얻을 수 있도록 진지하게 구해야 합니다. 뿐만 아니라 일시적인 복도 구할 수 있습니다. 우리의 체질을 아시는 주님은 모든 방법을 동원해 기꺼이 우리를 돕고 격려하기를 원하십니다.

5) 중보

기도의 다섯 번째 부분은, 다른 사람들을 위한 중보입니다. 기도하면서 우리와 가까운 관계에 있는 사람들을 기억하십시오. 또한 도시와 나라, 더 나아가 이 땅에서 믿음의 싸움을 싸우는 모든 그리스도의 교회에 관심을 가지십시오. 예루살렘이야말로 우리에게 가장 큰 기쁨이 되어야 합니다. 우리는 예루살렘의 파수꾼으로서 잠잠히 있어서는 안 됩니다.

"너희 여호와로 기억하시게 하는 자들아, 너희는 쉬지 말며 또 여호와께서 예루살렘을 세워 세상에서 찬송을 받게 하시기까지 그로 쉬지 못하시게 하라"(사 62:6,7).

우리는 '시온의 의가 빛같이, 예루살렘의 구원이 횃불같이 나타나도록'(사 62:1), 즉 교회가 핍박하는 원수들로부터 구원을 얻고 개혁되기까지 편하게 쉬어서는 안 됩니다.

기도 가운데 우리는 우리 자신을 생각하고, 다른 사람들을 생각하고, 또 하나님과 그 아들 예수 그리스도를 생각해야 합니다. 우리는 그분의 이름이 '해 뜨는 곳에서부터 해 지는 곳까지'(말 1:11) 높임 받으시기를 기도해야 합니다. 그분의 왕국이 임하기를, 온 땅이 그분의 뜻을 행하고 그 말씀의 규례에 순복하기를 구해야 합니다.

6) 어둠의 세력에 대한 저주

기도의 여섯 번째 부분은, 저주입니다. 주께서 대항하여 싸우시기를 구해야 할 대상들이 있습니다. 우리는 주께서 악한 영들을 꾸짖으시기를, 많은 사람들을 억압하는 어둠의 나라가 무너지기를 기도해야 합니다. 또한 사람에 관해서 기도할 때에는 사람 자체에 대한 인신공격이 되지 않도록 매우 조심해야 합니다. 이런 문제와 관련하여, 우리는 다윗이나 다른 선지자들을 본보기로 삼아서는 안 됩니다. 왜냐하면 그들은 특별히 선지자의 영으로, 그들이 저주하고 있는 사람들에 대한 하나님의 의도를 알았기 때문입니다.

우리가 따라야 할 일반적인 규칙은 이것입니다.

"나는 너희에게 이르노니 너희 원수를 사랑하며 너희를 박해하는 자를 위하여 기도하라"(마 5:44).

이는 '그 해를 악인과 선인에게 모두 비추시는'(마 5:45 참고) 하나님을 본받는 것입니다. 우리는 우리의 원수들이 곤란해지기를 구하기보다는 그들이 회심하기를 기도해야 합니다. 그들을 도저히 달래거나 바로잡을 수 없다 하더라도, 그들의 계략과 힘에 의해 우리가 해를 당하지 않도록 기도해야지 그들이 해를 당하기를 바라서는 안 됩니다. 심지어 멸망당하기로 작정된 듯한 적 그리스도를 대항하여 기도할 때조차도, 우리는 그 사람에 대하여 개인적인 원한을 표출해서는 안 되며, 오히려 우리의 시선을 그리스도의 영광(교황주의가 그토록 손상시키고 있습니다)에 고정시키고, 이 땅에서 그분의 왕국이 확장되기를 바라야 합니다.

7) 감사와 송영

기도의 일곱 번째 부분은, 감사입니다. 주기도문은 '송영(doxology)' 곧 하나님께 영광을 돌림으로써 끝을 맺습니다.

"나라와 권세와 영광이 아버지께 영원히 있사옵나이다"(마 6:13).

찬송은 천사의 언어로 말하는 것입니다. 모든 보이는 피조물들 가운데 말을 할 수 있는 존재는 인간밖에 없습니다. 인간은 모든 피조물을 대신하여 찬미의 제사를 드리는 세상의 제사장입니다. 인간은 창조의 혀로서, 하나님의 선하심을 모든 피조물을 향해 소리쳐 울리게 해야 합니다. 주께서 얼마나 많은 것을 우리에게 맡기셨는지요! 그런 우리가 과연 찬미의 조세를 바치지 않아서야 되겠습니까? 헤아릴 수 없는 하나님의 자비와 조건 없고도 측량할 수 없는 그 사랑을 우리가 감사로 찬미할 때, 하나님은 자신을 영화롭게 하는 것으로 간주하십니다(시 50:23 참고). 그러므로 우리는 범사에 감사해야 합니다. 이것이 '그리스도 예수 안에서 우리를 향하신 하나님의 뜻'(살전 5:18 참고)입니다.

2. 다양한 종류의 기도

기도에는 두 가지 차원이 있습니다. '소리 내어 하는 기도(음성과 마음이 결합될 때)'와 '생각으로 하는 기도(소리 없이 마음으로만 하는 기도)'입니다.

1) 소리 내어 하는 기도(Vocal Prayer)

소리 내어 하는 기도는 혀와 마음이 함께 활동하는 기도입니다. 기도할 때에 혀를 사용하는 데는 몇 가지 이유가 있습니다. 우리는 혀로써 하나님을 칭송합니다. 뿐만 아니라 '그분께(to Him)' 말하거나, '그분의(of Him)' 말씀을 전하거나, 혹은 '그분을 위해(for Him)' 말할 때 영광스럽게도 우리의 혀가 도구로 활용됩니다. 혀로써 범하는 죄가 있는 것처럼, 혀로써 수행하는 의무도 있는 것입니다. 헛된 맹세자, 훼방자, 추하고 어리석은 말꾼의 혀는 하나님께 거슬리고 가증스러운 것입니다. 반면 진실하게 기도하는 사람의 혀는 호감을 삽니다. 그리스도께서는 그의 신부에게 목소리가 달콤하고 외모가 단정해야 한다고 말씀하셨습니다.

다른 사람들과 함께하는 기도에도 말이 필요합니다. 하나님께 아뢸 때 다른 사람들의 입이 되는 사람도 있습니다. 말, 특히 성경의 언어는, 우리의 정서를 일깨워 주며 기도의 의무를 행하도록 마음을 자극합니다.

이렇게 소리 내어 하는 기도에는 세 가지가 있습니다. 첫째, 골방에서 하는 기도, 둘째, 가정에서 하는 기도, 셋째, 회중과 함께하는 공적인 기도가 있습니다.

(1) 골방에서의 기도

주님은 은밀히 기도하라고 분명하게 명령하셨습니다.

"너는 기도할 때에 네 골방에 들어가 문을 닫고 은밀한 중에 계신 네 아버지께 기도하라. 은밀한 중에 보시는 네 아버지께서 갚으시리라"(마 6:6).

주님은 이렇게 가르치셨을 뿐만 아니라 친히 은밀한 기도의 본을 보여 주셨습니다.

"새벽 아직도 밝기 전에 예수께서 일어나 나가 한적한 곳으로 가사 거기서 기도하시더니"(막 1:35).

야곱은 조용한 곳에서 홀로 하나님과 씨름하였고, 거기서 이스라엘이라는 이름을 얻었습니다(창 32:24-28 참고). 만일 당신이 이 씨름에 대해 더 자세히 알기를 원한다면 호세아서 12장 3,4절의 말씀을 참고하십시오.

"또 힘으로는 하나님과 겨루되 천사와 겨루어 이기고 울며 그에게 간구하였으며."

그렇다면 골방에서 하는 은밀한 기도를 좀 더 잘 수행하기 위하여 지켜야 할 몇 가지 규칙을 알아봅시다.

첫 번째로, 가급적 남의 눈을 피하여 은밀한 곳을 찾으십시오. 물론 우리가 영적 의무를 행하는 데 부끄러워할 필요는 없으며, 우리의 빛을 사람들에게 비추어 그들이 우리의 선한 행실을 보고 하늘의 아버지께 영광을 돌리도록 해야 합니다. 그러나 그리스도인에게는 사람들의 시선이 미치지 않는 곳에서 해야 할 의무들도 많이 있습니다. 하나님께서 은밀하게 속삭이는 기도에도 귀를 기울이신다면, 우리가 굳이 다른 사람들의 귀에 들리게끔 기도할 필요가 있을까요? 다른 사람들이 자신의 기도에 주목해 주기를 바랄 때, 그 기도가 위선을 혐오하는 기도가 아니라면, 하나님께서는 그 기도에 주목하지 않으십니다. 그러므로 우리는 주 예수께서 하신 말씀을 경계로 삼아야 합니다.

"또 너희는 기도할 때에 외식하는 자와 같이 하지 말라. 그들은 사람에게 보이려고 회당과 큰 거리 어귀에 서서 기도하기를 좋아하느니라. 내가 진실로 너희에게 이르노니 그들은 자기 상을 이미 받았느니라"(마 6:5).

두 번째로, 은밀히 기도하기에 적합한 시간을 정하십시오. 특히 아침 시간을 택하는 것이 좋습니다. 물론 낮에도 적어도 한 번 정도는 주님께 자신의 마음을 쏟아야 하지만 말입니다. 다윗은 이렇게 말합니다.

"여호와여, 아침에 주께서 나의 소리를 들으시리니 아침에 내가 주께 기도하고 바라리이다"(시 5:3).

하루가 시작될 때에 우리의 영혼이 진지하게 주님께 아뢴다면, 유혹에 맞설 더 큰 은혜와 힘을 얻고 그날 종일 주님과 동행하기가 더 쉽습니다. 또 저녁 기도보다는 아침 기도를 더 길게 하는 편이 좋습니다. 그러면 우리의 영이 더 상쾌해지고 풍성해질 것이며, 몸이 피곤하고 지칠 때에도 우리 영혼의 활동이 방해받지 않을 것입니다. 그러나 어떤 불가피한 일로 인해 바라는 대로 아침에 기도할 수 없다면 다른 기회를 붙잡아야 하며, 기도의 의무를 아예 생략해 버리는 일이 없도록 힘써야 합니다.

세 번째로, 기도할 때에 하나님의 말씀을 읽고 묵상하십시오. 그 말씀이 우리를 지도하고 감동하고 자극하여 더욱 기도하게 만들 것입니다. 그 말씀을 통해 하나님이 우리에게 말씀하시며, 기도를 통해 우리가 그분께 말하는 것입니다. 우리가 하나님의 음성에 귀를 기울이지 않으면서, 어떻게 그분이 우리의 음성에 귀를 기울이시리라 기대할 수 있겠습니까? 만일 우리가 듣지도, 순종하지도 않는다면, 그분도 우리의 청원을 듣지도, 허락하지도 않으실 것입니다.

말씀이 우리 안에 풍성히 거해야 합니다(골 3:16 참고). 주님의 율법을 즐거워하며 그 율법을 주야로 묵상해야 합니다(시 1:2 참고). 성경을 부지런히 살피고 연구해야 합니다. 성경은 연구할수록 더 깊어집니다. 한 번 보는 것으로는 숨겨진 보화들을 모두 찾아낼 수 없습니다. 만일 우리가 여호와를 경외하고 하나님을 아는 지식을 얻고자 한다면, 말씀 속에서 은을 찾듯이 혹은 숨겨진 보화를 찾듯이 탐구해야 합니다. 하나님의 말씀은 얼마나 우리를 깨우쳐 주고 생기 있게 하며 깨끗하게 하고 변화시켜 주는지요! 주의 율례가 얼마나 달콤하고 매력 있는지요! 성령께서 성경을 강해해 주실 때, 하나님의 기이한 법을 볼 수 있도록 우리의 눈을 열어 주실 때, 우리의 마음을 움직이고 감동시키실 때 주어지는 그 달콤함과 유익과 효력을 무엇에 비할 수 있겠습니까!

네 번째로, 은밀한 기도를 행할 때에 관대하십시오. 넓고 자유로운 영으로 기도하십시오. 기도하는 시간에 인색하지 마십시오. 이 시간이야말로 후하게 이자를 쳐서 되돌려 받는 가장 좋은 시간이기 때문입니다. 하나님께 가까이 가는 것이 얼마나 좋은지를 인식하십시오. 성경의 약속대로, 우리가 하나님을 가까이하면 그분도 우리를 가까이하실 것입니다.

"하나님을 가까이하라. 그리하면 너희를 가까이하시리라. 죄인들아 손을 깨끗이 하라. 두 마음을 품은 자들아 마음을 성결하게 하라"(약 4:8).

하나님이 가까이하신다는 것은 그분과 화목한다는 것이며, 그분이 우리를 돕고 지원하기 위해 능력과 은혜를 베푸신다는 것입니다. 그러므로 거룩한 열심으로 하나님께 나아가십시오. 하나님은 기꺼이 당신을 만나 주실 것입니다. 지친 영혼에게 만족을 주실 것이며, 슬픈 영혼을 소생시키실 것입니다. 기도의 의무에 자주 그리고 충분한 시간을 할애하는 것은 하나님께 나아가 그분과 사귀는 좋은 방법입니다. 우리가 그분과 더 좋은 사귐을 가질수록 우리는 그분을 더 사랑하게 될 것이며, 우리를 향한 그분의 사랑을 더 확실히 느끼게 될 것입니다.

"너는 하나님과 화목하고 평안하라. 그리하면 복이 네게 임하리라"(욥 22:21).

다섯 번째로, 은밀한 기도는 매우 구체적이어야 합니다. 양심을 불편하게 했던 잘못과 실수들을 구체적으로 아룀으로써 양심을 평안하게 하십시오. 모든 것이 풍족하신 하나님께 모든 필요를 아뢰십시오. '주께서 듣기 싫어하시지는 않을까? 은혜 베푸시기를 거절하지는 않을까?' 하는 두려움을 갖지 마십시오. 당신이 홀로 하나님과 있을 때, 당신은 더 자유롭게 말할 수 있습니다. 주님은 우리가 상세하게 말씀드리는 것을 매우 기뻐하십니다. 그리고 그것이 당신의 상한 마음을 치유하고 당신이 구하는 많은 필요들을 구체적으로 공급받는 데에 더욱더 도움이 될 것입니다.

여섯 번째로, 은밀하게 기도한 후 잘 살피십시오. 망루에 서서 어떤 응답이 주어지는지를 관찰하십시오. 무역상들은 바다로 보낼 배들을 먼저 세심히 살펴봅니다. 왕에게 무언가를 청원했다면 어떤 응답이 되돌아오는지를 기다려 살피는 것이 당연합니다. 마찬가지로 이렇게 기도하는 것이 지혜롭습니다. 진척이 없으면, 장애물이 있는 것은 아닌지 살피십시오. 반대로 진척이 있으면, 용기를 내서 믿음으로 계속 요청하십시오.

"그의 귀를 내게 기울이셨으므로 내가 평생에 기도하리로다"(시 116:2).

그리고 기도의 응답이 주어질 때에는 찬송하십시오. 그래야만 사탄이 당신을 비난하지 못할 것이고, 하나님께서도 당신의 배은망덕 때문에 화를 내시지 않을 것입니다.

지금까지 은밀한 기도에 관한 규칙들을 다루었습니다. 이제 이 은밀한 기도를 격려하기 위해 몇 가지 논증을 제시하고자 합니다.

첫째, 하나님은 은밀한 중에 보시며 은밀한 곳에서도 보십니다. 그분은 하늘과 땅에 충만한 분이기 때문입니다. 하나님이 어느 곳에나 계시다는 것은, 그분이 모든 것을 아신다는 뜻입니다. 그분이 어느 특정한 곳에만 제한되실 수 없는 것처럼, 어느 특정한 곳에서 배제되실 수도 없습니다.

"만물이 벌거벗은 것같이 드러나느니라"(히 4:13).

그분이 은밀한 중에 보시는 것이 경건하지 않은 자들에게는 두려움이 되겠지만, 의로운 자들에게는 기쁨입니다. 다윗은 놀라고 즐거워하며 이렇게 고백합니다.

"내가 주의 영을 떠나 어디로 가며 주의 앞에서 어디로 피하리이까? 내가 하늘에 올라갈지라도 거기 계시며 스올에 내 자리를 펼지라도 거기 계시니이다. 내가 새벽 날개를 치며 바다 끝에 가서 거주할지라도, 거기서도 주의 손이 나를 인도하시며 주의 오른손이 나를 붙드시리이다"(시 139:7-10).

당신이 어느 은밀한 곳에 거한다 하더라도, 하나님은 당신과 함께하십니다. 당신의 모든 한숨과 신음과 탄식과 열망의 소리를 그분이 귀 기울여 들으십니다.

둘째, 은밀한 기도를 자주 드리는 것은 정직함과 신실함의 큰 표징입니다. 하나님 외에는 그 누구도 모르게 하나님을 찾는 것은, 당신이 진실로 하나님을 찾는 자라는 증거입니다. 사도가 유대인들에 대해 말한 바는 그리스도인들에게도 적용됩니다.

"무릇 표면적 그리스도인이 그리스도인이 아니요, 오직 이면적 그리스도인이 그리스도인이라"(롬 2:28,29 참고).

은밀한 중에 하나님을 찾는 이가 참 그리스도인이며, 그러한 자에게는 사람의 칭찬이 아닌 하나님의 칭찬이 주어집니다.

셋째, 은밀한 기도는 은혜 안에서 자라고 하나님을 향해 부요해지는 놀라운 길입니다. 은밀한 기도를 통해 믿음이 급속도로 성장하고, 사랑이 풍성해지며, 우리의 영혼이 번성하게 됩니다. 상인들이 가게를 운영하며 그곳에서 거래를 하기는 하지만, 그들에게는 보이지 않는 은밀한 거래처가 있습니다. 이것으로 그들은 좁은 공간에서도 부를 쌓을 수 있습니다. 이처럼 하나님과 은밀한 거래를 많이 하는 그리스도인은 얼마나 많은 것을 얻는지요! 주님을 찾는 자는 얼마나 큰 유익을 얻는지요! 얼마든지 용서도 받고 은혜도 얻을 수 있으니 말입니다! 그런 사람은 진정으로 이렇게 고백할 수밖에 없습니다.

"주는 선하사 사죄하기를 즐거워하시며 주께 부르짖는 자에게 인자함이 후하심이니이다"(시 86:5).

넷째, 은밀한 기도는 공적 예배를 준비하기에 유익합니다. 골방에서 무릎 꿇는 사람은 하나님의 집에서도 큰 유익을 얻습니다. 거룩한 예배를 위해 우리의 심령이 준비될 수 있도록 은밀하게 하나님을 찾아야 합니다. 성전에 오기 전에, 복음이 말로만이 아니라 능력과 성령과 큰 확신으로 그들에게 임하기를 기도하는 사람들은, 복음이 효과적으로 역사하는 것을 볼 것입니다. 그것이 그들을 구원하기 위한 하나님의 능력임을 볼 것입니다(살전 1:5 참고). 성찬에 나아오기 전에, 스스로를 살피고 또 하나님께서 그들의 마음을 살펴 모든 부패에 대항해 싸울 수 있는 힘을 주시기를 기도하며 그리스도의 고난의 열매와 성령의 은혜들을 위해 간절히 기도한 사람은, 결코 빈손으로 돌아가지 않을 것입니다.

다섯째, 공적 예배가 끝난 이후에 드리는 은밀한 기도는 공적 예배 때 마음에 새겨진 것을 간직하는 수단이 됩니다. 공적 예배가 끝나도 우리의 마음속의 은혜의 활동은 끝나지 않습니다. 어떤 죄가 발견되고 훈계를 받았습니까? 집으로 돌아가 은밀한 중에 그로 인해 슬퍼하며 주님을 부르십시오. "주여, 이 죄가 저를 지배하지 않게 해 주소서." 어떤 의무를 행해야 할 것이 명백해졌습니까? 돌아가서 은밀한 중에 부르짖으십시오. "제 마음을 주장하여 주님의 규례를 행하게 하소서. 저로 주님의 율례를 따라 걷게 하소서." 말씀을 듣다가 성령의 감동으로 은혜롭고도 거룩한 결심을 하게 되었습니까? 돌아가서 홀로 기도하십시오. "이것을 지키게 하소서. 오 주여, 제가 이것을 영원히 잊지 않게 하시고, 제 마음이 주님을 향하여 확정되게 하소서."

여섯째, 은밀한 기도는 하나님의 사랑의 특별한 증거를 얻는 길이며, 기도하지 않는 자들이 알 수 없는 기쁨을 얻는 방법입니다. 오, 은밀한 기도를 통해 얼마나 놀라운 경험을 하게 되는지요! 죄로 상한 마음이 따뜻한 위로를 받습니다. 위대한 영혼의 의사가 방문하여 치료해 주십니다. 상한 심령을 만지시는 그분의 손길이 얼마나 정확하고도 부드러운지요! 그분은 결코 버리지 않으시리라는 강한 확신을 심어 주시며, 상하고 무거운 짐을 진 영혼에게 놀라운 안식을 주십니다. 기도의 응답으로 성도에게 얼마나 놀라운 평안이 선포되는지요! 얼마나 달콤한 친밀감이 느껴지며, 때로는 그분의 사랑 안에서 얼마나 큰 확신이 주어지는지요! 변하지 않으며 영원한 그 사랑 말입니다.

"여호와의 친밀하심이 그를 경외하는 자들에게 있음이여, 그의 언약을 그들에게 보이시리로다!"(시 25:14)

일곱째, 은밀한 기도에 대해 하나님은 공개적으로 응답하실 것입니다. 그리스도는 이렇게 말씀하십니다.

"은밀한 중에 보시는 네 아버지께서 (공개적으로)[1] 갚으시리라"(마 6:6).

모든 은밀한 악행이 결국 드러나 벌을 받게 되는 것처럼, 모든 은밀한 경건과 선행도 마지막 심판 때에는 온 세상에 명백히 드러나 크고도 영원한 상을 받게 될 것입니다. 골방에서의 기도 역시 당연히 그렇습니다.

(2) 가정에서의 기도

가정에서의 기도 역시 중요합니다. 우선 가정 기도가 의무라는 점에 대해 살펴봅시다.

첫째, 본문에서 사도는 모든 기도를 하라고 명령합니다. 이와 관련하여 가정 기도는 경건한 사람이 활용해야 할 기도의 한 종류입니다. 여호수아는 그와 그의 집이 여호와만 섬기겠다고 결심했습니다(수 24:15 참고). 기도는 주님을 섬기는 일의 중요한 한 부분입니다. 그래서 때때로 성경에서는 주님을 섬기는 일을 기도로 표현하기도 합니다.

"그때에 사람들이 비로소 여호와의 이름을 불렀더라"(창 4:26).

기도는 하나님을 예배하는 아주 일반적인 방식입니다. 그래서 고넬료에 대해서도 이렇게 기록되어 있습니다.

"그가 경건하여 온 집안과 더불어 하나님을 경외하며……하나님께 항상 기도하더니"(행 10:2).

둘째, 부모들은 자녀들을 주의 교양과 훈계로 양육해야 합니다. 자녀들이 어떤 길로 가야 하는지를 가르치고, 그리스도인의 의무를 행함에 있어서 그들 자신이 본이 되어야 합니다. 자녀들을 신앙으로 양육하는 데, 부모가 자녀들과 함께 은혜의 보좌 앞에 무릎을 꿇고 그들이 보는 앞에서 그들을 축복하

---

[1] 역자주 – 헬라어 성경에는 '공개적으로, 외관상, 겉으로(openly, apparently, outwardly)' 등으로 번역할 수 있는 구절이 있습니다.

는 것보다 더 효과적인 방법이 어디 있을까요? 자녀들에게나 하인들에게나, 가장의 기도 소리보다 더 깊은 감동을 주는 것은 없습니다. 뿐만 아니라 지속적으로 가정 기도의 본을 보여 자녀들을 양육할 때, 종종 현저한 복들이 그들과 함께합니다.

셋째, 가정에서 복을 구하기 위해서, 그리고 악을 물리치기 위해서 함께 기도해야 합니다. 그리스도께서 두세 사람이 그분의 이름으로 모이는 곳에 그분도 그들과 함께하시겠다고 약속하셨습니다(마 18:20 참고). 그러므로 가정 기도를 통해 두세 사람이 그리스도의 이름으로 모일 때에도 그분의 임재를 기대할 수 있습니다.

넷째, 기도하지 않는 가정에 분노를 부으시리라는 경고를 기억하십시오.

"주를 알지 못하는 이방 사람들과 주의 이름으로 기도하지 아니하는 족속들에게 주의 분노를 부으소서"(렘 10:25).

물론 여기서 '족속들(families)'이란 여러 나라들과 왕국에 해당되는 말임을 인정합니다. 그러나 만일 나라와 왕국들에게 하나님께 기도해야 할 의무가 있다면, 가정들이 이 의무에서 면제되지 않는 것은 더욱더 명백한 사실이 아니겠습니까?

그렇다면 가정 기도를 어떻게 수행해야 할까요? 이제 그것에 대한 몇 가지 지침들을 제시하겠습니다.

첫째, 기도가 다른 어떤 일보다 중요하다는 사실을 인식하십시오. 직업과 같은 개별적인 소명에도 물론 성실해야 하지만, 포괄적인 소명이 그보다 훨씬 더 중요합니다. 포괄적인 소명이란, 모든 사람들에게 해당되는 소명으로, 하나님을 섬기고 영화롭게 하며 구원받는 것입니다. 기도는 하늘의 왕께 경의를 표하는 일입니다. 또한 기도를 통해 영적이고도 영원한 많은 유익들을 얻을 수 있습니다. 그러므로 기도하는 것을 사소하게 여기지 말고, 다른 사소한 일 때문에 기도를 빠뜨리지 않도록 주의하십시오.

둘째, 직업에서의 성공이 주님께서 주시는 복에 달려 있음을 믿으십시오. 솔로몬은 이렇게 말합니다.

"여호와께서 주시는 복은 사람을 부하게 하고 근심을 겸하여 주지 아니하시느니라"(잠 10:22).

"너희가 일찍이 일어나고 늦게 누우며 수고의 떡을 먹음이 헛되도다"(시 127:2).

기도는 복을 얻는 길입니다. 물론 세상에는 기도하지 않는데도 형통한 사람들이 많습니다. 그러나 그들이 누리는 부는 그들에게 오히려 저주요 올무가 됩니다. 그들의 부는 무거운 추와 같아서, 주님이 계신 언덕에 오르지 못하도록 그들을 방해하며, 침륜과 멸망으로 가라앉게 할 뿐입니다.

셋째, 보통 하루에 두 번은 기도해야 합니다. 구약시대에는 아침과 저녁에 드리는 상번제가 있었기 때문입니다. 또한 가능한 온 가족이 모여 기도하는 것이 좋습니다. 가족 중 어느 누구도 기도할 필요가 없거나 은택을 입지 않아도 될 사람은 없기 때문입니다.

넷째, 기도할 때에 하나님의 말씀을 읽으십시오. 당신과 당신의 온 가족이 복음의 비밀과 하나님의 뜻을 알아야 합니다. 아브라함은 주님께 배운 것을 자신의 가족과 함께 나누었습니다. 그는 자신의 권위를 사용하여 '그 자식과 권속에게 명하여 여호와의 도를 지켜'(창 18:19) 행하도록 했습니다.

다섯째, 가정 예배의 관습과 절차에 유의하십시오. 항상 진지한 마음으로 참여하게 하고, 깨어서 하나님을 향하도록 하십시오.

이제 몇 가지 동기들을 제시하면서 가정 기도에 대한 권면을 끝맺겠습니다.

첫째, 가장은 그 지붕 아래 거하는 영혼들을 돌볼 책임을 위탁받았으며, 또한 그들의 문제에 대해 하나님께 아뢰어야 합니다. 그러므로 가장은 가족들과 함께, 가족들을 위해 기도해야 합니다. 그렇지 않으면, 영혼의 피를 흘린 무거운 죄를 짓게 될 것입니다. 가장은 식솔들을 위해 음식을 제공하며 제 가족을 돌보지 않아 이방인보다 훨씬 나쁘다는 소리를 듣고 싶어하지 않습니다. 오, 그렇다면 자신의 가족들이 저주에 이르는 길을 계속 가고 주님의 이름을 부르지 않는 것을 방치해 두는 것은 얼마나 무자비한 일입니까? 그들이 주님의 이름을 불렀더라면 구원을 얻었을 것입니다!

둘째, 가정은 교회와 국가의 모판입니다. 교회가 거룩하고 국가가 의롭기를 바란다면, 가족들을 잘 보살피고 그들의 신앙이 번성하도록 힘쓰십시오. 개혁은 진정 각 사람에게서 시작되어야 합니다. 한 사람이 자기 자신만 변화시킨다면 결국 모든 사람이 변화하게 됩니다. 개혁은 개인으로부터 시작해서 가정으로 전개되어야 합니다. 가정이 거룩한 누룩으로 변화된다면, 도시는 얼마나 거룩하게, 또 국가는 얼마나 복되게 변화되겠습니까!

셋째, 타락해 가는 이 시대는 슬프게도 가정 예배를 너무 소홀히 취급하고 있습니다. 추락한 도덕성, 흐트러진 원칙들, 볼썽사나운 행실들이 우리에게서 얼마나 많이 발견되는지요! 우리는 라오디게아 교인들만큼이나 미지근합니다. '살았다 하는 이름을 가졌으나 실상은 죽은 자와 같은'(계 3:1 참고) 사데 교회처럼 우리도 초췌합니다. 많은 가정이 이미 돌과 같이 죽어 있으며, 불경스럽게도 하나님과 기도의 의무를 망각하고 있습니다. 모든 가정들이 죽어가고 있습니다. 살아 있는 예배를 거의 찾아볼 수가 없습니다. 오, 지금은 깨어야 할 때입니다. 지금은 우리의 가정에서 마음을 다하고 성품을 다하고 힘을 다하여 주님을 예배하도록 힘써야 할 때입니다.

(3) 공적인 기도

기도는 공적으로 회중들이 모이는 곳에서도 행해져야 합니다. 구약시대에는 하나님의 성전이 '만민이 기도하는 집'(사 56:7)이라고 불렸습니다. 하나님의 백성들이 그곳에 모여 그분의 얼굴을 구했기 때문입니다. 공적인 기도는 중요한 의식이며, 올바로 수행될 때 큰 효력을 나타냅니다. 이러한 공적인 기도에 관한 몇 가지 규칙들이 있습니다.

첫째, 공적인 기도는 모든 사람이 이해하고 덕을 세우는 말로 행해져야 합니다(고전 14장 참고). 또한 명확하게 표현되어야 합니다. 거칠거나 불분명하거나 무의미하거나 무례한 말들을 삼가야 합니다.

둘째, 예배가 시작되기 전에 오십시오. 예배에 늦는 것은 하나님께나 진지한 사람들에게 무례를 범하는 것이며, 또한 자신의 영혼을 속이고 해를 입힙니다. 예배할 때에는 몸가짐을 경건히 하여 자신의 전인(全人), 즉 내면의 영혼과 외면의 몸 전체를 통해 하나님이 예배와 찬미를 받으시기를 기대해야 합니다.

셋째, 주의를 분산시키는 것들이 많고 마음이 안정되지 않아서 산만해지지 않도록 경계하십시오. 기억하십시오. 하나님의 질투하시는 눈이 당신을 바라보고 있습니다. 하나님은 속지 않으시며 업신여김을 받지도 않으십니다(갈 6:7 참고).

넷째, 공적인 기도와 관련하여 육적인 뜻을 품지 않도록 주의하십시오. 당신의 기도가 바리새인이나 서기관들의 기도처럼 되지 않도록 주의하십시오. 그리스도께서는 그들의 기도에 대해 "외식으로 길게 기도하니"(눅 20:47)라고 말씀합니다. 위선자들은 포획된 새와 같아서 하늘 높이 날아오를 수 없는데도 눈은 여전히 무언가 잡을 것이 있는지 아래를 향해 있습니다. 공적으로 모였을 때 겉으로는 경건해 보이지만, 자신의 일터에서는 불의를 행하거나 은밀한 곳에서는 무절제하고 부정해지지 않도록 주의하십시오. 그리고 공적으로 하나님께 기도할 때에도 진솔해야 합니다. 사람이 보는 것과 달리 외모로 판단하지 않으시는 분을 대하고 있다는 것을 명심하고서, 자신의 마음을 시험하고 다스리십시오.

또한 공적 기도를 통해 하나님을 시인하고, 그분을 영화롭게 해야 합니다. 하나님의 백성들은 공적 기도를 통해 그들이 예배하는 주님이 하늘에 계신 것과, 그들의 소망이 그분께로부터 온다는 것을 세상에 증언합니다. 진실로 우리가 그분께 속해 있고 그분을 섬기고 있음을 세상에 증언하는 것이 공적 예배를 드리는 이유 중 하나입니다.

주님께서는 자신의 백성들에게 다른 곳에서는 찾을 수 없는 것을 성소에서 허락해 주십니다. 다윗은 유다 광야에서 떠돌아다닐 때에도 놀라운 신앙을 보여 주었습니다. 그래서 하나님께서는 그런 그에게 은혜와 위로를 풍성하게 부어 주셨습니다. 그러나 그는 성소에서 드려지는 공적 예배에 참여할 수 없어서 만족할 수 없었습니다. 그는 이렇게 외칩니다.

"하나님이여, 주는 나의 하나님이시라. 내가 간절히 주를 찾되 물이 없어 마르고 황폐한 땅에서 내 영혼이 주를 갈망하며 내 육체가 주를 앙모하나이다. 내가 주의 권능과 영광을 보기 위하여 이와 같이 성소에서 주를 바라보았나이다"(시 63:1,2).

많은 성도들이 연합하여 드리는 기도는 더욱 강력하고도 효력이 있습니다. 큰 불이 더욱 큰 열기를 내고, 많은 물이 더욱 힘차게 흐릅니다. 이와 마찬가지로 많은 사람들이 마치 한 사람이 씨름하는 것처럼 연합하여 기도한다면, 그 기도가 얼마나 큰 효력을 나타내겠습니까! 아브라함은 홀로 기도하여 소돔을 구할 뻔했습니다. 그러나 만일 소돔에 의로운 사람들이 있어서 아브라함과 함께 기도했더라면 어떻게 되었을까요? 틀림없이 그 도시는 보존되었을 것입니다.

2) 생각으로 하는 기도(Mental Prayer)

소리 내어 하는 기도에 이어 생각으로 하는 기도에 대해 살펴봅시다. 생각으로 하는 기도는 말로 하지 않고 마음으로만 하는 기도입니다. 생각으로 하는 기도에는 두 가지 측면이 있습니다. 더욱 엄숙하다는 측면과, 더욱 갑작스럽고도 돌발적이라는 측면입니다.

더욱 엄숙하게 오로지 마음으로만 기도하는 것은 가능하고 정당한 방식입니다. 그리고 어떤 특별한 상황과 장소에서는 소리 내어 기도하는 것이 불편할 수도 있습니다. 물론 마음으로만 기도하면서도 생각이 산만하게 흐트러지지 않는다는 것이 어렵기 때문에 상황이 허락된다면 말로써 기도해야 합니다. 그러나 더욱 갑작스럽고도 돌발적으로 생각으로만 기도하는 경우도 있습니다. 영혼이 하나님을 향하여 짧은 소원과 요청을 올려 드리는 것입니다. 성경은 '모세가 하나님께 부르짖었다'고 말하지만, 그가 입 밖으로 낸 말에 대해서 우리는 읽을 수 없습니다(출 14:15 참고). 느헤미야도 아닥사스다 왕이 그에게 말할 때에 이런 식으로 기도했습니다.

"내가 곧 하늘의 하나님께 묵도하고"(느 2:4).

이처럼 속으로 짧게 내뱉듯 외치는 기도는 새로운 피조물의 호흡입니다. 이것은 우리가 육체의 욕망으로 떨어지는 것을 막고, 세상과 부정한 우상으로부터 우리를 흠 없이 지키는 데 도움이 됩니다. 이런 기도를 통해 우리의 마음은 하늘의 하나님과 더욱 가까워질 수 있습니다.

그렇다면 생각으로 하는 돌발적인 기도와 관련하여 지켜야 할 지침들을 살펴봅시다.

첫째, 마음의 소원을 자주 하나님께 아뢰십시오. 모든 진실한 소원은 하나님이 아시며, 하나님을 기쁘시게 하며, 이루어질 것입니다. 그러므로 강하고도 영적인 소원을 아뢰십시오.

둘째, 일상생활 속에서 마음으로 기도하십시오. 그것이 당신의 영성을 유지시켜 줄 것입니다. 그것이 당신이 하나님으로부터 멀어지지 않도록 지켜 주고, 당신의 마음이 불의한 탐욕에 사로잡히지 않도록 막아 줄 것입니다.

셋째, 이렇게 기도함으로써 모든 유혹들을 처음부터 저지하십시오.
"시험에 들지 않게 깨어 기도하라"(마 26:41).

오, 사탄의 공격을 느낄 때마다 모든 은혜를 베푸시는 하나님께 탄식하고 신음하십시오. 그리하여 악하고도 거짓된 마음이 유혹에 굴복하지 않고, '때를 따라 돕는 은혜를 얻도록' 하십시오(히 4:16 참고).

넷째, 이 기도를 모든 영적 직무의 시작과 끝으로 삼으십시오. 일을 시작하기 전에 숨 쉬듯 도우심을 구하고, 일을 마친 후에 숨 쉬듯 용납해 주시기를 구하십시오. 그러면 그리스도 예수를 통해 우리의 결점들이 덮이고, 모든 예배 의식을 통해 영적 유익을 얻을 수 있을 것입니다.

다섯째, 하루를 이 기도로 시작하고 이 기도로 마치십시오. 잠에서 깨자마자, 우리의 첫 생각을 빼앗으려고 노리는 것들이 너무나 많습니다. 우리의 영혼이 주님을 향하지 않는다면, 사탄과 죄와 세상이 금방 우리의 생각을 점령하고 말 것입니다. 그러므로 이렇게 기도하는 것이 바로 '평안히 눕고 자기도 하는'(시 4:8 참고) 방법입니다.

여섯째, 특히 안식일에 이러한 기도가 더욱 풍성해야 합니다. 안식일에는 자신의 일이나 오락에 착념하지 마십시오. 거룩한 소원을 계속해서 올려 드리십시오. 그렇게 한다면, 안식일은 진정 큰 복을 얻는 날이 될 것입니다.

일곱째, 생각으로 하는 기도에 찬양을 더하십시오. 당신이 주님께 복을 갈망하는 동안, 당신의 영혼과 당신 안에 있는 모든 것들로 주님의 인자하심을 인하여 주님을 찬송하십시오.

3. 적용

이렇게 해서 기도의 여러 부분들과 종류들을 살펴보았습니다. 많은 내용을 다루었지만, 많이 다룰수록 더 좋습니다. 왜냐하면 기도를 수행하는 데 더 많은 은혜를 기대하게 되기 때문입니다. 이제 두 마디의 짧은 말로 아주 간략하게 적용을 제시하면서 결론을 내리고자 합니다.

모든 기도로 기도하지도 않을 뿐더러, 전혀 기도하지 않고 이 의무를 전적으로 무시하면서 살아가는 자들은 얼마나 엄한 책망을 받아야 하며, 그 상태는 또 얼마나 침울할런지요!

그리스도의 제자들은 모든 기도로 기도해야 합니다. 하나님이 명령하신 모든 기도를 그분은 기꺼이 들으십니다. 모든 기도에서 그리스도의 이름으로 구해야 합니다. 오직 그분 때문에 우리의 기도가 용납된다는 것을 믿어야 합니다. 우리는 크고도 위대하며 값진 하나님의 약속들에 호소할 수 있습니다. 주께서 그분을 찾는 많은 방법들을 정해 주셨습니다. 이처럼 우리의 다양한 상황과 필요에 따라 그 방법들을 사용할 수 있다는 것은 얼마나 기쁜 일입니까!

3장
영으로 기도하라

"모든 기도와 간구를 하되 항상 성령 안에서 기도하고 이를 위하여 깨어 구하기를 항상 힘쓰며 여러 성도를 위하여 구하라"(엡 6:18).

올바른 기도란 성령 안에서 하는 기도입니다. 진실로 영이신 하나님께 드리는 우리의 모든 예배는 영과 진리로 행해져야 합니다. 그렇지 않으면 예배라 할 수 없습니다. 영이 없는 몸이 죽은 것처럼, 영이 없는 기도 역시 죽은 것입니다. 여기서는 이 문제와 관련하여, 영으로 기도한다는 것이 무엇인지, 왜 영으로 기도해야 하는지를 제시하겠습니다. 그리고 영으로 기도하는 것에 대한 의문점과 그 사례들에 답하고 나서, 마지막으로 적용을 제시하겠습니다.

1. 영으로 기도한다는 것은 무엇인가

영으로 기도한다는 것은 기도하는 사람의 영과 기도를 도우시는 하나님의 영 모두와 관련된 문제입니다.

1) 기도하는 사람의 영과 관련하여

기도하는 사람의 영과 관련된 문제라는 것은 다음과 같은 의미입니다.

첫째, 우리의 영으로 기도한다는 것은, '지각(understanding)'을 가지고 기도한다는 의미입니다.

"내가 영으로 기도하고 또 마음[1]으로 기도하며"(고전 14:15).

우리는 우리가 구사하는 말을 이해해야 할 뿐 아니라, 우리가 구하는 것의 가치를 이해해야 합니다. 또한 우리는 간구하는 자로서 자신의 궁핍을 알아야 하며, 기도를 받으시는 하나님의 충족성과 신실함에 대해서도 어느 정도 알아야 합니다. 아덴 사람들에게는 '알지 못하는 신에게'(행 17:23)라고 새긴 제단이 있었습니다. 그들은 '알지 못하는 그 신에게까지 예배했던' 것입니다. 당연히 그들의 예배는 우상숭배로 전락했습니다. 그러므로 우리는 주님과 우리 자신을 알아야 합니다. 그분의 약속과 우리 자신의 필요가 무엇인지를 알아야 합니다. 그렇지 못한 기도는 아무 가치도 없습니다.

둘째, 우리의 영으로 기도한다는 것은, 다른 것들을 분별하는 '판단력'을 가지고 기도한다는 뜻입니다. 아름다움과 추함이 서로 다른 것처럼, 죄와 거룩함은 전혀 다릅니다. 깨져서 물을 담을 수 없는 항아리와 생수가 솟아나는 샘물 사이에 차이가 있는 것처럼, 피조물과 창조주 사이에도 거대한 차이가 있습니다.

"너 하늘아, 이 일로 말미암아 놀랄지어다. 심히 떨지어다. 두려워할지어다. 여호와의 말씀이니라. 내 백성이 두 가지 악을 행하였나니 곧 그들이 생수의 근원되는 나

---

1) 역자주 – 헬라어 'nous'는 '마음, 이해력, 지각' 등으로 번역할 수 있습니다.

를 버린 것과 스스로 웅덩이를 판 것인데 그것은 그 물을 가두지 못할 터진 웅덩이들이니라"(렘 2:12,13).

천국과 지옥 사이에 차이가 있는 것처럼, 은혜의 상태와 진노의 상태 사이에도 엄청난 차이가 있습니다. 믿음의 분별력으로 그 차이를 인식할 때에 우리는 주의 자비를 진지하게 구할 것입니다. 그리하여 생수의 샘물을 더욱 맛보고 죄의 오염으로부터 정결하게 될 것입니다.

셋째, 우리의 영으로 기도한다는 것은, '마음의 의지와 의향'을 가지고 기도한다는 것입니다. 아브라함은 솔개가 제물 위에 내리려 할 때 그것을 쫓았습니다(창 15:11 참고). 마찬가지로 우리 역시 기도할 때에 마음속에서 솟아오르는 무례하고 악하고 성가신 생각들을 쫓아 버려야 합니다. 우리의 마음이 이리저리 흐트러질 때에도 '질투라 이름하는 질투의 하나님'(출 34:14)의 시선을 피할 수는 없습니다. 그러므로 바람을 다스리시는 주님께서 다루기 힘든 우리의 마음을 친히 붙드시도록, 우리 마음이 기도 가운데 그분 가까이 머물게 해 달라고 요청해야 합니다. 산만한 생각은 기도를 헛되게 만듭니다. 그러므로 우리가 그로 인해 관심을 기울이지도, 슬퍼하지도, 깨어 살피지도, 맞서 싸우지도 못할 때 더욱 그렇게 요청하십시오.

넷째, 우리의 영으로 기도한다는 것은, '영적 애정'을 가지고 기도한다는 것입니다. 애정은 영혼의 날개입니다. 영혼은 애정이 이끄는 곳으로 갑니다. 사도는 위에 있는 것을 추구하라고 권면하면서, '위의 것을 생각하라', 즉 '위의 것에 애착을 두라'고 덧붙입니다(골 3:1,2 참고). 우리의 애정이 위의 것에 있지 않다면 그것을 결코 진지하게 추구할 수 없다는 의미입니다. 악한 목적에 애착을 두는 사람은 죄에 자신의 힘을 쏟을 것이며, 결국 최악의 상태에 이르고 말 것입니다. 그러므로 죄를 싫어하고 멀리해야 합니다. 필연적으로 깊은 슬픔을 야기하는 죄를 가장 경계해야 합니다. 죄에 대항하여 마음이 크게 의분을 일으켜야 합니다.

선한 목적에 애착과 사랑과 욕망을 가지고 있는 사람은 물이 흘러가듯 하나님을 향해 나아가며, 복음이 빛을 비추고 은혜 언약이 약속하는 바들을 추구하게 됩니다. 우리의 애정이 더욱 강하고 영적일수록, 우리의 기도가 응답될 가능성이 더욱 큽니다. 역대하 15장 15절은 유다 백성에 관하여 이렇게 말씀합니다.

"무리가 마음을 다하여 맹세하고 뜻을 다하여 여호와를 찾았으므로 여호와께서도 그들을 만나 주시고 그들의 사방에 평안을 주셨더라."

2) 기도를 도우시는 하나님의 영과 관련하여

한편 영으로 하는 기도는 기도를 도우시는 하나님의 영과도 관련되어 있습니다. 사도 유다는 우리에게 '지극히 거룩한 믿음 위에 자신을 세우며 성령으로 기도하라'고 권면합니다(유 20절 참고). 또한 하나님의 사랑 안에서 우리 자신을 지키며, 영생에 이르도록 우리 주 예수 그리스도의 긍휼을 기다리라고 권면합니다. 그렇다면 기도에 나타나는 성령의 활동 또는 역사하심에 대해 구체적으로 살펴봅시다.

첫째, 하나님의 영은 성도들에게 무엇을 위해 기도해야 하는지를 가르쳐 주십니다. 성령은 성도들의 눈을 열어 주님의 말씀을 깨닫게 하시고 주님의 뜻이 무엇인지를 알게 하십니다. 사도 바울은 이렇게 말합니다.

"우리는 마땅히 기도할 바를 알지 못하나 오직 성령이 말할 수 없는 탄식으로 우리를 위하여 친히 간구하시느니라"(롬 8:26).

둘째, 성령은 기도의 장애물들을 제거하십니다. 그분은 본성적으로 죄를 사랑하려는 마음을 죄를 미워하는 마음으로 바꾸십니다. 그분은 세상과 짝하려는 마음을 꾸짖으십니다. 그분은 거듭나지 못한 영혼에 가득한 불신앙을 치유하시고, 육적인 마음에 가득한 하나님에 대한 거부감과 적개심을 제거하십니다.

"주의 영이 계신 곳에는 자유가 있느니라"(고후 3:17).

족쇄가 풀어지고 장애물들이 제거되며 영혼이 감옥에서 풀려나 자유를 얻습니다. 그리하여 기도의 의무를 수행할 뿐 아니라 그 일을 자유롭게 행할 수 있게 되는 것입니다.

셋째, 성령은 기도하도록 격려하십니다. 그분으로 말미암아 성도들은 지금이 은혜받을 때요 구원의 때인 것을 깨닫게 됩니다.

"내가 은혜 베풀 때에 너에게 듣고 구원의 날에 너를 도왔다 하셨으니 보라 지금은 은혜받을 만한 때요 보라 지금은 구원의 날이로다"(고후 6:2).

비록 우리가 그분을 더 일찍 찾아야 하기는 했으나, 지금도 그분을 찾기에 너무 늦은 것은 아닙니다. 그분을 진심으로 찾는 사람은 그분을 만날 것입니다. 그 일이 결코 헛되지 않을 것입니다.

"그러나 네가 거기서 네 하나님 여호와를 찾게 되리니 만일 마음을 다하고 뜻을 다하여 그를 찾으면 만나리라"(신 4:29).

넷째, 성령은 성도들 안에서 기도할 때에 요구되는 은혜들을 활동하게 하십니다. 특히 활동해야 할 네 가지 은혜는 겸손과 믿음과 사랑과 인내입니다.

주님은 특히 겸손에 주목하십니다. 반면 교만한 자를 멀리 내쫓으시고 거만한 자를 대적하신다고 경고합니다. 겸손한 심령은 기도 중에 하나님을 높고 거룩한 분으로 인식하며, 자신을 낮고 천하게 여깁니다. 아브라함은 겸손히 이렇게 말했습니다.

"나는 티끌이나 재와 같사오나 감히 주께 아뢰나이다"(창 18:27).

욥 역시 겸손히 이렇게 말했습니다.

"내가 주께 대하여 귀로 듣기만 하였사오나 이제는 눈으로 주를 뵈옵나이다. 그러므로 내가 스스로 거두어들이고 티끌과 재 가운데에서 회개하나이다"(욥 42:5,6).

선한 천사들 역시 조금도 잘못을 범하지 않았지만 겸손합니다. 스랍 천사들은 그들의 얼굴을 날개로 가리고 이렇게 외칩니다.

"거룩하다 거룩하다 거룩하다. 만군의 여호와여 그의 영광이 온 땅에 충만하도다"(사 6:3).

하물며 죄로 인해 스스로 보기에도 부정하고 추하며, 점과 흠이 많고, 그 의가 더러운 옷과 같은 우리는 얼마나 더욱 겸손해야 하겠습니까?

또한 기도할 때에 믿음이 작용해야 합니다. 우리가 하나님의 능력을 진지하게 믿는다면, 은혜의 보좌 앞으로 담대하게 나아갈 수 있습니다. 주님은 믿음의 조상 아브라함에게 이렇게 말씀하셨습니다.

"나는 전능한 하나님이라"(창 17:1).

하나님은 우리가 바라는 것보다 더 큰 일을 하실 수 있습니다. 어떤 일도 그분에게는 어렵지 않습니다. 다른 모든 도움들이 실패할 때에도 그분은 결코 실패하시지 않습니다. 그분의 팔, 오직 그분의 팔이 우리를 구원하십니다. 우리가 하나님의 능력에 안전하게 기댈 수 있는 것은 그분이 은혜로 충만하시기 때문입니다.

"하나님이 한두 번 하신 말씀을 내가 들었나니 권능은 하나님께 속하였다 하셨도다"(시 62:11).

다윗은 이렇게 간구하면서 용기를 얻었습니다.

"여호와여 주의 긍휼하심과 인자하심이 영원부터 있었사오니, 주여 이것들을 기억하옵소서"(시 25:6).

성경은 자비로우심이 하나님의 성품임을 보여 줍니다. 뿐만 아니라 그분이 자신의 언약을 통해 자비하심을 나타내기를 기뻐하신다는 것도 보여 줍니다. 그리스도가 이 언약의 중보자이시므로 이 언약은 확실한 것입니다. 사도가 히브리서에서 하는 말을 들어 보십시오.

"또 주께서 이르시되 그날 후에 내가 이스라엘 집과 맺을 언약은 이것이니 내 법을 그들의 생각에 두고 그들의 마음에 이것을 기록하리라. 나는 그들에게 하나님이 되고 그들은 내게 백성이 되리라. 또 각각 자기 나라 사람과 각각 자기 형제를 가르쳐 이르기를 주를 알라 하지 아니할 것은 그들이 작은 자로부터 큰 자까지 다 나를 앎이라. 내가 그들의 불의를 긍휼히 여기고 그들의 죄를 다시 기억하지 아니하리라 하셨느니라"(히 8:10-12).

또한 기도할 때에 사랑도 작용해야 합니다. 우리의 이웃을 사랑하고 우리에게 잘못한 사람들을 진심으로 용서해야 합니다. 수만 달란트를 빚진 우리가 이웃에게 빌려준 몇 데나리온에 집착해서야 되겠습니까?(마 18:21-35 참고) 또한 무엇보다도 주님을 향한 사랑이 기도를 통해 표현되어야 합니다. 그분의 자비와 그분과의 친밀한 교제를 열망해야 합니다. 사슴이 시냇물을 찾기에 갈급함같이 우리의 영혼이 살아 계신 하나님을 갈망해야 합니다(시 42:1 참고). 그리고 그분께서 자신을 나타내실 때 기뻐하고 즐거워하며 그분의 은혜를 칭송해야 합니다.

뿐만 아니라 기도에는 인내가 따라야 합니다. 기도할 때에 잠잠히 참고 기다리며 하나님의 지혜와 신실하심을 바라야 합니다. 하나님은 언제 우리에게 주셔야 하는지를 알고 계십니다. 그러므로 가장 좋은 때에 가장 알맞은 만큼 주실 것입니다. 이것을 이해하면 우리의 지나친 조급증을 치유하는 데 큰 도움이 됩니다. "내가 여호와를 기다리고 기다렸더니"(시 40:1)라고 고백한 다윗을 본받으십시오. 다윗은 기다렸기 때문에 아무것도 잃지 않았습니다. 그 다음 말씀을 읽어 보십시오.

"귀를 기울이사 나의 부르짖음을 들으셨도다"(시 40:1).

이처럼 성령께서는 신자들이 기도할 때에 이러한 은혜들이 활동하도록 도우십니다.

다섯째, 성령은 성도들을 유일한 변호자이신 그리스도께로 이끄십니다. 우리는 성령 안에서 아버지께로 나아갈 수 있게 되었습니다(엡 2:18 참고). 성령은 중보자이시요 하나님께로 가는 길이신 그리스도께로 우리를 인도하십니다. 성령은, 하나님께서 그리스도를 보내셨으며 그리스도를 통해 하늘의 보고를 여시고 모든 것을 아낌없이 주셨다는 것을 보여 주십니다. 또한 성도들이 예수님을 바라보도록 도우시고, 기도 중에 그분과의 관계를 어떻게 개선할 것인지를 가르쳐 주십니다.

성령은, 그리스도야말로 우리의 '뼈 중의 뼈요 살 중의 살'(창 2:23)이며 머리이자 남편이심을 알게 하십니다. 또한 우리를 치유하기 위해 그리스도께서 당하신 고난과, 쉬지 않고 계속되는 그리스도의 중보와, 하늘에서나 땅에서나 무엇이든 뜻한 바를 이루시는 그리스도의 힘과 권세를 어떻게 받아들이고 활용할 수 있는지를 가르쳐 주십니다. 그리고 평화의 왕이시요 생명과 영광의 주이시며 자기의 기뻐하시는 자들에게 평화와 생명과 영광을 주시는 그리스도를 보여 주십니다.

여섯째, 성령은 신자들이 신실한 목적으로 기도할 수 있도록 도우십니다. 그리하여 그들은 자신의 복지를 위할 뿐 아니라 하나님의 이름을 높이고 영광 돌리기를 원하게 됩니다. 그들이 용서와 은혜를 구하는 것은 자신에게 유익하기 때문이기도 하지만, 더 나아가 용서와 치유와 기도 응답을 통해서 주님의 은혜와 긍휼과 선하심이 널리 드러나기 때문이기도 합니다.

이렇게 해서 영으로 기도하는 것이 무엇인지를 살펴보았습니다. 이처럼 영으로 기도한다는 것은 단지 유창한 말이나 다양한 표현이나 많은 말에 달려 있지 않습니다.

2. 왜 영으로 기도해야 하는가

우리가 영으로 기도해야 하는 이유는 크게 '우리의 영(our spirits)'의 차원과 '하나님의 영(the Spirit of God)'의 차원에서 생각해 볼 수 있습니다.

1) 우리의 영으로 기도해야 하는 이유

왜 기도할 때에 우리의 영으로 기도해야 합니까? 하나님이 영이시기 때문입니다. 주님은 우리가 영으로 예배해야 하는 이유에 대해 이렇게 말씀하십니다.

"하나님은 영이시니 예배하는 자가 영과 진리로 예배할지니라"(요 4:24).

즉, 예배를 받으시는 하나님이 영이시기 때문에 영으로 예배해야 하는 것과 마찬가지입니다.

또한 주님은 그 무엇보다도 우리의 마음을 요구하십니다.

"내 아들아, 네 마음을 내게 주며"(잠 23:26).

진정 주님은 우리의 마음이 담긴 기도를 자세히 살피십니다. 당연한 말이지만, 우리는 영으로써 주님을 더 잘 섬길 수 있습니다. 그분을 찬양하고 경외하고 사랑하며 신뢰하는 것은 그분을 예배하는 중요한 방식입니다. 그리고 이 모든 것이 마음으로 행해져야 합니다. 우리의 영이 빠진 기도는 조롱에 불과합니다. 만일 우리가 입술로는 주님을 찬양하지만 우리의 마음이 그분에게서 멀다면, 주님은 이렇게 말씀하실 것입니다. "그들이 나를 헛되이 경배하니 그들을 죄 없다 하지 아니하리라"(막 7:7, 출 20:7 참고). 이처럼 기도에 마음이 담겨 있지 않은 사람은 주님의 원수로 정죄됩니다. 죄와 세상과 사탄이 그의 마음을 장악하고 있기 때문입니다.

2) 하나님의 영으로 기도해야 하는 이유

우리가 영으로 기도해야 하는 이유는, 하나님의 영의 도움으로 기도해야 하기 때문입니다. 우리에게는 성령의 도우심이 반드시 필요합니다. 그 이유들을 살펴봅시다.

첫째, 우리의 어둠 때문입니다. 우리 혼자서는 하나님도, 하나님의 뜻도 알 수 없습니다. 또한 우리 자신에게 진정 필요한 것이 무엇인지도 알 수 없고, 그 의미와 행복이 어디에 있는지도 알 수 없습니다.

둘째, 우리의 무감각 때문입니다. 우리는 죄에 대해서는 적극적이지만, 기도에 대해서는 소극적입니다. 죽은 것처럼 감각이 없는 사람은 혼자서 움직일 수 없기에 들것에 실려 옮겨져야 합니다. 우리는 본성적으로 아무 힘도, 생명도 없습니다. 성령께서 들어 올려 주시지 않는다면, 우리 스스로 우리의 영을 하나님께로 고양시킬 수 없는 것입니다.

셋째, 악한 자의 방해 때문입니다. 우리가 은혜의 보좌 앞으로 나아갈 때, 마귀는 대제사장 여호수아에게 그랬던 것처럼 우리의 오른쪽에 서서 우리를 대적합니다(슥 3:1 참고). 그럴 때 하나님의 영이 우리를 위해 마귀를 꾸짖지 않으시면, 우리가 능히 마귀에게 맞설 수 없습니다.

넷째, 성령의 도우심이 기도에 반드시 필요한 이유는 자연적인 본성으로 인하여 우리의 마음이 선한 것에 끌리지 않기 때문입니다. 즉, 우리의 마음이 본성적으로 선한 것을 거스르려 하기 때문입니다. 악을 미워하고 선을 사랑해야 하지만, 실상 우리는 선을 미워하고 악을 사랑합니다. 우리가 아무리 노력해도 우리 지체 속에 있는 한 다른 법이 우리 마음의 법과 싸워 결국 죄의 법으로 우리를 사로잡습니다(롬 7:23 참고). 만일 성령께서 강력하고도 은혜롭게 임재하시지 않는다면, 우리의 기도나 하나님이 요구하시는 영적인 의무는 전적으로 무능하게 될 뿐입니다.

3. 질문과 답변들

이제 영으로 기도하는 것에 대한 몇 가지 질문을 살펴보고 거기에 답하고자 합니다.

■ **질문 1. 모든 성도들이 기도의 영을 가지고 있습니까?**

모든 진실한 성도들은 기도의 영을 가지고 있습니다. 모든 성도들이 받은 은혜의 영이 또한 '간구하는 심령'(슥 12:10)입니다. 사도 바울은 분명히 말합니다.

"누구든지 그리스도의 영이 없으면 그리스도의 사람이 아니라"(롬 8:9).

■ **질문 2. 오직 성도들만이 기도의 영을 가지고 있습니까?**

기도의 영은 성도들에게만 주어집니다. 성령이 기도하도록 마음을 돕는다는 것은, 그들의 더러워진 마음을 깨끗이 씻어 주시며 하나님을 사모하도록 그 마음을 변화시킨다는 말입니다. 그래서 이렇게 고백하게 됩니다.

"하늘에서는 주 외에 누가 내게 있으리요. 땅에서는 주밖에 내가 사모할 이 없나이다"(시 73:25).

■ **질문 3. 기도의 영을 잃어버릴 수도 있습니까?**

우리의 부패한 행위가 커지거나 우리가 게으르고 부주의하게 유혹에 빠질 때 성령께서는 탄식하십니다. 그리고 탄식하시는 중에 우리의 영을 분발시키고 도우시는 능력을 거두어가실 수도 있습니다. 그러나 성령은 진실로 거듭난 사람들에게서 결코 완전히 떠나시지는 않습니다. 그분은 자신이 정결하게 하여 성전으로 삼은 자 안에 영원토록 거하십니다(요 14:16 참고). 다윗은 죄에 빠진 후에 이렇게 간구합니다.

"주의 구원의 즐거움을 내게 회복시켜 주시고"(시 51:12).

즉, 그가 구원의 즐거움을 잃어버린 것입니다. 그런데 그 앞 구절에서는 이렇게 기도합니다.

"주의 성령을 내게서 거두지 마소서"(시 51:11).

즉, 성령께서 그를 완전히 떠나지는 않으셨다는 것입니다. 비록 그렇게 될까 두려워하기는 했어도 말입니다.

■ **질문 4.** 아직 성령이 없는 사람도 기도의 재능이 뛰어날 수 있습니까?

물론 그럴 수도 있습니다. 그러한 기도의 재능은 '신앙고백자들(professors)'을 교만하게 만들 수도 있습니다. 그런 사람들은 장황한 표현의 기도로 얻는 평판을 얼마나 즐기는지 모릅니다! 이런 교만은 억제되지도 않고 혐오스럽게 여겨지지도 않습니다. 그들은 기도의 말을 빌려 육적이고도 세속적인 욕구를 채웁니다. 위선자들은 기도의 재능이 뛰어난 것을 드러내어 경건한 사람으로 인정받기를 바랍니다. 종교의 망토 아래 그들의 사악함을 감추고 있는 것입니다. 장황한 간구 속에서 그들은 자신의 유익과 명성을 추구할 뿐, 하나님을 향한 경외심은 놀라울 정도로 찾아볼 수 없습니다. 그러므로 분명히 타락한 마음속에도 기도의 재능이 있을 수 있습니다. 심지어 사도가 다른 은사보다 더 낫다고 말했던 예언의 은사조차 그럴 수 있습니다.

"그날에 많은 사람이 나더러 이르되 주여 주여 우리가 주의 이름으로 선지자 노릇하며 주의 이름으로 귀신을 쫓아내며 주의 이름으로 많은 권능을 행하지 아니하였나이까 하리니, 그때에 내가 그들에게 밝히 말하되 내가 너희를 도무지 알지 못하니 불법을 행하는 자들아 내게서 떠나가라 하리라"(마 7:22,23).

■ **질문 5. 기도의 영이 있는 사람이 말의 은사에는 매우 약할 수도 있습니까?**

그렇습니다. 기도의 영이 풍성했던 히스기야도 "나는 제비같이, 학같이 지저귀며 비둘기같이 슬피 울며"(사 38:14)라고 말했습니다. 주님은 말의 표현보다는 마음의 진실함을 보십니다. 마음이 진실하지만 너무 간절히 바라거나 혼란스러워 말로 잘 표현하지 못할 수도 있습니다. 그러므로 표현력이 부족하다고 실망할 필요가 없습니다. 혀로 표현되는 말은 짧고 어눌하더라도, 마음이 진실로 자비와 은혜의 가치를 인식하고 갈망한다면, 하나님이 그 모든 기도를 받으실 것입니다.

4. 적용

이제 적용을 살펴봅시다.

1) 영으로 기도하지 않는 자를 향한 책망

형식상 기도는 하지만 그 속에 마음과 영이 담겨 있지 않은 사람들에 대해 말합니다. 그들이 주님 앞에서 무릎을 꿇고 손을 뻗고 눈을 위로 향하며 꾸며낸 생각들을 입술로 수고하여 말할지라도, 정작 그들의 마음은 주님께 있지 않으며, 헛되고도 악한 행동으로 우상숭배를 일삼고 있습니다. 그런 위선자들의 기도는 실로 죽은 기도요 죽은 행실로 간주될 뿐입니다. 자기 자신을 살피지 않는 그들의 기도를 하나님께서 당연히 미워하고 벌하시지 않겠습니까?

기도할 때에 하나님의 영을, 그리고 그분의 도우심을 가볍게 여기는 자들은 비난받아 마땅합니다. 그들은 성령의 도우심을 쓸모없게 여기고, 추상적이고도 상상적인 것으로 취급합니다. 그런 자들은 하나님과 씨름하는 것이 무엇인지도 알지 못하고, 복을 받을 때까지 해산의 고통을 겪는 것처럼 탄식하고 통회하는 것이 무엇인지도 결코 알지 못합니다. 그러한 육신의 본성으로는 절대 영이 새로워지고 고양되는 데까지 이를 수 없습니다!

2) 영으로 기도하는 자로서의 표징

우리에게 기도의 영이 있는지 없는지를 어떻게 알 수 있을까요? 그것을 분별할 수 있는 표징들을 살펴봅시다.

첫째, 기도의 영이 있는 사람들은 성령으로 말미암아 죄를 자각합니다(요 16:8 참고). 성령은 죄를 드러내며, 그로 인해 그들의 마음을 아프게 하십니다. 그들이 전에 그토록 사랑했던 죄가 이제는 견딜 수 없는 짐이 됩니다. 그들이 전에는 죄를 감추었으나, 이제는 기도 중에 죄를 밝히 드러냅니다. 전에는 그들이 죄를 변명했으나, 이제는 죄를 비난하고 자신이 죄 때문에 지옥의 분노에 처해지더라도 합당하다고 판단합니다.

둘째, 기도의 영이 있는 사람들은 십자가에 달린 그리스도를 바라봅니다. "내가 다윗의 집과 예루살렘 주민에게 은총과 간구하는 심령을 부어 주리니 그들이 그 찌른 바 그를 바라보고 그를 위하여 애통하기를 독자를 위하여 애통하듯 하며 그를 위하여 통곡하기를 장자를 위하여 통곡하듯 하리로다"(슥 12:10).

그들의 죄 때문에 그리스도께서 고난당하셨으므로, 그들은 우는 눈으로, 의지하는 눈으로, 은혜와 평화와 생명을 고대하는 눈으로 그리스도 한 분만을 바라봅니다.

셋째, 기도의 영이 있는 사람들은 성령의 은혜와 열매를 열심히 구합니다. 그들 안에는 사도가 제시한 성령의 열매, 곧 '사랑과 희락과 화평과 오래 참음과 자비와 양선과 충성과 온유와 절제'(갈 5:22,23)가 가득합니다. 또한 그들은 육의 행실을 죽이기 위해 끊임없이 기도에 힘씁니다. 왜냐하면 로마서 8장 13절에서 말씀한 바를 진지하게 생각하기 때문입니다.

"너희가 육신대로 살면 반드시 죽을 것이로되 영으로써 몸의 행실을 죽이면 살리니."

넷째, 기도의 영이 있는 사람들은 아버지께 나아가듯이 하나님께로 나아갈 수 있습니다.

"너희가 아들이므로 하나님이 그 아들의 영을 우리 마음 가운데 보내사 아빠 아버지라 부르게 하셨느니라"(갈 4:6).

기도의 영이 있는 사람들에게는 의심이나 두려움이 전혀 없다는 말이 아닙니다. 시편 기자의 말을 주목해 보십시오.

"주께서 영원히 버리실까, 다시는 은혜를 베풀지 아니하실까, 그의 인자하심은 영원히 끝났는가, 그의 약속하심도 영구히 폐하였는가, 하나님이 그가 베푸실 은혜를 잊으셨는가, 노하심으로 그가 베푸실 긍휼을 그치셨는가 하였나이다(셀라)"(시 77:7-9).

그러나 결국, 그리고 진실로 머지않아 믿음이 불신을 이길 것입니다. 많은 하나님의 자녀들이 항상 그분을 '아빠'라고 부르지는 못합니다. 그러나 그럴 때에도 그들은 그분께로 나아가며, 그분에게서 멀리 떠나가지 않습니다. 그들에게는 하나님이 자신을 은혜롭게 대해 주실 것이라는 개인적인 신뢰감이 있으며, 그것으로 말미암아 용기를 얻어 계속 기도하게 되는 것입니다.

3) 기도의 영을 얻기 위한 지침들

기도의 영을 존중하고 높이 평가하십시오. 성령의 도움이 없이는 우리는 조금도 효력 있는 기도를 드릴 수 없습니다. 그분께서 우리의 기도를 강력하고도 설득력 있게 만들어 주십니다. 성령이 우리가 은혜의 보좌 앞으로 나아갈 때에 거룩한 즐거움을 일으키십니다. 그분이 기도 중에 우리의 마음을 넓히시고, 달콤함과 만족감을 맛보게 하십니다. 또한 그분이 우리를 이끌고 우리를 위해 간구하여 우리로 거절당하지 않게 하시며, 우리가 사랑스러운 자로 받아들여지고 응답을 들을 것이라는 격려를 주십니다.

당신이 기도의 영을 얻기를 원한다면 다음의 지침들을 따르십시오.

첫째, 연약한 기도의 재능에 안주하지 마십시오. 기도하는 혀만 가진 상태로 만족하지 마십시오. 당신의 마음이 그분께 바르지 않다면, 당신의 모든 간구들은 단지 입술로 조잘거리는 것이며 혀로 거짓을 말하는 것일 뿐입니다.

둘째, 당신에게 성령이 결핍되었음을 민감히 느끼십시오. 빛과 자유와 생명과 활기, 선한 동기와 거룩한 애정은 성령의 임재의 영향이자 결과입니다. 그분이 없다면, 당신은 바퀴가 빠진 채로 힘겹게 움직이는 바로의 병거들과 같아질 것입니다. 그분만이 당신의 영혼을 예후의 병거처럼 날쌔게 만드실 수 있습니다(왕하 9:20 참고).

셋째, 성령을 근심하게 만드는 모든 것과 결별하십시오. 그분 앞에 서는 것을 불편하게 만드는 그 어떤 정욕과 부적절한 감정도 마음에 품지 마십시오.

넷째, 자주 성령을 구하되, 특별히 은밀하게 구하십시오. 이는 당신이 진정으로 그분을 바란다는 하나의 표징입니다. 누가복음 11장 13절의 약속에 따라 호소하십시오.

"너희가 악할지라도 좋은 것을 자식에게 줄 줄 알거든 하물며 너희 하늘 아버지께서 구하는 자에게 성령을 주시지 않겠느냐."

그리스도께서는 하나님께서 약속하신 것을 죽음을 통해 이루셨으며, 또한 성령이 우리에게 임하기를 기도하셨습니다. 그러므로 큰 용기와 확신을 가지고 기도하십시오.

4장

깨어 기도하라

"모든 기도와 간구를 하되 항상 성령 안에서 기도하고 이를 위하여 깨어 구하기를 항상 힘쓰며 여러 성도를 위하여 구하라"(엡 6:18).

기도하는 데 '깨어 있음'은 필수 요소입니다. 그리스도는 친히 그리고 자주 깨어 있으리고 강조하셨습니다. 그리고 이 명령은 보편적으로 주어진 의무입니다.

"깨어 있으라. 내가 너희에게 하는 이 말은 모든 사람에게 하는 말이니라"(막 13:37).

그리스도께서는 영적인 혼수상태가 가장 흔하게 발생하는 질병임을 알고 계셨습니다. 그러므로 언제든지 기도의 거룩한 의무를 수행하면서 졸리고 부주의해질 때 우리는 본성상 게으른 우리의 심령을 깨워야 합니다. 드보라는 스스로에게 네 번씩이나 이렇게 말했습니다.

"깰지어다 깰지어다. 드보라여 깰지어다 깰지어다. 너는 노래할지어다"(삿 5:12).

우리는 기도할 때에 그런 식으로 반복하고 또 반복해서 우리의 영혼을 깨워야 합니다. 성경에서는 깨어 있음과 기도가 연결되어 나타납니다. 즉, 기도에는 깨어 있음이 요구되는 것입니다.

"기도를 계속하고 기도에 감사함으로 깨어 있으라"(골 4:2).

"만물의 마지막이 가까이 왔으니 그러므로 너희는 정신을 차리고 근신하여 기도하라"(벧전 4:7).

그러므로 이번 장에서는 깨어 기도하는 것과 관련하여, 기도할 때에 무엇에 대항하여 깨어 있어야 하는지, 무엇을 깨어 살펴야 하는지, 무엇을 위해 깨어 있어야 하는지, 어떻게 깨어 있어야 하는지, 왜 깨어 있어야 하는지를 살펴보고, 마지막으로 적용을 제시하고자 합니다.

1. 무엇에 대항하여 깨어 있어야 하는가

1) 우리 속에 내재하는 부패성에 대항하여 깨어 있으라

우리 지체 속에는 마음의 법과 싸우는 한 법이 있습니다. 그 법은 우리 속에서 하나님의 법에 반대되는 일을 하도록 명령합니다. 그런데 이 법은 "전혀 기도하지 말라"라고 하는 것이 아니라, "진지하고 열성적으로 기도하지 말라"라고 말합니다. 우리가 깨어 있지 않으면 이 법이 우리를 장악해서 죄의 법에 사로잡힌 포로가 되고 말 것입니다.

우리는 자신을 살펴야 합니다. 왜냐하면 우리가 선한 일을 행하려고 할 때조차 악이 함께 나타나기 때문입니다. 조심하지 않으면 그 악이 우리의 선을 삼켜 버릴 것입니다. 오, 우리 본성의 부패가 얼마나 깊은지요! 인간의 마음이란 얼마나 지독하게 악한지요! 거듭난 사람들에게도 죄의 흔적이 얼마나 크게 남아 있는지요! 여전히 육의 본성이 성령을 거스릅니다. 그러하기에 이 육의 본성을 면밀히 살펴서 그것이 약해지고 억제되어 우리의 섬김을 모두

망치지 못하게 해야 합니다.

2) 악한 자에 대항하여 깨어 있으라

사탄은 우리가 은혜의 보좌로 나아가는 것을 싫어합니다. 왜냐하면 신자들이 그곳에서 풍성한 은혜를 얻는 것을 사탄이 알고 느끼기 때문입니다. 바울은 "사탄의 사자 때문에 힘들어 주께 간구하였다"라고 말합니다(고후 12:7,8 참고). 그러나 그리스도의 능력이 사도에게 머물자 사탄은 힘을 발휘하지 못했습니다. 그리스도의 은혜로 능력이 주어지지 않았더라면, 사도는 극심한 고통을 이겨 내지도 못했을 것이고, 또한 받은 계시가 커서 자만해졌을 것입니다.

그러므로 마귀는 온 힘을 다하여 우리의 기도를 방해합니다. 우리가 기도를 통해 유익을 얻지 못하도록 마귀가 얼마나 많은 계략을 쓰는지 모릅니다. 때때로 마귀는 기도가 어렵다는 불만을 품게 합니다. 기도에 그렇게 많은 시간을 쓸 필요가 없다고 속삭이기도 합니다. 또 때로는 우리가 아무리 울면서 부르짖더라도 열매를 얻지 못할 것이라고 말합니다. 해야 할 다른 일이 있다고 제안하여 우리로 하여금 기도에 열성적으로 몰두하지 못하게 만들기도 합니다. 우리의 대적, 마귀가 얼마나 분주한지요! 그러하기에 우리는 마귀의 간계를 잘 알아 경계해야 하며, 부추기는 그의 말에도 아랑곳하지 않고 우리의 의무를 수행해야 합니다.

3) 이 세상의 염려에 대항하여 깨어 있으라

주님은 '무엇을 먹을까, 무엇을 마실까, 무엇을 입을까' 하는 문제를 지나치게 염려하는 것에 대해 경계하셨습니다. 그것이 우리로 하여금 하나님 나라와 그의 의를 추구하지 못하게 만들기 때문입니다(마 6:32,33 참고). 세상의 근심은 우리에게서 기도할 시간을 빼앗고, 우리의 마음을 기도의 의무에서 멀어지게 합니다. 심지어 주님을 경배하는 동안에도 세상의 계획이 우리의 생각 속에 크게 자리잡고, 세속의 업무와 일거리들이 우리의 마음을 사로잡습니다. 그러므로 바울의 말에 귀를 기울이는 것이 지혜롭습니다.

"아무것도 염려하지 말고 다만 모든 일에 기도와 간구로, 너희 구할 것을 감사함으로 하나님께 아뢰라"(빌 4:6).

염려가 기도의 장애물이라면, 기도는 염려의 해독제입니다.

4) 삶의 쾌락에 대항하여 깨어 있으라

쾌락은 육체의 감각을 즐겁게 하고 마음을 미혹합니다. 여기에 유혹당해 빠지게 되면 기도는 성가시고도 유쾌하지 않은 일이 되고 맙니다. 당연히 우리는 좋아하지 않는 일에 소홀해지기 마련입니다. 그러나 참 과부로서 항상 기도하고 간구하는 사람은 향락을 좋아하지 않습니다(딤전 5:5,6 참고). 그러므로 잠시 한때를 위한 것일 뿐, 그 후에는 영원한 고통이 뒤따르는 쾌락들을 경계하십시오.

우리는 복음서에서 고운 옷을 입고 날마다 호화롭게 먹고 즐겼던 한 부자에 대해 읽습니다. 그가 잔치를 즐겼다고 기록되어 있을 뿐 기도했다는 내용은 찾아볼 수 없습니다. 결국 그는 음부의 고통에 처하게 되었습니다(눅 16:19, 23,24 참고). 쾌락이 기도를 방해하였던 것입니다. 후에 고통이 그로 하여금 기도할 수밖에 없도록 만들었지만, 그때는 이미 너무 늦었습니다. 그러므로 감각적인 즐거움들이 유혹할 때에 그것들을 물리치십시오. 그러면 주님 안에서, 그리고 기도를 통해 그보다 훨씬 참되고도 지속적인 기쁨을 발견하게 될 것입니다.

5) 속이는 재물들에 대항하여 깨어 있으라

그리스도께서는 우리가 하나님과 맘몬을 동시에 섬길 수 없다고 말씀하십니다. 바울이 단언했듯이 '돈을 사랑함이 일만 악의 뿌리'(딤전 6:10)가 된다면, 그것은 기도의 의무를 이행하는 데도 방해거리인 것이 틀림없습니다. 모세는 애굽의 보화를 거절하고 '그리스도를 위하여 받는 수모를 애굽의 모든 보화보다 더 큰 재물로'(히 11:26) 여겼습니다.

만일 누구든지 세상 재물에 속아 열심히 그것을 따른다면, 그것이 필연코 그들로 하여금 보이지 않는 하나님을 찾지 못하게 방해하여 그분을 성실히 찾을 수 없게 만들 것입니다. 그토록 많은 기도가 뜸하고도 냉랭하게 드려지는 가장 큰 이유가, 다름 아닌 '세속에의 몰두(worldly-mindedness)'인 것입니다. 그들의 마음이 온통 세상의 부에 몰두하기 때문에, 하나님을 향해 부요해지려는 욕망이 그만큼 작아지는 것입니다.

루터는 많이 기도하고 왕성하게 기도하는 사람이었습니다. 그는 하루에 세 시간씩 계속 기도했습니다. 또한 그는 재물을 경멸한 것으로도 유명합니다. 어떤 사람이 이렇게 말했습니다. "왜 그들은 루터에게 고위직을 제안함으로써 교황을 비난하는 그 입을 막지 못하는가?" 그러자 누군가 이렇게 대답했습니다. "그 독일 짐승 놈(그는 '그 독일 성자'라고 말했어야 합니다)은, 재물에는 도무지 관심이 없거든."

6) 죄, 특히 우리를 쉽게 얽매는 죄에 대항하여 깨어 있으라

우리 조직의 죄, 우리 직업상의 죄, 본성적으로 우리가 가장 큰 애정을 기울이는 죄는, 하나님께 대한 반역의 우두머리요 우리의 주요한 원수입니다. 깨어서 경계하지 않으면 이 죄가 우리를 이길 것이며, 일단 그 죄가 우리를 이기고 나면 기도에 무감각해지고 기도하기를 꺼리게 됩니다. 물론 우리가 하나님과 자유롭게 대화하기를 원한다면, 우리를 쉽게 얽매는 죄뿐 아니라 다른 모든 무거운 것들도 벗어 버려야 합니다. 우리가 허용한 모든 부정과 불법이 우리 영혼을 더럽히고, 주님과 우리 사이를 갈라놓으며, 우리가 그분과 교통하지 못하게 만듭니다. 그러므로 우리는 모든 죄에 대하여 깨어서 경계해야 합니다.

2. 무엇을 깨어 살펴야 하는가

1) 우리의 생각들을 깨어 살피라

한 현인은 "생각은 자유롭다(thoughts are free)"라고 말했습니다. 하나님은 우리의 생각을 살피십니다. 그러므로 악인은 그 길만이 아니라 그 생각까지도 주님께로 돌이켜야 합니다.

"악인은 그의 길을, 불의한 자는 그의 생각을 버리고 여호와께로 돌아오라"(사 55:7).

만일 생각을 깨어 살피지 않으면, 생각의 수만큼 죄를 범할 것이며, 그 죄의 크기는 무한히 증대될 것입니다. 생각은 재빨리 지나갑니다. 그리고 본성적으로 생각은 매우 헛되고 무례하며 혼란스럽고 악합니다. 만일 아무런 감시도 없거나 감시하는 눈이 깨어 있지 않다면, 하나님께 기도하는 동안에도 생각은 줄곧 다른 곳으로 도망치려 할 것입니다. 바른 기도에는 힘든 수고가 있어야 합니다. 그 수고의 상당 부분은 생각을 하나님께로 고정시키는 일입니다. 곧 우리의 헛된 상상을 통제하고, 불시에 그러한 상상이 침투해 온 것을 알아채자마자 쫓아 버려야 합니다.

2) 우리의 지각 기능을 깨어 살피라

사도 바울은 하나님을 아는 지식에 대적하여 높아진 생각들이 있다고 말하며, 그 모든 생각을 사로잡아 그리스도께 복종시켜야 한다고 권면합니다(고후 10:5 참고). 우리가 독단적으로 이런저런 것들을 추론하여 결정해서는 안 되며, 주님의 지혜를 의탁하고, 자기 백성을 위하여 모든 일을 지혜롭게 행하시는 그분의 뜻에 따라야 합니다. 어떤 일시적인 은혜들이 가장 유익한 것인지를 판단할 때에도 우리 자신의 지각을 의지해서는 안 되는 것처럼, 하나님의 어떤 속성이나 약속들이나 그분이 계시하신 뜻에 대해서 무례하고도 주제 넘게 판단하려 해서는 안 됩니다.

주님께서는 자기 백성들을 향해서는 은혜로우시며 원수들에 대해서는 무서우신 분임을 스스로 선언하셨습니다. 우리는 이것을 믿고 계속 기도해야 합니다. 비록 원수들의 기세가 등등하고 하나님의 교회가 심하게 핍박당하며 그분의 약속이 이루어질 기미가 보이지 않는다 하더라도, 여전히 우리는 기도하며 약속이 성취되기를 기다려야 합니다. 궁극적으로 우리는 그분의 뜻의 어떤 부분에 대해서도 반박해서는 안 됩니다. 오히려 그분의 계명이 엄하다고 느껴질 때에도 그것을 인정하고 지킬 수 있는 은혜를 구해야 합니다.

3) 우리의 마음을 깨어 살피라

"모든 지킬 만한 것 중에 더욱 네 마음을 지키라"(잠 4:23).

마음을 살피고 감시해서 우리의 뜻과 하나님의 뜻 사이에 삐걱거림이 없도록 해야 합니다. 그분의 뜻은 거룩하고도 옳으며 선합니다. 그러므로 우리의 뜻은 그분의 뜻과 항상 일치해야 합니다. 메아리가 소리를 반복하여 대답하듯이, 우리의 의지 또한 하나님의 뜻과 동일하게 대답해야 합니다. 하나님의 마음에 합했던 다윗을 보십시오. 주께서 말씀하십니다.

"너희는 내 얼굴을 찾으라"(시 27:8).

다윗의 마음이 메아리로 소리칩니다.

"내가 주의 얼굴을 찾으리이다"(시 27:8).

시편 119편 4,5절 역시 그러합니다. 주님은 하나님의 계명을 성실히 지키라고 명령하십니다. 그에 대해 다윗은 이렇게 대답합니다.

"내 길을 굳게 정하사 주의 율례를 지키게 하소서!"(시 119:5)

이처럼 우리는 기도할 때에 우리의 마음을 살펴야 합니다. 마음으로 주께서 혐오하시는 것을 미워하고, 복음 안에서 주신 그분의 모든 약속들을 붙들어야 합니다.

4) 우리의 양심을 깨어 살피라

기도할 때에 우리는 양심을 깨어 살펴서 신실하게 자기 직무를 수행하게끔 해야 합니다. 양심은 모든 비행을 주시하고 비난하며, 더 영적으로 기도하도록 명하고, 기도를 빠뜨리거나 소홀히 할 때 쉬지 않고 소리치는 역할을 합니다. 부드러운 양심은 그 어떤 보화와도 비교할 수 없는 복입니다. 그런 양심은 하나님께 최선의 것을 드리라고 말합니다. 그러한 양심은 하나님이 승인하고 칭찬하실 때까지 만족하지 않습니다. 주님과 주께서 임명한 사관인 양심이 모두 기뻐할 때에 기도에는 참으로 놀라운 하늘의 복이 뒤따릅니다! 그러나 우리의 양심을 살피지 않아 잠들고 무감각한 상태가 되게 한다면, 기도할 때에도 천 가지 잘못들이 간과될 것이며, 나아가 아예 기도하지 않아도 책망할 이가 없어질 것입니다.

5) 우리의 애정을 깨어 살피라

기도에 더 많은 애정이 깃들수록, 기도를 통해 하나님이 더 기뻐하시고 기도하는 그 사람도 더욱 기쁘게 됩니다. 주님께는 우리의 애정을 이끌어 낼 만한 요소가 충분합니다. 그분의 선하심이 얼마나 큰지요! 그분의 구원의 손이 얼마나 능하고 강하신지요! 그분의 은혜가 측량할 수 없을 정도로 얼마나 부요한지요!

"주 외에는 자기를 앙망하는 자를 위하여 이런 일을 행한 신을 옛부터 들은 자도 없고 귀로 들은 자도 없고 눈으로 본 자도 없었나이다"(사 64:4).

이 모든 사실로도 우리의 애정이 일어나지 않는다면 변명의 여지가 없습니다. 우리의 애정이 옛 애인들을 향하여 기울어지기 시작할 때 더욱더 엄격하게 살피고 감시해야 합니다. 옛 애인들이 정죄받은 헛된 것임을 기억하고, 우리의 영혼이 상한 심령으로 하나님을 찾아야 합니다.

6) 우리의 겉사람을 깨어 살피라

우리의 혀와 감각들을 살펴야 합니다. 우리의 혀가 경건하게 말해야 합니다. 왜냐하면 하나님은 하늘에 계시고 우리는 땅에 있기 때문입니다(전 5:2 참고). 하나님의 말씀에 근거하여 그분 앞에서 아뢰어야 합니다. 또한 우리의 감각 역시 살펴야 합니다. 그렇지 않으면 귀나 눈의 감각을 통해 기도를 방해하는 요소들이 들어와 열렬하고도 효과적인 기도를 하지 못하게 만들기 때문입니다.

3. 무엇에 대해 깨어 있어야 하는가

1) 기도의 때에 대해 깨어 있으라

다른 어느 때보다도 하나님을 더 가까이 찾고 만날 만한 때가 있습니다. 선지자의 말을 들어 보십시오.

"너희는 여호와를 만날 만한 때에 찾으라. 가까이 계실 때에 그를 부르라"(사 55:6).

은혜의 때를 신중히 살펴야 하며, 그때를 최선으로 활용해야 합니다. 하나님께서 야곱을 가까이하여 그와 씨름하여 주실 때, 그것은 특별한 때였습니다. 야곱은 그것을 감지했고, 거룩한 힘으로 날이 새도록 오래 씨름하였습니다. 야곱은 천사를 꼭 붙들고는 축복해 줄 때까지 놓아주려 하지 않았습니다(창 32:26 참고). 하나님께서 모세에게 '사람이 자기의 친구와 이야기함같이'(출 33:11) 얼굴과 얼굴을 대면하여 말씀하실 때 역시 특별한 기회였습니다. 모세는 이 기회를 활용하여 그분 앞에서 이스라엘 백성들을 위해 간청했습니다. 그리고 요청이 받아들여지자 다음의 청을 더하였습니다.

"원하건대 주의 영광을 내게 보이소서"(출 33:18).

이에 하나님은 자기의 모든 선하심을 모세 앞으로 지나가게 하시고 이렇게 선포하셨습니다.

"여호와라 여호와라. 자비롭고 은혜롭고 노하기를 더디하고 인자와 진실이 많은 하나님이라. 인자를 천 대까지 베풀며 악과 과실과 죄를 용서하리라. 그러나 벌을 면제하지는 아니하고 아버지의 악행을 자손 삼사 대까지 보응하리라"(출 34:6,7).

2) 양심의 훈계에 대해 깨어 있으라

"너는 아직 은밀한 중에 기도하지 않았어"라고 양심이 말할 때, 은밀한 중에 보시는 그분 앞에 나아가 마음을 쏟아 놓으십시오(마 6:4 참고). "너는 아직 가정에서 기도하지 않았어"라고 양심이 말할 때, 가족들을 모두 불러 모아 주님께서 모두에게 은혜를 주시도록 다같이 기도하십시오. 양심의 소리를 결코 무시하지 말고 그 훈계를 받아들이십시오.

주님이 양심에 부여한 권위가 크고, 양심이 하는 일의 범위도 넓습니다. 양심은 목격자이자 심판관이며 감독자입니다. 목격자로서, 양심은 우리가 행하는 선한 일과 악한 일을 지켜보며, 우리가 기도의 의무를 수행할 때에도 조용히 지켜봅니다. 심판관으로서, 양심은 우리가 착하고 충성된 종인지 아니면 악하고 게으른 종인지를 판단하여 무죄방면하기도 하고 정죄하기도 합니다. 감독자로서, 양심은 우리의 의무를 미리 알려 줍니다. 우리는 감독자인 양심이 반대하며 외치는 일을 피하여 양심의 비난과 질책을 받지 말아야 하며, 기도를 비롯하여 양심이 우리에게 부과하는 의무들을 소홀히 여기지 말아야 합니다.

3) 성령의 활동에 대해 깨어 있으라

성령께서 이 의무에 대해 일하실 때, 그것을 존중하고 따라야 합니다. 그때 우리는 기도하게 하시는 성령께서 우리의 기도를 도우시리라고 확신할 수 있습니다. 성령이 교회에 임하셔서 교회의 유익을 위해 말씀하고 힘쓰신다는 사실은 놀라운 특권입니다. 귀 있는 자는 누구나 성령이 하시는 말씀을 들어야 합니다(계 3장 참고).

성령이 "이것은 바른 길이 아니다" 혹은 "하나님이 싫어하시는 이 가증한 일을 하지 말라"라고 말씀하실 때에는 그것을 피해야 합니다. 우리는 절대 악에 동의해서는 안 됩니다. 성령이 우리의 의무에 대해 "이것이 바른 길이니 너희는 이리로 가라"(사 30:21)라고 말씀하시면 우리는 무슨 일이 있더라도 거기에 복종하여 선을 행해야 합니다. 만일 주께서 성령으로 "내 얼굴을 구하라"라고 말씀하시면 큰 노력과 열심을 가지고 이렇게 응답해야 합니다. "주여, 제가 주님의 얼굴을 구하겠나이다." 그러면 주님은 그 얼굴을 우리에게 숨기지 않으시며, 진노 중에라도 그 종들을 쫓아내지 않으실 것입니다.

기도와 관련된 성령의 활동은 통상적인 것과 특별한 것으로 나눌 수 있습니다. 기도에 대해 성령께서 통상적으로 활동하시는 경우가 있습니다. 우리가 일반적으로 모든 종류의 기도를 수행하는 것이 성령의 마음이요 뜻입니다. 무감각과 내키지 않는 감정이 그리 크지는 않더라도, 일반적으로 우리의 마음은 은혜의 보좌에서 멀어지려고 합니다. 그러나 우리의 경험상, 기도를 시작할 때는 영적 무감각의 상태가 극복될 수 없을 것처럼 보여도 어느 순간 그것이 사라지고 기도에 몰입하게 되며, 평소보다 훨씬 더 깊이 기도하기도 합니다.

이스라엘 백성들이 홍해에 도착해 앞으로 나아가라는 명령을 받았을 때 이렇게 대답했을 수도 있습니다. "뭐라고요? 이 물속으로 걸어 들어가 빠져 죽으란 말입니까?" 그러나 그들이 앞으로 나아가자 그들 앞에서 물이 갈라져 마른땅이 되었습니다(출 14장 참고). 그처럼 우리가 기도를 막 시작하려고 할 때에 마음이 냉담하고 내키지 않을 때가 얼마나 많습니까? 그러나 우리는 앞으로 나아가야 합니다. 우리의 의무에 돌입해야 합니다. 그러면 우리 앞에서 바다가 마를 것이며, 방해물들이 제거될 것입니다.

기도와 관련하여 성령께서 더욱 특별하게 활동하실 때도 있습니다. 특별한 섭리 가운데 이끌어 주시거나 위로하시거나, 진리의 말씀을 평소보다 더 특별히 귀 기울여 듣게 하시거나, 혹은 특별히 현시하셔서 격려와 평강을 주시기도 합니다. 이런 일과 관련하여 성령께서는 기도에 대해 통상적으로 활동할 때보다 더 많이 활동하십니다. 마치 다리미가 뜨겁게 달궈져야 더 많이 다릴 수 있는 것과 같습니다. 성령의 특별한 활동은 다윗을 한밤중에 침상에서 일어나게 했습니다.

"내가 주의 의로운 규례들로 말미암아 밤중에 일어나 주께 감사하리이다"(시 119:62).

또한 사도행전 16장 25절에서도 그와 같은 내용을 볼 수 있습니다.

"한밤중에 바울과 실라가 기도하고 하나님을 찬송하매 죄수들이 듣더라."

여기서 우리는 하나님의 영이 특별하게 활동하여 그들로 하여금 기도하게 하셨음을 주목해야 합니다. 그분은 그들의 마음을 부드럽고도 강하게 움직이셔서 그들로 하여금 그분의 움직임을 따르게 하셨습니다. 마음을 격려하고 분발시켜 기도하도록 설득하신 것입니다.

4) 모든 방식의 격려에 대해 깨어 있으라

진정 주님께서는 우리가 위로와 용기를 얻고자 나아갈 때 주시기를 마다하지 않습니다. 주님은 다양한 방식으로 기도하도록 격려하십니다.

첫째, 우리로 하여금 은혜의 보좌로 나아갈 수 있는 특권을 깨닫게 하심으로써 우리를 격려하십니다. 그분으로 인하여 우리는 그분의 임재 속에서 만족하고 즐거워합니다. 그리고 우리의 마음은 이렇게 외칩니다. "오, 여기에 있는 것이 얼마나 좋은지요!" 여기가 바로 시은좌이며, 진실로 하늘의 문입니다. 다윗은 "하나님께 가까이함이 내게 복이라"(시 73:28)라고 고백했습니다.

둘째, 주님은 죄에 대해 우리의 마음이 녹게 하심으로써 기도를 격려하십니다. 주님은 사랑의 광선을 비추셔서 우리의 얼어붙은 마음을 녹이십니다. 자비로우신 아버지에 대하여 무뚝뚝하고 부적절했던 마음을 경건한 슬픔을 자아내는 마음으로 바꾸십니다. 그리하여 그러한 죄로부터 멀어지게 하시는 것입니다.

셋째, 주님은 그분을 향한 우리의 열망을 키우심으로써, 그리고 우리의 영혼이 그분께 매혹되어 그분의 선하심을 맛보아 알 때까지 만족하지 못하게 하심으로써, 우리의 기도를 격려하십니다.

넷째, 주님이 우리의 기도를 경청하신다는 것을 알려 주심으로써 우리의 기도를 격려하십니다. 하나님은 다니엘이 기도할 때에 천사를 통해 이렇게 말씀하셨습니다.

"너는 크게 은총을 입은 자라"(단 9:23).

그리스도께서는 가나안 여인에게 이렇게 대답하십니다.

"여자여 네 믿음이 크도다. 네 소원대로 되리라"(마 15:28).

용서와 속죄와 은혜를 진지하게 구한 후에 우리의 심령에 평화와 고요함이 찾아왔다면, 우리가 하나님의 뜻을 따라 우리의 간청이 받아들여졌다는 징표를 받은 것입니다. 이것은 기도하는 데 커다란 격려가 됩니다. 그러므로 우리는 그러한 격려를 발견하기 위해 깨어서 살펴야 하며, 그것을 감사함으로 굳게 붙들어야 합니다.

5) 기도 응답에 대해 깨어 있으라

시편 기자는 기도한 후에 하나님께서 어떻게 말씀하시는지, 곧 어떻게 응답하시는지 들으리라고 결심했습니다.

"내가 하나님 여호와께서 하실 말씀을 들으리니"(시 85:8).

마찬가지로 교회는 주님이 결국 응답하실 것임을 믿고서 그분을 기다리리라 결심해야 합니다.

"오직 나는 여호와를 우러러보며 나를 구원하시는 하나님을 바라보나니 나의 하나님이 나에게 귀를 기울이시리로다"(미 7:7).

기도 응답에 대해 깨어 있지 않는 것은, 자신이 무엇을 행할 것인지에 대해서 혹은 기도 중에 자신이 대면한 분에 대해서 신중하게 생각하지 않는 것입니다. 기도할 때에는 하나님의 이름을 부르면서, 후에는 그것을 헛되게 여기겠습니까? 기도할 때에는 하나님의 계명을 의식하면서, 후에는 그것을 헛된 것으로 여기겠습니까? 하나님의 손이 짧아졌다고 생각합니까? 그분의 귀가 어두워졌다고 생각합니까? 그분의 긍휼이 다하였다고 생각합니까?

기도한 후에 살피지 않는 것은 당신이 생각하는 것 이상으로 하나님의 이름을 욕되게 합니다. 그분이 당신에게 말씀하시고 당신을 위해 행하시는 일을 허사로 만들어 버리기 때문입니다. 그것은 그분을 노하게 하여 당신을 향해 침묵하시도록 만들고 그 손을 거두시도록 만듭니다. 그러므로 파수꾼처럼 성루에 서서 하나님께서 어떻게 대답하시는지를 살피며 기다리십시오(합 2:1 참고).

그렇다면 기도가 "예" 혹은 "아니오"라고 응답되었는지를 어떻게 알 수 있을까요? 그리고 우리가 요청한 복들이 기도의 응답으로 주어진 것이라고 어떻게 알 수 있을까요?

저는 복에는 두 종류가 있다고 생각합니다. 성도들에게만 주어지는 고유한 복이 있고, 경건하지 않은 자들에게도 주어지는 공통적인 복이 있습니다. 성도들에게만 주어지는 고유한 복에는 하나님의 사랑에 대한 감각, 죄에 맞설 수 있는 힘, 의와 참된 거룩함, 양심의 평화, 지치지 않고 하나님이 명하신 길을 달려가게 하는 능력 등이 있습니다. 이러한 복들을 귀하게 여기고 진지하게 열망하여 기도한 후에 받게 된다면, 그것은 분명히 기도의 열매입니다. 다윗은 이렇게 말합니다.

"내가 간구하는 날에 주께서 응답하시고 내 영혼에 힘을 주어 나를 강하게 하셨나이다"(시 138:3).

그는 은혜와 영적 힘을 달라고 기도했으며, 그것을 받았습니다. 그의 기도가 응답된 것입니다. 그러한 복들을 간절히 요청할 수 있는 자들은 오직 하나님의 자녀들뿐입니다. 그리고 주께서 손을 펴서 그들이 요청한 복들을 내려 주시는 것을 통해 그분의 귀가 하나님의 자녀들의 기도 소리에 열려 있음을 알 수 있습니다.

한편 경건하지 않은 자들에게도 공통적으로 주어지는 복에는 건강, 음식, 의복, 관계, 번영, 환난의 면제 등이 있습니다. 이러한 것들이 주어질 때 그것들이 기도의 응답으로 주어지고 지속되는 것인지를 분별하기는 매우 어렵습니다. 그러나 구체적으로 다음과 같은 점들에 대해서는 알 수 있습니다.

첫째, 하나님을 위해서, 즉 그분을 섬기고 높이기 위해 하나님께 일시적인 복들을 구한 후에 그것들이 주어졌다면, 그것은 기도의 열매입니다. 여호수아는 가나안 족속들과의 싸움에서 승리하기를 구했습니다. 그의 눈은 하나님의 크신 이름을 향하고 있었으며, 이스라엘이 패배하는 것이 하나님의 이름에 불명예가 된다는 것을 알았습니다(수 7:9 참고). 마찬가지로 우리가 선한 일을 하기 위해서 혹은 주님의 이름을 높이기 위해서 얼마의 물질을 바랄 때, 하나님의 뜻을 따라 더 잘 섬기고 더 유용하게 쓰임받기 위해서 건강과 힘을 바랄 때에 우리가 바라고 요청했던 그것들이 주어졌다면, 우리는 그것을 기도의 응답으로 확신할 수 있습니다.

둘째, 일시적인 복들 자체를 제일의 목적으로 삼지 않고 겸손히 그런 것들을 구하고 나서 그것들을 받았다면, 그것은 기도의 열매입니다. 예를 들어, 빵과 고기를 위해 기도하되 주께서 합당히 여기시는 정도만큼만 구하고 더 높은 것을 더 배고파하고 목말라할 때, 즉 영원한 생명을 주는 떡과 영원히 목마르지 않게 하는 생수를 바랄 때 주어지는 일시적인 복들은 기도의 열매입니다.

셋째, 일시적인 복들이 우리의 마음을 하나님께로 더욱 가까이 이끄는 줄이 되고 더욱 순종하게 하는 도구가 된다면, 그것은 기도의 열매입니다. 다윗은 사망의 줄이 그를 두르고 있을 때나 환난과 슬픔을 만났을 때에 주님의 이름을 부르며 구원을 요청하여 건짐을 받았습니다(시 116:3,4 참고). 그것이 그에게 어떤 영향을 미쳤습니까? 그의 믿음이 더욱 강해졌고, 하나님의 은혜를 칭송하면서 이렇게 외쳤습니다.

"나는 진실로 주의 종이요 주의 여종의 아들 곧 주의 종이라"(시 116:16).

그리고 이렇게 결심하였습니다.

"내가 생명이 있는 땅에서 여호와 앞에 행하리로다"(시 116:9).

기도하여 건짐을 받은 이후에 그는 이렇게 고백했습니다.

"여호와께서 내 음성과 내 간구를 들으시므로 내가 그를 사랑하는도다. 그의 귀를 내게 기울이셨으므로 내가 평생에 기도하리로다"(시 119:1,2).

4. 어떻게 깨어 있어야 하는가

1) 매우 엄격하게 깨어 있으라

기도는 매우 엄중한 일입니다. 그래서 우리는 엄격하게 깨어 있어야 합니다. 삶이나 죽음, 축복이나 저주가 우리 기도의 결과로 뒤따릅니다. 우리가 은혜의 보좌 앞으로 나아올 때, 우리는 수백만 가지의 잘못에 대해 용서를 구합니다. 그중에서 조금이라도 용서받지 못한 죄가 있다면, 그것만으로도 우리는 영원한 저주에 떨어질 수 있습니다. 그래서 우리는 은혜와 영광을 탄원합니다. 전능자의 진노와 영원한 고통을 피하게 해 달라고 간청합니다. 그러므로 우리는 매우 조심하여 깨어 있어서 그토록 중요한 우리의 의무를 잘 수행해야 합니다.

2) 지속적으로 깨어 있으라

우리는 기도하기 전에, 기도하는 중에, 기도한 후에 깨어 있어야 합니다. 먼저, 기도하기 전에 깨어 있어야지 하나님과 교제하는 데 방해되는 요소를 마음에서 제거할 수 있습니다. 곧바로 기도하기란 그리 쉽지 않습니다.

기도하는 중에도 깨어 있어야 합니다. 성경에서 기도는 씨름에 비유됩니다. 씨름하는 자가 정신을 차리지 않으면 이길 수 없고, 쉽게 지고 말 것입니다. 마찬가지로 우리가 기도하는 동안에도 정신을 바짝 차리지 않으면 우리와 더불어 씨름하시는 하나님께서 물러가실 것이며, 우리는 복을 놓치고 말 것입니다. 그리고 사탄이 우리를 대항하여 싸울 것이며, 곧바로 우리를 이기고 말 것입니다.

또한 기도한 후에도 깨어 있어야 합니다. 우리의 마음을 살피고, 마음이 어떻게 행하고 있는지에 유의해야 합니다. 우리의 실패를 주목하고 슬퍼하며, 우리를 돕는 은혜에 대해 감사해야 합니다. 우리는 무릎을 꿇고 있을 때나 일어나 있을 때나 누울 때에 한결같아야 합니다.

5. 왜 깨어 기도해야 하는가

첫째, 우리를 살피시는 하나님 때문에 깨어 기도해야 합니다. 하나님은 우리가 어떻게 기도하는지를 살피십니다. 그리고는 주님을 대하는 일에 게으른 자를 꾸짖으십니다. 그분은 우리의 생각이 어디에 있는지, 기도에 마음과 애정을 얼마나 쏟고 있는지를 면밀히 살피십니다. 바울의 말을 들어 보십시오.

"지으신 것이 하나도 그 앞에 나타나지 않음이 없고 우리의 결산을 받으실 이의 눈 앞에 만물이 벌거벗은 것같이 드러나느니라"(히 4:13).

둘째, 사탄이 우리를 지켜보고 있기 때문에 깨어 기도해야 합니다. 전쟁의 때에는 더욱 철저하게 적을 관찰해야 합니다. 그런데 지금 우리의 삶이 전쟁입니다. 그러므로 우리는 언제나 깨어 있어야 합니다. '대적 마귀가 우는 사자같이 두루 다니며'(벧전 5:8) 할 수 있는 대로 악을 부추기고 선을 방해하려고 합니다. 사탄은 우리의 기도를 방해하기 위해 매우 분주하게 움직입니다. 우리가 경계를 소홀히 한다면, 그가 기회를 잡아 곧바로 숨어들어 기습적으로 공격할 것입니다.

셋째, 우리가 깨어 있지 않으면 우리의 마음이 불안정해지기 때문에 깨어 기도해야 합니다. 그러면 마음이 굽은 활처럼 되어 기도의 화살이 표적을 완전히 벗어나게 될 것입니다. 반면 우리의 기도가 형식으로 전락하지 않고, 깨어서 진지하게 우리의 마음을 기도에 쏟는다면, 우리는 틀림없이 열매를 얻게 될 것입니다.

6. 적용

이제 마지막으로 적용을 살펴보겠습니다.

1) 깨어 살피지 않는 자를 향한 책망
비난받아 마땅한 두 부류의 사람들이 있습니다.

먼저, 부주의한 위선자는 비난받아 마땅합니다. 성경은 위선을 혹평합니다. 그것은 마음을 위장하는 일로서, 겉으로는 하나님께 복종하고 헌신하는 것 같지만 사실 하나님으로부터 멀리 떨어져 있는 것입니다. 위선적으로 기도하는 자의 어리석음은 다음의 세 가지로 나타납니다.

첫째, 위선적으로 기도하는 자의 양심은 기도 중에도 잠들어 있으며, 그가 좋아하는 대로 하도록 방치합니다. 그러다가 결국 이 잠자는 사자가 깨어납니다. 궁극적으로 지옥이 양심을 깨우는 것입니다. 그때 양심은 무섭게 그를 꾸짖을 것이며 결코 그 비난을 멈추지 않을 것입니다.

둘째, 위선적으로 기도하는 자는 자신이 기도를 올려 드리는 하나님을 의식하지 않습니다. 그는 주님의 위엄에 경외심을 품지도 않고, 그분의 자비에 감동하지도 않으며, 그분의 질투를 일으키는 일도 두려워하지 않습니다. 그저 하나님이 자신과 같은 줄로만 생각합니다.

"네가 이 일을 행하여도 내가 잠잠하였더니 네가 나를 너와 같은 줄로 생각하였도다. 그러나 내가 너를 책망하여 네 죄를 네 눈앞에 낱낱이 드러내리라 하시는도다. 하나님을 잊어버린 너희여, 이제 이를 생각하라. 그렇지 아니하면 내가 너희를 찢으리니 건질 자 없으리라"(시 50:21,22).

셋째, 위선적으로 기도하는 자는 자신이 기도하는 것들이나 자신에 대해서 신중하게 생각하지 않습니다. 그는 자신의 영혼에 관심이 없습니다. 비록 그가 하나님의 은혜와 하나님 나라를 얻기 위해, 그리고 마귀에게 예비된 지옥 불로부터 구원을 얻기 위해 기도한다고 하지만 사실 자신의 영원한 거처가 천국이든 지옥이든 상관없다는 듯이 여전히 냉담하고 무관심합니다.

다음으로, 꾸벅꾸벅 졸면서 곁길로 빠지는 성도들도 책망을 피할 수 없습니다. 이런 자들은 한때 깨어 있었으나 이제 아무런 변명의 여지도 없이 무방비 상태로 떨어지고 말았습니다. 잠든 성도들의 기도에는 매우 나쁜 혼합물들이 섞여 있습니다. 망각증세, 무모함, 싫증냄, 하나님을 만홀히 여김 등은 흐트러진 상태로 기도하는 자들이 범하는 잘못입니다! 그들이 타락의 경계선에 얼마나 가까이 서 있는지요! 그들의 상태가 방탕한 사람들의 상태와 어찌 그리 닮았는지요!

깨어 있지 않은 성도들의 기도는 헛될 뿐입니다. 그들이 자녀들이기는 하지만, 슬프게도 그들은 아버지께 진지하게 간구함으로써 하나님과의 관계를 개선시키지는 못합니다. 성령이 그들 속에 있기는 하지만, 그분의 힘과 은혜를 전혀 수용하지 못합니다. 기도에 활기차게 매진하지 않기 때문에 대부분의 기도가 빗나가 버리고, 극소수의 기도만이 소용될 뿐입니다.

깨어 있지 않은 성도들의 기도는 위로를 얻지 못합니다. 그들의 부주의 때문에 근심하시는 성령이 어떻게 그들의 위로자가 되시겠습니까? 그들은 주의 이름을 부르지도 않고 스스로 분발하여 주를 붙잡지도 않습니다(사 64:7 참고). 그래서 그들의 양심은 여전히 불만족스러워하고 계속 불평만 토합니다. 깨어 있지 않은 기도에는 많은 두려움과 무거운 속박과 심령의 은밀한 고민들만 뒤따릅니다.

깨어 있지 않은 성도들의 기도는 너무나 불쾌해서 금방이라도 하나님의 매를 부를 것만 같습니다.

"내가 에브라임에게는 사자 같고 유다 족속에게는 젊은 사자 같으니 바로 내가 움켜갈지라. 내가 탈취하여 갈지라도 건져 낼 자가 없으리라"(호 5:14).

이런 가혹함의 원인이 무엇입니까? 바로 그다음 구절에 답이 있습니다.

"그들이 고난받을 때에 나를 간절히 구하리라"(호 5:15).

하나님이 그들의 옆구리에 박차를 가하고 피를 흘리게 하시는 것은, 기도하기에 게으른 그들을 고치기 위함입니다. 하나님께서 징벌을 통해 그들로 더 크게 부르짖고 더 진지하게 기도하도록 만드시는 것입니다.

2) 깨어 기도하는 자에게 주어지는 은혜

깨어 기도하십시오. 전혀 깨어 있지 않은 사람들의 기도는 하나님께서 조금도 고려하시지 않습니다. 반면 깨어 있는 사람은 기도를 잘 활용할 수 있습니다. 이 논증을 좀 더 자세히 설명해 보겠습니다.

첫째, 기도에 깨어 있을수록 마귀의 적의를 더 잘 이해할 수 있습니다. 마귀의 시기심과 증오심을 깨달을 수 있습니다. 우리가 하나님의 손에서 귀한 은혜들을 받는 것을 마귀가 얼마나 싫어하는지를 깨달을 수 있습니다. 이렇게 우리를 대적하고자 분발하는 이 원수를 더 잘 알수록 우리는 더욱더 확실하게 무장할 수 있습니다.

둘째, 기도에 깨어 있을수록 자신에 대해서도 더 잘 알게 됩니다. 자신의 부족함과 영적 질병들을 더 깊이 이해하게 됩니다. 그리고 이런 것을 이해하게 되면 필요한 공급과 치료를 위해 한 걸음 더 전진하게 됩니다.

셋째, 기도에 깨어 있을수록 주님의 인자하심을 경험하여 더 잘 이해하게 됩니다. 그분께서 우리를 자비롭게 대하신다는 것을 알게 됩니다.

"내 영혼아 네 평안함으로 돌아갈지어다. 여호와께서 너를 후대하심이로다"(시 116:7).

하나님께서는 기꺼이 주고자 하십니다. 기도에 깨어 있는 사람들이 구한 것을 얻게 될 때 그 기쁨이 얼마나 큰지요! 마치 하늘에 전령을 보내 그 전령이 큰 은혜의 보따리와 함께 돌아오는 것을 보는 것과 같습니다.

"구하라. 그리하면 받으리니 너희 기쁨이 충만하리라"(요 16:24).

5장

인내하며 기도하라

"모든 기도와 간구를 하되 항상 성령 안에서 기도하고 이를 위하여 깨어 구하기를 항상 힘쓰며 여러 성도를 위하여 구하라"(엡 6:18).

기도의 열매를 맺기 위해서는 인내해야 합니다. 다시 말해, 매우 인내하며 기도해야 합니다. 본문은 이 점을 강조합니다. 단순한 정도의 인내가 아니라 매우 인내하며 기도하라는 것이 바울의 권면입니다. 우리의 간구는 소심해서는 안 되며 원기왕성하고 끈질겨야 합니다. 사도가 다른 곳에서 한 말을 들어 보십시오.

"기도를 계속하고 기도에 감사함으로 깨어 있으라"(골 4:2).

"기도에 항상 힘쓰며"(롬 12:12).

여기서는 먼저 인내하면서 기도하는 것이 무엇인지, 어떤 종류의 인내가 요구되는지, 왜 인내해야 하는지를 살펴본 후에, 적용을 제시하고자 합니다.

1. 인내하면서 기도하는 것은 무엇인가

첫째, 인내하며 기도하는 것은 모든 반대에 맞서는 확고한 결심을 의미합니다. 결심은 우리의 힘이 아니라 은혜의 힘으로 되는 것입니다. 그래야만 그 결심이 확고하게 지속됩니다. 인내하면서 기도하는 사람은 기도를 방해하려는 사탄의 노력에 대적합니다. 비록 이 대적이 사자처럼 무섭게 울부짖으며 혼란스럽게 하고 놀라게 하며 공격한다 해도, 그 모든 책략으로도 인내하며 기도하는 사람의 기도를 중단시키지는 못합니다. 사탄이 더 분주하게 방해할수록, 그는 하나님께 부르짖어야 할 필요성을 더 크게 인식할 뿐입니다.

그로 하여금 기도를 빠뜨리게 하기 위해 마귀가 위협하기도 하고 달콤하게 유혹하기도 하지만 아무 소용이 없습니다. 마귀는 재미있는 놀이와 오락, 육체의 즐거움 등을 상기시키려고 크게 소리칩니다. 그러나 인내하면서 기도하는 사람은 이런 속임수에 넘어가지 않습니다. 마귀는 세상의 유익들을 추구하라고 속삭이며 우리의 마음을 산만하게 흐트러뜨려 기도에 집중하지 못하게 합니다. 그러나 인내하며 기도하는 사람에게 이런 공격은 아무런 소용이 없습니다.

오히려 그는 사탄의 말에 반박하며 "내가 기도하는 것은 세상이 줄 수 없는 참된 기쁨과 즐거움을 하나님 안에서 발견하기 위함이다"라고 대답합니다. 마음이 부요해지고 하늘의 보화를 소유하는 것이 그가 기도하는 이유인 것입니다. 그 보화는 좀이나 동록이 해하지 못하며 도둑이 구멍을 뚫지도 못하고 도둑질할 수도 없습니다(마 6:20 참고).

때때로 그는 자신의 부패한 마음에서 비롯되는 내적인 방해에 직면하기도 합니다. 사실 이것이 더 큰 대적입니다. 그러나 그는 이에 대해서 슬퍼하며 맞서 싸우고 성령의 도우심을 구하며 부르짖습니다. 그는 기도의 필요성과 탁월한 가치를 깊이 자각합니다. 따라서 내적인 방해 역시 그가 하나님을 더욱 붙들게 되는 자극제일 뿐입니다.

둘째, 인내하며 기도하는 것은 모든 장애물들을 뚫고 나아가는 것을 의미합니다. 눈먼 거지 바디매오는 사람들이 잠잠하라고 꾸짖을수록 더욱 크게 소리 질렀습니다.

"다윗의 자손 예수여, 나를 불쌍히 여기소서"(막 10:47).

그리하여 주님이 그의 부르짖음을 들으셨으며, 그는 자신의 믿음과 소원대로 눈을 뜨게 되었습니다.

귀신 들린 딸을 둔 가나안 여인 역시 그리스도께로 올 때 큰 장애물들을 만났습니다. 그러나 그녀는 그 모든 것을 극복했습니다(마 15:21-28 참고). 맨 처음 그녀가 도와달라고 했을 때, 주님은 한마디도 대답하지 않으셨습니다. 일반적으로 주님의 이러한 행동은 그녀의 입을 다물게 하고 더 이상 말해 보아도 아무 소용이 없겠다는 결론을 내리게 합니다. 그러나 그녀는 여전히 소리 지르며 주님을 따랐고, 급기야 제자들이 그녀를 쫓아 버리라고 주님께 아뢸 정도가 되었습니다. 주님도 그녀에게 "나는 이스라엘 집의 잃어버린 양 외에는 다른 데로 보내심을 받지 아니하였노라"(24절)라고 말씀하셨습니다. 두 번째 거절하신 것입니다. 그러나 이것으로도 그녀의 의지를 꺾지는 못했습니다. 그녀는 주님께 경배하며 말했습니다.

"주여, 저를 도우소서!"(25절)

주님께서 다시 말씀하셨습니다.

"자녀의 떡을 취하여 개들에게 던짐이 마땅하지 아니하니라"(26절).

세 번째 거절이자 최악의 거절이었습니다. 그러나 그런 거절의 말에도 그녀는 포기하지 않고 또다시 간청합니다.

"주여 옳소이다마는 개들도 제 주인의 상에서 떨어지는 부스러기를 먹나이다"(27절).

결국 그녀는 응답을 받고 마음의 소원을 이루었습니다.

인내하며 기도하는 자는 낙망하지 않습니다. 그의 죄가 큽니까? 그는 주님의 자비가 더욱 크기 때문에 용서를 받을 수 있다고 응답합니다. 마음이 흐트러지고 병이 들었습니까? 위대하신 의사의 능력으로 능히 영적인 질병들을 치유받을 것이라고 그는 대답합니다. 그가 정말로 무가치합니까? 탕자가 모든 재산을 탕진하고 누더기 차림으로 돌아왔을 때에도 아버지 집의 문이 열려 있었고 아버지가 팔을 벌려 그를 맞아 주지 않았느냐고 그는 반문합니다(눅 15:11-20 참고). 비록 곤고하고 가련하고 가난하고 눈멀고 벌거벗었더라도, 그는 여전히 말합니다. 그리스도께서는 안약으로 그의 눈을 치료하여 보게 하시고, 불로 연단한 금으로 그를 부요하게 하시며 흰 옷으로 그의 수치를 덮어 주실 것이라고 말입니다(계 3:17,18 참고). 그가 가는 곳은 시은좌(施恩座), 곧 은혜의 보좌입니다. 그러므로 모든 장애물들이 극복될 것입니다.

셋째, 인내하며 기도하는 것은 끈질기게 강청하는 것을 의미합니다. 강청(強請)이란 사람에게는 참으로 성가신 일입니다. 그러나 하나님은 그것을 기뻐하십니다. 물론 그분께 아뢸 때에 겸손해야 하는 것은 당연합니다. 그러나 우리는 주님의 뜻을 따라 급하게 아뢸 수도 있고, 갑작스럽게 아뢸 수도 있으며, 계속해서 아뢸 수도 있습니다. 그분은 우리의 그런 모습을 좋아하십니다. 그러므로 끈질기게 요청하는 것은 매우 가치 있습니다. 불의한 재판관조차 과부의 끈질긴 요청을 들어주었습니다. 그런데 하물며 끈질기게 기도하라고 명령하신 의롭고도 자비로우신 주님께서 자녀들의 끈질긴 기도를 외면하시겠습니까?

인내하며 기도하는 사람은 끝까지 주님의 뒤를 따릅니다. 그는 용서받기 전에는, 용서를 확인하기 전에는 주님을 보내 드리지 않습니다. 악한 정욕이 제거되고 더 많은 은혜가 허락될 때까지 그는 주님을 붙잡은 손을 거두지 않습니다. 시편 119편에서 다윗이 얼마나 끈질기게 기도했는지를 주목해 보십시오.

"여호와여 내가 전심으로 부르짖었사오니 내게 응답하소서. 내가 주의 교훈들을 지키리이다. 내가 주께 부르짖었사오니 나를 구원하소서. 내가 주의 증거들을 지키리이다. 내가 날이 밝기 전에 부르짖으며 주의 말씀을 바랐사오며, 주의 말씀을 조용히 읊조리려고 내가 새벽녘에 눈을 떴나이다"(시 119:145-148).

그는 부르짖고 또 부르짖었습니다. 아침이 오기 전에도, 밤중에도 눈을 떠 부르짖었습니다. 그가 얼마나 절박하게 간구하였는지를 보십시오.

넷째, 인내하며 기도하는 것은 거룩한 불만족으로 하나님을 추구한다는 의미입니다. 하나님을 향하여 계속 더 많은 것을 갈망하는 것입니다. 진정 우리는 아주 작은 은혜에도 감사해야 할 큰 의무를 집니다. 그러나 또한 우리는 아무리 큰 은혜라 해도 쉽게 만족해서는 안 되며, 계속해서 더 많은 것을 갈망해야 합니다. 다윗은 하나님을 크게 즐거워하면서 그분의 인자하심이 생명보다 낫다고 고백했고(시 63:3 참고), 골수와 기름진 음식보다도 주님과의 교제가 더욱 만족스럽다는 것을 경험했습니다(시 63:5 참고). 그러나 그는 계속해서 하나님을 간절히 갈망합니다.

"나의 영혼이 주를 가까이 따르니 주의 오른손이 나를 붙드시거니와"(시 63:8).

주님의 은혜를 맛보고 알아 갈수록, 우리의 열망과 목마름은 멈추지 않고 오히려 더욱 간절해지고 증대될 것입니다. 사도 바울 역시 이미 많은 것을 이루었을 때에도 여전히 이렇게 고백합니다.

"형제들아, 나는 아직 내가 잡은 줄로 여기지 아니하고 오직 한 일 즉 뒤에 있는 것은 잊어버리고 앞에 있는 것을 잡으려고 푯대를 향하여 그리스도 예수 안에서 하나님이 위에서 부르신 부름의 상을 위하여 달려가노라"(빌 3:13,14).

다섯째, 인내하며 기도하는 것은 모든 종류의 기도를 지속적으로 행한다는 의미입니다. 생명이 다할 때까지 날마다 일상적인 기도를 지속해야 합니다. 건강할 때나 병들었을 때나 혹은 생활의 규칙적인 활동이 불가피하게 중단되었을 때에도, 어느 때든지 최소한 우리의 마음만은 하나님을 향하여 활동해야 합니다. 그분이 우리의 전부이시며, 우리의 모든 소망이 그분 안에 있고, 우리의 모든 도움이 그분께로부터 오는 것임을 지각하고 있어야 합니다. 우리 자신이 기도하는 습관을 형성하여 거기에 익숙해지고, 기도가 마치 우리에게 호흡처럼 자연스럽고도 필수적인 일이 되어야 합니다. 그것이 진정 행복한 일입니다.

2. 어떤 종류의 인내가 필요한가

첫째, 인내가 중단되어서는 안 됩니다. 다니엘은 하나님께 감사하는 일상적인 기도를 멈추지 않았으며, 오히려 높은 지위와 왕의 총애와 목숨을 버려야 하는 위험을 무릅쓰고자 했습니다. 그러자 그가 섬겼던 하나님께서 계속해서 그를 구하셨습니다. 다니엘은 위험이 닥쳐올 것을 알면서도 결심하고 입을 벌려 기도했습니다. 그러자 하나님은 천사를 보내 사자들의 입을 막아 다니엘을 해치지 못하게 하셨습니다. 육신의 두려움이 기도를 방해하지 못하도록 해야 하듯이, 어떤 내적인 부패나 무감각이 기도를 방해하지 못하도록 힘써야 합니다. 한결같이 주님을 찾고 섬겨야 합니다.

둘째, 더욱 인내하여 더 깊은 영성과 활력으로 기도할 수 있도록 해야 합니다. 어린 자녀가 몇 년 전과 다름없이 계속 연약하다는 것은 슬픈 일입니다. 그런 경우 아이에게 무언가 나쁜 요인이 작용하여 체질적으로 약해지게 만들고 성장을 저해했다고 결론 내릴 수 있습니다. 이처럼 기도에 대해 그리스도인들이 수년 전보다 나아지지 않고 언제나 같은 상태에 머물러 있다면, 그것은 더욱 슬픈 일입니다. 예전과 똑같이 무감각하고 의심하고 세속적인 마음으로 산만하다면, 그것은 영의 소욕이 육의 소욕에 의해 억제되고 제한되었다는 뜻입니다. 다른 사람들보다 더 나아지지 못한 것만이 아니라, 과거 우리 자신과 비교해서도 전혀 나아지지 않은 것입니다. 주님은 우리에게 큰 담력을 가지라고 요구하실 뿐만 아니라 친히 그것을 내려 주십니다. 그리하여 우리가 견고하여 흔들리지 않으며, 나아가 주님의 일에 더욱 힘쓰게 되기를 원하십니다.

"의인의 길은 돋는 햇살 같아서 크게 빛나 한낮의 광명에 이르거니와"(잠 4:18).

우리의 모든 걸음은 집으로 향하고 있으며, 우리의 집은 바로 천국입니다. 그 집에 가까이 갈수록 우리의 영적인 걸음은 더욱 빨라져야 합니다.

3. 왜 인내하며 기도해야 하는가

첫째, 주님이 직접 그렇게 명령하시기 때문입니다. 주님은 단순히 기도할 뿐 아니라 계속해서 기도하라고 명령하십니다. 성경을 보면, 기도가 즐거운 것이기도 하지만 한편으로 인내가 요구되는 것이기도 합니다.

"쉬지 말고 기도하라"(살전 5:17).

하나님이 우리에게 계속해서 경외심을 갖도록 명령하시는 것입니다. 이렇게 그분이 멈추지 말라고 명령하신 것을 감히 우리가 멈춰서는 안 됩니다.

둘째, 주님께서 인내로 우리를 돌보시고 격려해 주시기 때문에 우리 역시 인내하며 기도해야 합니다. 그분의 눈이 항상 자기 백성을 향하며, 눈과 귀와 마음과 손이 활짝 열려 있습니다. 따라서 우리의 입을 크게 열면 그분이 채우실 것입니다(시 81:10 참고).

셋째, 주님은 전심으로 그리고 지속적으로 찾을 만한 분이기 때문에 우리는 계속해서 그분을 찾아야 합니다. 다른 것들에 대한 우리의 기대가 아무리 높고 간절하다 하더라도, 시련 앞에서는 그 실상이 공허하고 아무것도 아니라는 것이 드러날 것입니다. 그러나 우리가 하나님을 더 알아 갈수록, 더 경험할수록 그분의 충만하심이 드러날 것이며, 그분을 가까이하는 것이 얼마나 복된 일인지를 알게 될 것입니다. 이스라엘은 다른 연인을 따라갔으나, 결국 그것이 잘못임을 깨닫고서 본 남편에게로 돌아가고자 했습니다. 본 남편과 함께 있을 때의 형편이 더 나았음을 비로소 깨달았기 때문입니다(호 2:7 참고). 하나님의 돌보심에는 부족함도 없고 흠도 없습니다. 그러므로 그분의 품을 떠나는 것은 너무나도 어리석은 일입니다.

넷째, 기도의 열매에는 제한이 없기 때문입니다. 기도를 통하여 우리는 하나님을 더 잘 발견할 수 있습니다. 또한 더 큰 은혜의 교통을 누릴 수도 있고, 더 큰 평화와 즐거움을 누릴 수도 있습니다. 그러므로 우리는 계속해서 주님을 섬기고, 섬기는 일에 싫증을 내지 말아야 합니다.

다섯째, 지금 이 세상에는 원수들과 올무가 가득합니다. 그러므로 하나님이 위험으로부터 우리를 지켜 주시고 우리의 일에 은혜 위에 은혜를 부어 주실 수 있도록 계속해서 그분을 의지해야 합니다. 세상은 악하고, 악한 자는 우리를 악으로 이끌고자 부단하게 움직입니다. 뿐만 아니라 그는 우리의 영혼 내부에도 자기 편을 두고 있습니다. 바로 우리 속에 여전히 부패성이 남아 있는 것입니다. 정녕 우리가 인내하며 기도하지 않는다면, 하나님이 우리를 보호하여 실족하지 않게 하시며 그분의 영광 앞에 흠이 없이 기쁨으로 서게 하시지 않는다면(유 24 참고), 우리는 마지막 날까지 보존되지 못하며, 구원을 얻을 수 없을 것입니다.

4. 적용

1) 인내하며 기도하지 않는 자를 향한 책망

첫째, 고통과 역경의 때에만 기도할 뿐 고통이 사라지고 노예의 두려움이 누그러진 후에는 속히 기도하기를 멈추는 자들에게 말합니다. 하나님께서 이스라엘의 자녀들을 죽이시자 그들은 돌이켜 하나님을 간절히 찾았습니다. 그들이 돌아와 자신들의 형편을 아뢰었으며, 하나님이 자신들의 반석이요 구원자이심을 기억하였습니다. 그러나 주께서 때리기를 멈추시자마자 그들도 부르짖기를 멈추었습니다. 그들은 그들의 입으로 아첨하며 하나님과의 언약에 성실하지 않았습니다(시 78:34-37 참고). 그러나 이렇게 신속히 돌아서는 것이야말로 또 다른 고뇌와 고통을 부르는 길이요, 일시적인 고통보다 훨씬 더 심각한 영적 심판을 자초하는 것입니다.

둘째, 확신이 생생하고 강하며 기도의 권면이 그들의 귀에 쟁쟁한 동안에만 잠시 기도하는 자들도 마땅히 책망받아야 합니다. 확신이 점점 약해지고 권면이 잊혀질 때에 그들의 마음은 하나님에게서 얼마나 빨리 멀어지는지요! 그들에게 기도가 얼마나 지루하고도 견디기 힘든 노동이 되어 버리는지요! 그들이 가졌던 확신들이 오히려 그들을 더욱 태만하게 만듭니다. 처음에는 비탄에 젖어 있던 양심이 차츰 인내하며 기도하도록 도우시는 성령을 거역하는 단계로 나아갑니다.

셋째, 한동안 떠들썩하게 신앙을 고백하다가 변절한 자들도 마땅히 책망받아야 합니다. 그들은 기도하지 않을 뿐더러 그리스도께서 명하신 모든 영적 의무들을 내팽개치고 불경스럽고도 잘못된 영에게로 이끌려 갑니다. 많은 사람들이 잘못된 이단의 영에 이끌려 기도를 그만두고, 급기야 죄를 억누르던 은혜마저 그들에게서 떠나갑니다. 그리하여 그들은 극단의 방탕으로 치닫습니다. 그들은 혐오스럽고 악독하며 무절제하고 부정하며 불의합니다. 더러운 일곱 귀신이 그들 속에 들어와 그들의 나중 형편이 전보다 더 나빠질 것이라는 말씀을 그들 스스로의 행동으로 보여 줍니다(눅 11:26 참고). 그들은 한때 진정으로 하나님의 계명을 알았지만, 이제 거기서 돌아섰습니다. 그들에게 잠언의 말씀이 응한 것입니다(벧후 2:22 참고).

"개가 그 토한 것을 도로 먹는 것같이 미련한 자는 그 미련한 것을 거듭 행하느니라"(잠 26:11).

많은 사람들이 그릇된 영에 미혹되어 기도에서 떠나갑니다. 그들은 주님의 계명들을 어기고도 스스로 자신의 행위가 옳다고 설득할 뿐만 아니라 다른 사람들까지 같은 불법에 끌어들이려고 애를 씁니다. 그리하여 결국 그들의 죄와 처벌이 더욱 심각해지는 것입니다. 이렇게 기도의 의무를 비롯하여 그리스도께서 명하신 영적 의무들에 반대하는 자는 교회의 머리이신 그리스도의 권위를 손상시키는 자이며, 마귀에게 속아 하나님께로부터 멀어짐으로써 자신의 영혼에 해를 입히는 자입니다.

한편 그들이 사도가 다음과 같이 말한 것을 근거로 반론을 제기할 수도 있습니다.

"어찌하여 세상에 사는 것과 같이 규례에 순종하느냐?"(골 2:20)

이에 대해 저는 이렇게 답합니다. 바로 그다음 구절에 사도가 언급하고 있는 규례들이 무엇인지가 나와 있습니다. 그것은 곧 정결예식과 관련된 규례로서, "붙잡지도 말고 맛보지도 말고 만지지도 말라"(골 2:21)라는 규례입니다. 사도는 기도와 같은 영적 의무에 대한 규례를 금하지 않았습니다. 오히려 이 서신에서 "그리스도의 말씀이 너희 속에 풍성히 거하여······시와 찬송과 신령한 노래를 부르며 감사하는 마음으로 하나님을 찬양하고"(골 3:16)라고 권면합니다. 곧 계속해서 기도하라고 권면하는 셈입니다.

넷째, 하나님을 제한하면서, 당장 응답이 이루어지지 않으면 앞으로도 이루어지지 않을 것이라고 결론 내리는 자들도 책망을 들어야 합니다. 실제로 그들은 이렇게 말합니다. "우리가 왜 계속 주님을 찾아야 합니까?" 그러나 악하고 비천한 인간이 하나님을 그렇게 성급히 재촉해서는 안 됩니다. 우리가 요청한 은혜와 위로를 얻기까지 기다리면 어떻습니까? 주님은 놀라울 정도로 은혜로운 분이 아니십니까? 게다가 주님은 기도에 응답할 가장 적절한 때를 알고 계십니다. 그러므로 비록 은혜가 주어질 일말의 조짐도 보이지 않는다 하더라도, 우리는 인내하며 그분의 때를 기다려야 합니다.

2) 인내하며 기도하기 위한 지침

어떻게 해야 인내하며 기도할 수 있을까요?

첫째, 형식과 무감각이 자신을 사로잡을 때마다 염려하고 두려워하십시오. 그것이 어떻게 발전할지 모릅니다. 몸의 이상 증세를 일찍 알아차리면 약으로 미리 예방할 수 있습니다. 오, 자신의 마음에 질서가 무너지는 것을 보거든 두려워하며 곧바로 자신의 의사에게로 나아가 기도할 수 있도록 마음을 고쳐 달라고 요청하십시오.

둘째, 성령을 소멸하지 않도록 주의하십시오. 그분이 교회들에게 하시는 말씀에 귀를 기울이십시오(계 2장 참고). 성령의 지도와 인도하심에 자신을 맡기십시오. 그분의 인도를 따라 어디로 가든지 어디에서든지 그분이 기뻐하시는 대로 행하십시오. 그렇지 않으면 그분은 근심하며 물러나실 것입니다. 만일 그렇게 당신의 보혜사가 떠나 버리신다면, 당신의 연약함이 당신이 인내하며 기도하지 못하도록 방해할 것입니다.

셋째, 지금 기도를 포기하고 멈춘다면 그동안의 모든 기도가 아무 소용이 없어진다는 것을 기억하십시오. 과거에 했던 기도가 아무것도 아닌 것처럼 간주될 것입니다. 마치 아침의 구름과 이슬이 사라지는 것처럼 그것이 쉽게 사라질 것입니다. 그러므로 모든 기도가 헛되지 않도록 계속 기도하십시오.

넷째, 기도의 감미로움을 알기 위해 애쓰십시오. 그리하면 성도들이 종종 맛보았던 것처럼, 마음이 분발되며 넓어지고, 성령의 도우심과 황홀한 기쁨들을 경험하게 될 것입니다. 또한 기도하기를 좋아하게 될 것이며, 기도에서 멀어지지 않으려고 애쓸 것입니다.

다섯째, 피곤한 자에게 능력을 주시며 무능한 자에게 힘을 더하시는 그분을 의지하십시오. 그분은 피곤하지 않으시며 지치지도 않으십니다. 오직 그분만이 당신을 곤비하지 않게 하실 수 있습니다. 오직 그분만이 당신이 부르짖을 때 도우실 수 있으며, 오직 그분만이 당신이 계속해서 부르짖도록 도우실 수 있습니다.

여섯째, 조금만 더 인내하며 기도한다면, 하늘에서 우리의 모든 기도가 온전히 응답될 것입니다. 기억하십시오. 시간이 흐르는 동안 기도가 지속된다면, 시간이 영원으로 이어지듯이 우리의 기도가 영원한 영광으로 이어질 것입니다.

6장
모든 성도를 위하여 기도하라

"모든 기도와 간구를 하되 항상 성령 안에서 기도하고 이를 위하여 깨어 구하기를 항상 힘쓰며 여러 성도를 위하여 구하라"(엡 6:18).

우리의 심령이 넓어져서 우리 자신을 위해 기도할 뿐 아니라 모든 성도를 위해 기도할 수 있어야 합니다. 그래서 사도는 본문에서 이렇게 덧붙입니다.

"여러 성도를 위하여 구하라."

여기서는 사도가 어떤 성도들을 위하여 구하라고 말하는지를 살펴보고, 왜 우리가 그들을 위해서 기도해야 하는지, 그리고 몇 가지 적용을 살펴보겠습니다.

1. 누구를 위하여 기도해야 하는가

성도들에는 두 부류가 있습니다. 천상에서 승리한 성도들과 지상에서 전투하는 성도들입니다. 이미 승리하여 천상에 있는 성도들에게는 우리의 기도가 필요 없습니다. 그러므로 우리는 그들이 무거운 짐을 덜도록 기도할 필요도 없고, 근심이 가벼워지도록 구할 필요도 없습니다. 그들이 이미 완전한 안식에 들어갔기 때문입니다. 우리는 하나님께서 그들에게 자신을 나타내 보이시도록 구할 필요도 없습니다. 그들은 이 땅에서 희미한 거울을 보는 것처럼 그분을 보는 것이 아니라 천상에서 그분을 있는 모습 그대로 보고 있기 때문입니다. 그들을 슬픔에서 해방시켜 달라고 요청할 필요도 없고, 원수들로부터 그들을 보호해 달라고 구할 필요도 없습니다. 이미 그들의 기쁨이 충만하기 때문입니다. 모든 눈물이 씻겼으며, 모든 위험도 사라졌습니다.

"이기는 자는 내 하나님 성전에 기둥이 되게 하리니 그가 결코 다시 나가지 아니하리라"(계 3:12).

그러하기에 성경에서도 이미 떠난 성도들을 위해 간구하는 것을 발견할 수 없습니다. 그들은 위에서 왕관을 쓰신 어린양과 함께 있으며, 우리의 간구들을 초월합니다.

본문에서 사도는 바로 지상에서 전투하는 성도들을 위하여 구하라고 말합니다. 진실로 그들 모두에게 우리의 간구가 필요합니다. 먼저, 우리는 열방의 모든 성도들을 위해 기도해야 합니다. 그들이 아무리 멀리 있더라도 그들을 위한 기도가 그들에게 도달됩니다. 우리의 기도를 들으시는 하나님은 온 땅의 모든 성도들을 알고 계십니다. 그분은 그들에게 무엇이 필요한지, 그리고 그것을 어떻게 공급해야 하는지를 모두 알고 계십니다.

뿐만 아니라, 교회의 머리 되신 그분을 붙들고 있으며 그리스도께 사랑스러운 자들이라면, 모든 교파의 모든 성도들을 위해 기도해야 합니다. 설령 그들이 우리와는 다른 견해를 가지고 있다 하더라도 우리는 그들을 위해 기도해야 합니다. 그들을 마음속에 품고 그들의 유익을 바라야 합니다. 오, 다툼과 분쟁이 적어지고 서로를 위해 더 많이 기도하고 간구할 수 있다면 얼마나 좋을까요! 서로를 위해 기도하는 것이야말로 분열을 치유하고 하나가 되게 하는 위대한 수단입니다.

마지막으로, 우리는 모든 형편에 처한 성도들을 위해 기도해야 합니다. 즉, 높은 자와 낮은 자, 부요한 자와 가난한 자, 매인 자와 자유로운 자, 남자와 여자 모두를 위해 기도해야 합니다. 모든 성도는 보석이며, 보석은 거름더미에 놓여 있어도 여전히 보석입니다. 가장 비천한 성도들도 주님이 보시기에는 존귀한 존재입니다. 그러므로 우리 역시 그들을 존중해야 합니다.

2. 왜 모든 성도들을 위해 기도해야 하는가

이제 우리가 모든 성도들을 위해 기도해야 하는 이유들을 살펴봅시다.

첫째, 하나님과 그들의 관계 때문입니다. 그들 모두가 하나님의 자녀이며, 하나님이 그들을 향해 아버지로서의 사랑을 가지고 계십니다. 그분은 자녀들을 향해 육신의 부모들보다도 수천 배 이상의 애정을 가지고 계십니다. 이처럼 하나님이 그들을 사랑하시기 때문에 우리도 그들을 사랑해야 합니다. 그들의 유익을 바라며, 특히 그들을 통해 하나님이 영광을 받으시고 그분의 이름이 높임을 받으시기를 구해야 합니다. 그들을 향한 우리의 사랑을 나타내야 합니다.

둘째, 우리 주 예수 그리스도와 그들의 관계 때문입니다. 그리스도께서 그들을 위해 죽으셨습니다. 그렇다면 우리가 그들을 위해 기도하는 것이 마땅하지 않겠습니까? 그분이 자신의 피 값으로 그들을 사셨기에 그들은 모두 그분의 신부가 되었습니다. 뿐만 아니라 그들은 그분의 지체들이며, 바로 그들을 위해 그리스도께서 끊임없이 중보하고 계십니다. 그렇다면 우리도 마땅히 그들을 위해 중보해야 하지 않겠습니까?

셋째, 우리 상호간의 관계 때문에 우리는 모든 성도들을 위해 기도해야 합니다. 우리는 같은 씨에 의해 태어났습니다. 우리 모두는 서로 한몸의 지체들입니다.

"이와 같이 우리 많은 사람이 그리스도 안에서 한몸이 되어 서로 지체가 되었느니라"(롬 12:5).

우리는 모두 같은 성령에 의해 살리심을 받았습니다. 그리고 그렇게 다시 살게 된 우리가 맺어야 할 가장 큰 열매가 사랑입니다. 또한 우리 모두는 같은 유업을 받은 상속자들입니다. 그러므로 모두가 그곳에 안전하게 도달할 때까지 서로를 위해서 간절히 기도해야 합니다.

넷째, 우리 모두가 같은 전쟁에서 같은 원수들과 맞서 싸우고 있기 때문에 모든 성도를 위해 기도해야 합니다. 우리 모두는 세상의 악으로부터 보호되도록 서로를 위해 기도해야 합니다. 그리고 사탄이 우리 모두의 발아래 짓밟히고, 모두에게서 죄가 억제되며, 모두 궁극적인 승리자가 되도록 기도해야 합니다.

다섯째, 모든 성도들은 하나님의 영광과 그 나라의 확장과 그리스도의 통치라는 같은 목적을 위해 살아가고 있습니다. 그러므로 우리는 이 위대한 목적이 성취되도록 기도로써 서로 도와야 합니다.

3. 적용

성도들을 위해 그들이 알고 있는 것보다 더욱 많은 기도가 행해지고 있습니다. 당신이 결코 본 적도 없고 이 세상에서 만날 수도 없는 사람들이, 당신의 어려움과 많은 역경들을 생각하면서 당신을 염려하고 당신이 힘과 은혜를 얻기를 바라고 있습니다. 서로가 서로를 위해 기도해야 하는 것처럼, 모두가 모두를 위해 기도하고 있다고 생각해 보십시오. 이것은 얼마나 큰 격려인지 모릅니다.

한편, 이기적인 영의 사람, 곧 오로지 자기 자신만을 위할 뿐 시온을 돌아보지 않는 자들은 책망받아 마땅합니다. 이런 사람들에게는 그리스도를 향한 사랑도 없고, 그들 자신의 영혼을 위한 올바른 관계도 없습니다. 머리를 사랑하는 이는 몸의 안녕을 걱정하기 마련입니다. 진정 자신의 영혼이 유익하기를 바란다면, 똑같은 가치를 지닌 다른 영혼들에 대해서도 연민을 가질 수밖에 없는 것입니다.

그러므로 더 자주 더 간절하게 모든 성도들을 위해 기도하십시오. 당신이 동료 지체들을 사랑하는 것, 그들의 안전을 염려하여 슬퍼하는 것, 이것이 바로 당신이 진정으로 그리스도의 몸의 지체임을 입증하는 확실한 증거입니다.

성도들이 하나가 되도록, 그들이 사랑으로 서로 연합되도록 기도하십시오. 그들의 일치와 연합된 모습이 얼마나 아름다운지요! 한 집안이나 왕국의 분열은 곧 붕괴로 이어질 수 있습니다. 그리스도는 자신의 제자들이 하나가 되기를 기도하셨습니다. 그것이 하나님께서 그분을 보내셨음을 세상에 알리는 데 큰 도움이 되기 때문입니다. 성도들의 분열은 세상 사람들이 기독교의 진리에 대해 의문을 갖고 불신하게 되는 중요한 한 가지 원인입니다.

또한 성도들이 정결해지기를 기도하십시오. 교회가 더욱더 정결해지고, 거룩한 머리이신 주 예수님을 닮아 가도록 기도하십시오. 성도들의 번영을 위해 기도하십시오. 특히 적그리스도가 파멸하고 유대인들이 구원의 부르심을 받은 후에 임할 영광스럽고도 평화로운 날을 위해 기도하십시오. 그때 세상 나라가 끝이 나고 그리스도의 나라가 임할 것입니다.

성도들이 많아지기를 기도하십시오. 이렇게 기도하는 것은 당신이 세상을 향해 친절을 베푸는 것과 같습니다. 어둠의 왕이 점점 자기 백성을 잃는 반면 그리스도께서 날마다 더 많은 백성들을 얻으시도록 기도하십시오. 인류의 채석장에서 더 많은 돌이 캐어져 주님의 성전의 살아 있는 돌들이 되도록 기도하십시오.

억압받는 성도들이 마지막까지 인내하도록, 그리고 예수님께서 어서 다시 오시도록 기도하십시오. 그리하여 그분의 모든 교회가 승리를 얻고, 마귀와 버림받은 세상이 지옥에 갇히고, 택함을 받은 모든 사람들이 서로 화합하여 보좌에 앉으신 분과 어린양을 향해 영원토록 "할렐루야"를 외치도록 기도하십시오.

이상으로 기도에 관한 모든 강론을 마치겠습니다. 이제 당신은 어떻게 결심하겠습니까? 지금까지 말한 모든 가르침에도 상관하지 않고 여전히 기도하지 않는 가정이나 이 은밀한 의무에 낯선 자들이 있습니까? 용서와 은혜와 생명과 구원이 모두 구하면 주어지는데도 여전히 구하지 않겠습니까? 다른 사람들을 위해서 혹은 당신 자신을 위해서 진지해지지 않겠습니까? 당신에게 전해진 그 어떤 가르침도 따르지 않겠습니까? 이 모든 가르침과 강론을 무용지물로 만들겠습니까?

오, 기도하라고 명령하실 뿐 아니라 그 기도를 들으시는 주여! 주님의 백성들이 기도하도록 도우소서! 주님의 백성들에게 은총과 간구의 영을 부으소서! 주님의 은혜의 보좌가 기도하는 사람들로 둘러싸이게 하시고, 시은좌에 큰 무리가 모여들게 하소서! 주님의 영광을 위하여, 대제사장으로서 하늘에 올라가 하나님의 우편에 영원히 앉아 계신 예수 그리스도를 통하여 은혜가 풍성히 부어지게 하소서! 아멘.

3부

은밀한 기도

"너는 기도할 때에 네 골방에 들어가 문을 닫고
은밀한 중에 계신 네 아버지께 기도하라
은밀한 중에 보시는 네 아버지께서 갚으시리라"(마 6:6).

사무엘 리(Samuel Lee)

옥스퍼드 와드함 칼리지 문학 석사
성 보톨프(St. Botolph) 교회의 목사

| 들어가는 말 |

은밀하게 기도하라

"너는 기도할 때에 네 골방에 들어가 문을 닫고 은밀한 중에 계신 네 아버지께 기도하라. 은밀한 중에 보시는 네 아버지께서 갚으시리라"(마 6:6).

본문에서 우리는 은밀한 기도의 수행에 관한 복된 주님의 가르침을 듣습니다. 은밀한 기도는 하나님의 자녀에게 영예로운 면류관입니다.

본문은 은밀하게 기도할 때 우리가 어떻게 해야 하는지에 대해 다음의 세 가지로 지시합니다. 첫째, "골방에 들어가라." 골방이란 혼자 있을 수 있는 조용한 장소를 의미하며, 때로는 보물을 숨겨두는 은밀한 장소를 뜻하기도 합니다. 둘째, "문을 닫으라" 혹은 "문을 잠그라." '닫다, 잠그다'라는 말 자체가 암시하듯이, 헬라어 '클레이오'라는 단어는 계시록에서처럼 빗장을 걸어 봉쇄하는 것을 뜻합니다(계 3:7, 20:1-3 참고). 셋째, "은밀한 중에 계신 네 아버지께 기도하라." 터툴리안(Tertullian)은 '아버지'라는 호칭이 경건과 능력 모두를 시사하며, '네 아버지'란 친밀감과 예절을 의미하는 것이라고 주해했습니다.

이 말씀에 담겨 있는 은혜로운 약속을 세 부분으로 나누어 생각해 봅시다. 첫째, "아버지께서 은밀한 중에 보신다"라는 것입니다. 우리가 세상과 분리되어 있을 때 하나님의 은혜로우신 시선이 우리를 향한다는 것입니다. 둘째, "그분이 너에게 상으로 갚으신다"라는 부분입니다. 여기서 사용된 '아포디도미'라는 단어는 신약성경에서 '갚다, 넘겨주다, 지급하다, 제공하다' 등으로 번역됩니다. 즉, 하나님이 우리의 기도를 들으시고, 우리의 요청대로 풍성하게 넘치도록 우리의 품으로 되돌려 주신다는 것입니다. 셋째, 그분은 그 일을 공개적으로, 명백하게, 세상 앞에서, 그리고 넘치도록 풍부하게 행하실 것입니다.[1] 은밀한 기도에는 공개적이고도 공적인 응답이 뒤따릅니다.

이러한 은밀한 기도는 올바르게 수행되는 기도의 한 실증으로서 특히 5절에 언급된 위선적인 기도와 대조적입니다.

"너희는 기도할 때에 외식하는 자와 같이 하지 말라. 그들은 사람에게 보이려고 회당과 큰 거리 어귀에 서서 기도하기를 좋아하느니라"(마 6:5).

단지 집이나 응접실로 들어가라는 것이 아니라 골방, 곧 가장 은밀하고도 구별된 곳으로 들어가라는 것입니다. 다른 사람들이 알지도 못하고 또 갑자기 들이닥치지도 못하는 곳으로 들어가라는 것입니다. 은밀하게 수행된 당신의 신실함에 대해 하나님께서 은혜롭게 갚아 주실 것입니다. 하나님께서는 기꺼이 은밀한 기도에 대해 친히 채무자가 될 것이라고 약속하셨습니다. 그러한 은밀한 기도는 하나님께 다른 아무것도 없이 오직 빈손과 텅 빈 마음으로 나아오는 것이므로 우리의 공로로 무언가가 주어지는 것이 아니라 오직

---

1) 역자주 – 사본 비평의 문제입니다만, 어떤 헬라어 사본에는 '엔 토 파네로(in the openly)'라는 대목이 있으며, KJV 영역본에는 이를 'openly(공개적으로)'라고 번역하고 있습니다. NIV와 RSV를 포함한 대부분의 영역본과 개역한글과 개역개정 성경에는 이 표현이 생략되어 있습니다.

은혜로 주어지는 것임을 가르쳐 줍니다.

수도사들의 금욕에 관해서 단호하게 한마디하자면, 기도하는 것을 조금이라도 공로로 여길 수 있습니까? 단지 하나님의 손에서 자비를 구하는 일이 공로가 될 수 있습니까? 우리의 가장 신실한 간구에도 죄악의 혼합물이 스며 있습니다. 끈질긴 야곱과 달리 씨름하는 와중에도, 또 그 이후에도 우리는 멈춰 서고 맙니다. 그러나 너무나도 은혜로우신 우리의 하늘 아버지는 우리 마음의 작은 신실함까지도 은밀한 중에 살피시며, 우리를 사랑하는 자녀로 기꺼이 받아 주십니다. 그리고 그리스도의 중재로 말미암아 우리 기도의 향로에서 향기로운 냄새를 맡으십니다.

이 말씀에서 많은 주해를 끌어낼 수도 있겠지만, 먼저 본문의 중추적이고도 핵심적인 내용 한 가지만 다루고자 합니다. 곧 올바르게 수행된 은밀한 기도가 신실한 마음의 징표요 은혜로운 보상을 약속받는다는 점입니다.

기도가 하나님과 나누는 영혼의 대화라면, 은밀한 기도는 하늘의 내실에 들어가 나누는 회담입니다. 골방의 문을 걸어 잠그고 하나님과 우리의 영혼만이 함께 있을 때, 은밀한 기도라는 열쇠로 우리는 낙원의 방문들을 열고 거룩한 사랑의 내실로 들어갑니다. 알 수 없는 미궁(迷宮)에 빠졌을 때 소란한 세상을 떠나 우리의 골방의 한가운데서 레바논의 정원으로 들어간다면, 우리의 영혼은 마치 영적인 다이달로스(Daedalus)[2]처럼 스스로 믿음과 기도의 날개를 달고 하늘로 올라가 천사들의 무리 속으로 들어가게 될 것입니다.

저는 이러한 은밀한 기도를 하나님의 품으로 날아드는 '영혼의 비상'이라고 부릅니다. 이 천상의 골방에서 온통 빛으로 둘러싸인 야곱의 사다리를 오릅니다. 이 사다리의 받침대는 우리의 마음속에 있는 언약의 터 위에 놓여 있

---

[2] 역자주 – 그리스 신화에 등장하는 크레테 섬의 미궁(迷宮)을 만든 명장(名匠)으로서, 나중에 자신이 그 안에 갇혔으나 새의 깃털로 날개를 만들어 탈출합니다.

으며, 그 꼭대기는 은혜의 보좌에까지 이릅니다. 우리의 영혼이 밤중에 그분을 갈망하며 거룩한 간구를 드리도록 고삐를 당긴다면, 날이 밝기 전에 그분을 찾게 될 것입니다. 모든 헛되고도 세속적인 것으로부터 마음의 문빗장을 걸고 눈의 창문을 닫은 채로 우리의 영혼이 하늘 정원으로 안내될 것이며, 하나님의 보좌 옆에 서 있는 천사들 가운데에 왕래하게 될 것입니다(슥 3:7 참고).

은밀한 기도를 통해 우리의 영혼은 마치 모세처럼 사막의 불붙은 떨기나무 사이에서 언약의 사자와 대화를 나눕니다(출 3:4 참고). 이삭은 해질 무렵 들판에서 아버지 아브라함의 하나님을 묵상하며 기도했습니다(창 24:63 참고). 엘리야는 광야의 로뎀나무 아래 누워서, 그리고 동굴에서 하나님의 세미한 음성을 들었습니다(왕상 19:4,9 참고). 그리스도와 그의 신부만이 있는 은밀한 포도저장고 사랑의 깃발 아래서 그녀는 성령으로 취해 속삭입니다(아 2:4, 엡 5:18 참고). 나다나엘은 무화과나무 아래서 아마도 은밀히 기도하다가 그리스도의 눈에 띄었습니다(요 1:48 참고). 어거스틴은 정원에 홀로 앉아 시편 기자처럼 "오 주여, 어느 때까지니이까?"라고 한숨짓다가 "성경을 들고 읽으라"는 하나님의 음성을 들었습니다(고백록 8장 참고).

물론 위선자들도 홀로 오래도록 기도할 수 있습니다. 그러나 그들은 남들이 알아 주기를 바라는 그들의 욕망대로 이미 상을 받았습니다. 그들에게는 하나님을 향한 사랑의 샘이 없습니다. 위선자는 은밀한 헌신에서 오는 은밀한 기쁨을 절대 알지 못합니다.

그리스도께서 이렇게 말씀하십니다.

"바위틈 낭떠러지 은밀한 곳에 있는 나의 비둘기야, 내가 네 얼굴을 보게 하라. 네 소리를 듣게 하라. 네 소리는 부드럽고 네 얼굴은 아름답구나!"(아 2:14)

천상의 눈에 가장 아름다운 모습은 상한 심령으로 눈물을 흘리는 얼굴입니다. 마치 모세가 율법의 지팡이로 내리친 반석에서 샘물이 흐르듯이, 상한 심령으로부터 회개의 눈물이 흘러나오는 모습이 가장 아름답습니다. 오, 상한 심령으로 "내가 깊은 곳에서 주께 부르짖었나이다"(시 130:1)라고 외치는 것은 하나님 보시기에 얼마나 아름다운 모습인지요! 크리소스톰은 이 구절을 "마음의 고랑에서 한숨을 자아내다"라고 훌륭하게 주해했습니다.

마치 히스기야가 병상에서 아무도 그를 보지 못하도록 '낯을 벽으로 향하고 여호와께 기도하였던 것처럼'(왕하 20:2 참고), 우리의 복되신 주께서 산이나 외딴 곳에서 홀로 기도하다가 아버지의 밝은 얼굴을 보셨던 것처럼, 당신의 기도를 거룩한 비밀이 숨겨진 신비가 되게 하십시오.

그렇다면 왜 은밀한 기도가 신실한 마음의 표지인 것일까요? 신실한 마음은 죄를 억제하고 은혜를 분발시키며, 유혹을 분별하고 저항하며, 믿음의 증거를 굳게 하고 진보시키기에 분주합니다. 그런데 이런 일들은 모두 은밀한 기도와 밀접하게 관련되어 있습니다.

왕의 딸의 영광은 내적인 요소에서 더욱 빛납니다. 금으로 장식된 옷을 입고 있지만 진정으로 반짝이는 것은 그녀의 마음의 장식들이며, 특히 그녀가 왕과 대화를 나눌 때 더욱 눈부시게 빛납니다. 마찬가지로 성도 역시 하나님과 마음의 대화를 더욱 많이 나눌수록 자신의 영을 더욱 잘 살필 수 있습니다. 성도는 언제나 하나님께서 지켜보시는 자로서 하나님 앞에서 행하고자 힘쓰며, 특히 은혜의 보좌 앞에 나아갈 때 더욱 그러합니다. 하나님 외에는 그 어떤 시선도 의식할 필요가 없는 은밀한 기도 가운데 은밀하게 만나는 하나님을 기뻐합니다. 성도는 마음을 살피시는 그 은밀한 시선을 기뻐합니다.

저는 이번 강론에서 은밀한 기도를 어떻게 수행해야 하는지를 다룰 것입니다. 그런데 이 문제를 다루기 전에 은밀한 기도가 의무라는 것과 그것이 반드시 필요하고도 유용한 일이라는 것에 대해 간략하게 입증하고자 합니다.

본문은 은밀한 기도가 우리의 의무임을 분명하게 강조합니다. 솔로몬의 기도에서도 동일한 내용이 발견됩니다. 그는 만일 이스라엘 공동체와는 별개로 하나님께 탄원할 것이 있는 한 사람이 성전을 향하여 은혜롭고도 특별한 응답을 바라면서 기도하거든 하나님이 응답해 달라고 기도하였습니다(왕상 8:38,39, 대하 6:29,30 참고). 그리고 이러한 솔로몬의 기도는 불로 응답을 받았습니다(대하 7:1-3 참고). 즉, 개인적인 기도에 대해 응답하리라는 약속이 주어진 것입니다. 이 밖에도 성경에는 개인적인 기도에 대한 훈계와 권면들이 너무나 많습니다. 남편들뿐 아니라 아내들도 따로 기도해야 하며(슥 12:12-14 참고), 모든 사람이 홀로 각자 기도해야 합니다(약 5:13 참고).

또한 모든 시대의 하나님의 거룩한 성도들이 지속적으로 은밀히 기도했다는 사실도 이러한 기도가 의무임을 뒷받침해 줍니다. 아브라함, 엘리에셀, 이삭, 야곱, 모세, 한나, 히스기야, 다윗, 다니엘과 같은 의로운 사람들이 걸었던 길을 따라 걷는 것이 지혜롭습니다. 은밀한 기도에 관해서는 구름같이 둘러싼 수많은 믿음의 증인들이 있습니다. 우리는 때때로 사막에서나 산에서나 정원에서 기도할 때에 주님을 발견합니다. 고넬료는 자신의 집에서, 베드로는 옥상에서 하나님께 은밀히 간구했습니다. 엘리에셀, 야베스, 느헤미야, 스가랴, 고넬료, 바울 등의 이야기에서 볼 수 있듯이, 은밀한 기도를 통해 하나님의 은혜로운 임재를 경험하게 되며 응답을 받습니다. 그러하기에 다윗은 "모든 경건한 자는 주를 만날 기회를 얻어서 주께 기도할지라"(시 32:6)라고 말합니다.

그렇다면 하나님께 은밀하게 기도하는 것이 왜 유용하고도 필요한 일일까요?

첫째, 우리에게는 다른 사람들에게는 고백할 수도 없고 고백해서도 안 되는, 오직 홀로 은밀하게 고백해야만 하는 은밀한 죄들이 있기 때문입니다(슥 12:12, 고전 7:5 참고).

둘째, 우리에게는 오직 하나님께만 아뢰고 싶은 개인적인 필요들이 있기 때문입니다.

셋째, 우리에게는 자신만의 구체적인 문제와 관련된 특별한 은혜와 구원이 필요하며, 따라서 개인적으로 하나님과 교통하며 그분께 의의 제사를 드려야 할 필요가 있기 때문입니다.

넷째, 우리에게는 다른 사람들과 하나님의 교회 앞에서 공개적으로 드러내기에는 부적절한, 그래서 더욱 은밀하게 마음을 쏟아야 할 구체적인 요청들이 있기 때문입니다.

다섯째, 우리에게는 서로 나누며 기도하기에는 알맞지 않은, 영혼에서 은밀하게 솟아나는 갑작스럽고도 긴급한 열망이 있기 때문입니다.

여섯째, 다른 사람들이 주제넘게 끼어들 수 없는 내적인 슬픔과 기쁨들을 은밀하게 아뢰는 것이 그 마음의 신실함과 고결함을 넌지시 시사하는 것이기 때문입니다. 사람마다 울어야 할 문제가 있으며, 그래서 골방에 들어가 은밀히 아뢸 때, 그것을 바라보시고 그의 증언을 기록하시는 이가 하늘에 계십니다. 다른 사람이 조롱하거나 동정할 때에도 그의 눈은 하나님 앞에서 눈물을 쏟아 냅니다.

이렇게 은밀한 곳에 홀로 있을 때, 문을 닫고 세상에서 벗어나 분주함과 산만함으로 방해받지 않고 조용히 홀로 머물 때 경건한 영혼이 얻는 만족은 얼마나 큰지요! 경건한 영혼이 '지존자의 은밀한 곳에 거주하며 전능자의 그늘 아래에 살 때'(시 91:1 참고) 얼마나 안전하고 편안한지요!

*"But thou, when thou prayest, enter into thy closet,
and when thou hast shut thy door,
pray to thy Father which is in secret,
and thy Father who seeth in secret, shall reward thee openly."*
(Matthew 6:6)

1장
은밀한 기도를 수행하는 방법

"너는 기도할 때에 네 골방에 들어가 문을 닫고 은밀한 중에 계신 네 아버지께 기도하라. 은밀한 중에 보시는 네 아버지께서 갚으시리라"(마 6:6).

이제 본격적으로 본문에서 추론할 수 있는 질문을 생각해 보겠습니다. 하나님을 감동시키고 영혼의 위로와 만족을 얻기 위해서 은밀한 기도를 어떻게 수행해야 할까요? 이러한 은밀한 기도의 수행이라는 문제는 두 가지 측면에서 생각해 볼 수 있습니다. 하나는 어떻게 하면 하나님을 감동시키는 은밀한 기도를 할 수 있는가 하는 것(1장)이며, 또 하나는 은밀한 기도에 대한 응답을 어떻게 분별하고 발견할 수 있는가 하는 것(2장)입니다.

마음속으로만 기도하든지 소리를 내서 기도하든지, 혹은 이따금씩 순간적으로 튀어나오는 기도를 하든지 간에 은밀한 기도를 특정 형태로만 해야 한다고 주장할 수는 없습니다. 다만 은밀한 기도에 적합한 몇 가지 방법이 있다는 저의 견해를 밝히고자 합니다. 물론 다른 모든 종류의 기도와 은밀한 기도는 모두 필요합니다. 그러나 특히 은밀한 기도는 우리의 지속적인 의무로서 중요한 문제들을 다루기에 적절한 기도입니다. 이러한 은밀한 기도를 어떻게 하면 효과적으로 수행할 수 있을까요?

1. 일반적인 지침들

1) 기도를 준비하라

기도하기 전에 먼저 얼마간 준비하십시오. 하나님의 두려운 임재 앞으로 성급하게 달려 나가지 마십시오. 거룩한 대화를 나누기 위해서는 거룩한 준비가 필요합니다. 하나님으로부터 내려오는 마음과 내적 정서로 준비해야 합니다. 누군가 이런 훌륭한 말을 남겼습니다. "먼저 경건하게 묵상하지 않고서는 결코 격렬하게 기도할 수 없다." 다니엘은 기도할 때에 먼저 자신의 얼굴을 주 하나님께로 향했습니다(단 9:3 참고).[1] 여호사밧 역시 여호와께로 낯을 향하여 간구했습니다(대하 20:3 참고). 교회는 그 영혼이 밤중에 주님을 향하며, 이른 아침에 그분을 갈망합니다. 묵상은 위를 향해 날아오르는 비상이요 기도의 불을 점화시키는 불꽃입니다.

기도의 준비 과정은 다섯 가지로 요약됩니다.

첫째, 기도하고자 하는 내용과 관련된 하나님의 속성들을 생각하십시오.

둘째, 문제와 관련된 특별하고도 특정한 약속들을 음미하십시오.

셋째, 적절한 논증에 대해 묵상하십시오.

넷째, 도움을 구하며 간헐적으로 외치십시오.

---

1) 역자주 – 개역개정 성경에는 "내가 금식하며 베옷을 입고 재를 덮어쓰고 주 하나님께 기도하며 간구하기로 결심하고"라고 되어 있습니다. 그러나 히브리 원어 성경에는 '파님(얼굴)'이라는 단어가 있으며, 영역본 KJV에는 "And I set my face unto the Lord God(내가 내 얼굴을 주 하나님께로 향하고)"으로 표현되어 있습니다.

다섯째, 거룩한 경외심을 유지하며 기도할 내용에 마음을 집중하십시오. 키프리안(Cyprian)의 훌륭한 조언을 들어 봅시다. "영혼으로 하여금 기도해야 할 것 외에는 아무것도 생각하지 않게 하라." 그리고 그는 옛 시대의 목회자들이 회중들의 마음을 준비시키기 위해 "당신의 마음을 높이 들어올리라"라고 말했다고 덧붙입니다. 우리 자신도 자신의 소리를 듣지 않으면서, 자신이 하는 말에 자신의 마음도 주목하지 않으면서, 어떻게 하나님이 우리의 소리에 귀를 기울이시리라 기대할 수 있겠습니까? 혀는 글을 쓰려는 작가의 펜과 같이, 마음이 지시하는 바를 훌륭하게 표현해야 합니다. 두서없이 이야기하지 않도록 주의하십시오. 거룩하신 하나님께 기도하는 동안 위선적인 이야기들을 장황하게 늘어놓는 것은 불경스러운 일입니다.

2) 죄를 고백하라

특별히 구하고자 하는 문제와 관련해서 떠오르는 죄들을 겸손히 고백하십시오. 주님 앞에 나아올 때에 우리는 '더러운 옷'(슥 3:4)을 벗어야 합니다. 다윗은 "나의 곤고와 환난을 보시고 내 모든 죄를 사하소서"(시 25:18)라고 간구했습니다. 종종 환난과 관련된 특정한 죄들이 있습니다. "오 주여! 나의 허물을 사하시고, 그 후에 나의 기도를 들으소서." 이것이 하늘의 방식입니다. 하나님은 먼저 우리의 모든 죄악을 사하시고 나서 우리의 모든 질병을 고치십니다(시 103:3 참고). 용서받은 영혼이 치유받을 수 있습니다. 용서받지 못한 죄로 인해 마음이 불안하고 병들어 있다면, 그것이 영혼을 당혹스럽게 하여 하나님을 향해 힘 있게 부르짖을 수 없게 만듭니다.

그러므로 거룩한 슬픔 속에서 특정한 죄를 쏟아 내십시오. 다윗 역시 시편 51편의 위대한 참회시에서 그렇게 기도했습니다. 죄는 마치 두터운 구름과도 같아서, 하나님의 얼굴을 가려 우리의 기도를 듣지 않으시게 합니다(사 59:2

참고). 만일 우리가 자비의 미소를 기대한다면, 우리는 먼저 에스라처럼 양심의 수치로 인해 '부끄럽고 낯이 뜨거워'(스 9:6)져야 합니다. 은혜의 보좌로부터 화평의 응답을 얻기 전에 먼저 우리의 주홍빛 같은 죄가 우리의 양심을 붉게 물들여야 하며, 우리 제물의 피가 제단의 뿔에 뿌려져야 합니다. 우리 자신이 용서받아야 우리의 탄원이 받아들여지고 우리의 간구들이 평화의 감람나무 가지로 장식될 수 있습니다.

3) 하나님께 변론하고 탄원하라

기도 가운데 영혼의 변론과 탄원이 있어야 합니다. 겸손하면서도 열심히 그분의 마음을 우리에게로 돌리기 위해 설득하는 것, 이것은 하나님과 정당하게 씨름하는 것입니다.

"하나님이여, 주께서 어찌하여 우리를 영원히 버리시나이까? 어찌하여 주께서 기르시는 양을 향하여 진노의 연기를 뿜으시나이까?"(시 74:1)

"여호와여, 너무 분노하지 마시오며 죄악을 영원히 기억하지 마시옵소서. 구하오니 보시옵소서 보시옵소서. 우리는 다 주의 백성이니이다"(사 64:9).

리브가는 "이럴 경우에는 내가 어찌할꼬?"(창 25:22)라고 놀라며 여호와께 기도하였습니다. 기도에서 변론함으로써 우리는 놀란 심령을 가라앉히고 치유하며, 그다음에 하나님께 여쭙습니다. 기도의 전(殿)은 '영혼이 질문하는 곳'이라고 불립니다. 아브라함, 야곱, 모세, 여호수아, 다윗, 다니엘 등도 하나님께 묻고 변론했습니다.

이렇게 주님 앞에서 묻고 변론할 수 있는 것은, 주의 풍성한 사랑과(시 5:7, 6:4, 31:16 참고) 이전에 응답받은 우리의 경험에 근거한 것입니다(시 4:1, 6:9, 22:4 참고). 또한 그것은 주님을 신뢰하고 의지하기에 가능하며(시 9:10, 16:1 참고), 하나님의 공평하심과(시 17:2 참고) 응답이 없을 경우 느끼게 될 수치와 혼란을 의식하는 데서 비롯됩니다. 뿐만 아니라 그것은 승리의 약속에 근거한 것이기도 합니다(시 20:5 참고).

기도할 때에 이와 같이 호소하고 탄원하는 것을 우리는 성경에서 얼마든지 볼 수 있습니다. 이는 성령이 가르쳐 주신 방식이며, 그리스도의 향과 더불어 타오르는 향연과도 같습니다. 한두 가지의 특정한 기도의 사례를 통해, 경건한 사람들이 곤란하고도 당혹스러운 처지에 빠졌을 때 어떠한 변론과 탄원으로 기도했는지 살펴봅시다. 여호사밧은 하나님의 언약에 근거해서, 또한 하나님께서 가나안의 옛 족속들을 쫓아내시고 그 땅을 이스라엘에게 선물로 주신 사실에 근거해서, 얼마나 효과적으로 기도했는지요! 여호사밧과 이스라엘 백성들은 솔로몬의 약속에 근거하여, 성전에서 선을 악으로 갚으려는 원수들의 배은망덕을 아뢰며 자신의 무능함을 겸손히 고백하고 하나님의 공평하심에 호소하였습니다(대하 20:10,11 참고). 그들은 큰 근심 가운데서 오직 주님만을 바라보았습니다(12절 참고). 그러자 주님은 하늘의 군대를 보내 복병으로 암몬과 모압 자손과 세일산 주민들을 치셨습니다(22,23절 참고). 이 얼마나 영광스러운 응답입니까! 그렇습니다. 이는 그다음 세대에게 하나님께서 교회를 대적하는 원수들을 어떻게 다루시는지를 보여 주는 하나의 실례입니다(욜 3:2 참고).

또 다른 사례로 스가랴서 1장 12절을 보십시오. 이는 예루살렘의 회복을 위해 간구하는 여호와의 천사의 감탄스러운 기도입니다. 여기서 언약 천사는 하나님이 노하신 지 70년이 되었음을 아뢰면서, 선지자들에게 하신 은혜의 약속 곧 포로 기한이 만료되었음을 상기시키고 있습니다. 그러자 여호와께서 '선한 말씀, 위로하는 말씀으로'(13절) 대답하셨습니다. 이처럼 하나님의 속성과 약속들, 감미로운 하나님의 사랑에 대한 경험들 등에 근거한 변론들은 설득력을 지닙니다. 그것이 효과적인 기도의 한 예입니다.

크리소스톰은 가나안 여인에 대해 독창적으로 주해하였습니다. "이 가련하고도 괴로운 여인은 아주 명민한 현자처럼 그리스도에게 호소하고, 마침내 그분의 은혜를 얻어 낸다." 오, 기도할 때에 하나님께 변론하여 복을 얻어 내는 지혜는 얼마나 복된지요! 이것들은 단지 몇몇 사례에 불과합니다. 야곱처럼, 전능자와 변론하여 복을 얻어 내는 영혼들은 얼마든지 있습니다.

4) 간절히 부르짖으라

간절한 기도는 매우 민감하게 느끼는 마음을 보여 주는 것으로서 매우 효력이 있습니다. 부르짖는 기도는 천국의 깊은 곳에까지 도달합니다. 출애굽기 14장에는 모세가 부르짖은 내용이 구체적으로 기록되어 있지는 않지만, 모세의 그 부르짖음으로 하나님의 마음이 움직였다고 기록되어 있습니다(15절 참고). 물론 이때 부르짖음이란 시끄러운 소음이 아니라 마음이 녹는 듯한 신음 소리를 가리킵니다. 때때로 찌르는 듯이 아프고 쑤시는 심령의 고뇌와 절박함 때문에 목소리를 전혀 낼 수 없을 때도 있지만, 하나님의 귀는 그 신음 소리마저 놓치지 않으십니다.

"내가 나의 목소리로 여호와께 부르짖으니 그의 성산에서 응답하시는도다"(시 3:4).

다윗은 주님이 자신의 기도를 들으시는 것에 용기를 얻어 이렇게 외칩니다.

"여호와여, 나의 말에 귀를 기울이사 나의 심정을 헤아려 주소서. 나의 왕, 나의 하나님이여, 내가 부르짖는 소리를 들으소서. 내가 주께 기도하나이다"(시 5:1,2).

또 다른 때에 다윗은 동굴에서 이렇게 외칩니다.

"나의 부르짖음을 들으소서. 나는 심히 비천하니이다"(시 142:6).

논점이 무엇입니까? 믿음은 부르짖음을 통해 용기를 얻습니다. 자신의 원통함을 토하며 눈물을 흘리는 동안 그의 믿음이 확신으로 변하였습니다. 그리하여 마침내 이렇게 결론 내립니다.

"주께서 나에게 갚아 주시리니 의인들이 나를 두르리이다"(시 142:7).

많은 눈물이 많은 은혜를 가져다주며, 눈물로 탄원하는 사람이 승리의 찬송을 부르게 됩니다. 야곱 역시 얍복 나루에서 같은 일을 경험했습니다. 그는 울며 간구하였고 천사를 이겼습니다(창 32:24-30 참고). 또한 히스기야에게 주님은 "내가 네 기도를 들었고 네 눈물을 보았노라"(왕하 20:5, 사 38:5)라고 말씀하셨습니다. 그러한 선례들이 타락한 에브라임으로 하여금 용기를 내서 스스로 돌이켜 탄식하게 했고, 주께서는 창자가 들끓듯이 에브라임을 불쌍히 여기셨습니다(렘 31:18-20 참고). 또한 우리는 경건한 한 여인이 여호와 앞에서 심하게 통곡한 후에 주의 구원으로 말미암아 기뻐하는 것도 볼 수 있습니다(삼상 1:10, 2:1 참고).

성도의 부르짖는 기도는 목소리로 내는 음악과 같아서, 천상의 선율이 되어 하나님의 귀에 전해집니다. 신랑은 아침의 비둘기를 부르며 말합니다.

"나의 비둘기야, 내가 네 얼굴을 보게 하라. 네 소리를 듣게 하라. 네 소리는 부드럽고 네 얼굴은 아름답구나"(아 2:14).

게르손(Gerson)은 '나사로의 헌 상처들'(눅 16:20 참고)에 대해 감탄스럽게도 '많은 종기들, 많은 탄식의 기도'라고 주해했습니다. 기도 가운데 부르짖고 신음하는 것은 하나님의 보좌 앞에서 유려한 웅변과도 같습니다.

5) 끈질기고도 지속적으로 강청하라

끈질기고도 지속적인 강청 역시 매우 효과적입니다. 마치 옛 시대의 이방인들처럼 진부하고도 헛된 말을 반복함으로써 기도 시간만 늘리라는 것이 아닙니다. 우리가 빈번하고도 지속적으로 기도해야 한다는 것입니다. 그리스도께서는 우리에게 항상 기도하라고 명령하셨습니다. 또한 사도 바울도 쉬지 말고 기도하라고 권면합니다. 즉, 지속적인 기도가 우리의 의무인 것입니다.

성전에서 아침과 저녁으로 드리는 제물을 '상번제(continual burnt offering)'라고 불렀습니다(민 28:4,6 참고). 므비보셋이 항상 다윗 왕의 상에서 먹은 것처럼(삼하 9:10,11 참고), 그리고 솔로몬의 신하들이 정해진 시간에 왕의 상에 참여하였던 것처럼(왕상 4:27 참고), 우리 역시 지속적이고도 끈질기게 기도의 자리로 나아가 인내하면서 우리의 간구를 올려 드려야 합니다. 인내하는 기도는 인내하는 믿음의 징표입니다. 그리고 그러한 믿음은 무엇이든지 구하는 것을 하나님의 손에서 받게 됩니다.

또한 절박한 기도는 가까운 때에 은혜가 임할 것임을 나타내는 징후입니다. 엘리야가 비를 구하며 일곱 번을 절박하게 기도했을 때, 드디어 '바다에서 사람의 손만 한 작은 구름이 일어났습니다'(왕상 18:44 참고). 우리가 기도에 온 힘을 쏟았고 하늘로부터 거절의 응답을 듣지 못했다면, 하나님이 우리를 기억하시도록 계속해서 기도의 나팔을 부십시오(민 10:10 참고). 그렇게 기도하는 동안 잠시 애를 태우더라도 곧 큰 긍휼이 임할 것입니다.

우리 주님께서는 지속적인 기도를 가르치시면서, 어떤 사람의 벗이 밤중에 떡 세 덩이를 꾸어 달라고 찾아온다면, "비록 벗 됨으로 인하여서는 일어나서 주지 아니할지라도 그 간청함을 인하여 그 요구대로 주리라"(눅 11:8)라고 비유하셨습니다. 불의한 재판관을 계속해서 번거롭게 하고 괴롭혀 설복시킨 과부의 경우도 마찬가지입니다.

"이 과부가 나를 번거롭게 하니 내가 그 원한을 풀어 주리라. 그렇지 않으면 늘 와서 나를 괴롭게 하리라 하였느니라"(눅 18:5).

무엇보다도 가나안 여인의 강청함은 실로 경탄스럽습니다. 계속해서 뒤에서 소리 지르는 그녀를 제자들이 성가시게 여겨 쫓아 버리자고 했을 때에도 그녀는 조금도 굴하지 않았습니다(마 15:23 참고). 제 생각을 조심스럽게 밝히자면, 그리스도께서도 그처럼 성가신 사람을 보고 놀라셨을 것입니다. 어거스틴은 마태복음과 마가복음을 대조하면서 이 사건에 대해 이렇게 진술합니다. "처음에 이 여인은 거리에서 소리를 지르며 그리스도를 뒤따랐습니다. 그러나 우리 주님은 한 집으로 들어가셨습니다. 그러자 그녀는 집으로 따라 들어가 그리스도의 발 아래 무릎을 꿇었습니다. 그러나 주님은 한마디도 대답하지 않으셨습니다. 그 후 주님께서 그 집을 나가 길을 가실 때에 그 여인은 자비를 베풀어 달라고 더욱 크게 소리치며 따라갔습니다. 결국 그리스도는 여인의 이 모든 행동이 큰 믿음에서 비롯되었다고 칭찬하셨습니다."

한밤중에 천국의 대문을 두드리는 것은 전혀 무례한 행동이 아닙니다. 열정적인 기도는 효과적인 기도일 가능성이 큽니다. 냉담한 청원자는 필연적으로 냉담한 응답을 받게 됩니다. 기도하는 문제가 올바르고 또 하나님의 약속을 강력하게 주장한다면, 당신은 자신을 축복할 때까지 천사를 보내지 않고 씨름했던 야곱처럼 기도에서 이길 가능성이 큽니다.

어떤 사람은 이렇게 질문할지도 모릅니다. "그러나 하나님께서 우리의 변론에 감동을 받으시거나 우리의 괴로움 때문에 측은해하실 수 있습니까? 하나님은 변하지 않는 분이시며, 가까이할 수 없는 빛에 거하는 분이 아니십니까? 그분은 변함도 없고 회전하는 그림자도 없는 분이 아니십니까?"

이런 질문에 저는 이렇게 답하겠습니다. 기도할 때에 성도들의 마음속에서 일어나는 경건한 감정들은 그들을 향한 하나님의 사랑의 열매입니다. 하나님은 기도와 변론과 따스한 정서 등을 은혜를 선포하는 전령으로 보내 주십니다. 육적인 사람들이 그러한 은혜를 누리지 못하는 것은 그들이 기도에 마음을 쏟지 않기 때문입니다. 기도의 영은 가까운 장래에 임할 은혜를 미리 알려 줍니다.

하나님은 예레미야에게 포로기의 끝을 예고하셨고(렘 29:10 참고), 바벨론의 문을 열게 할 기도가 있을 것임을 예고하셨습니다. 고레스가 하나님께서 택하신 이스라엘을 위해 일할 것임이 예언되었지만(사 45:1-4 참고), 그렇더라도 그들은 장차 이루어질 일을 위해 기도해야 했고, '혼돈 중에 하나님을 찾아서는 안 되었습니다'(사 45:19 참고). 이스라엘이 되돌아올 장래의 영광이 에스겔에 의해 예언되었지만, 그렇더라도 이스라엘 족속은 그 일이 이루어지기를 하나님께 구해야 했습니다(겔 36:24,37 참고). 그리스도의 다시 오심 역시 그분이 친히 약속하셨습니다. 그러나 성령과 신부가 '오라'고 하시면, 듣는 자도 '오라'고 화답해야 합니다(계 22:17 참고). 또한 그리스도께서 친히 "내가 속히 오리라" 하시면, 우리도 "아멘, 주 예수여 오시옵소서"라고 기도로 화답해야 합니다(계 22:20 참고).

약속된 은혜가 우리에게 임하기 전에 거룩한 은혜가 먼저 우리의 감정에 불을 붙입니다. 기도는 우리의 영을 하나님께로 이끌고 은혜를 우리에게로 끌어당기는 사슬입니다. 기도는 육지가 움직이지 않아도 배를 끌어당겨 육지 가까이에 정박할 수 있게 만드는 밧줄과도 같습니다. 마치 구약시대의 제물들이 하늘에서 내려온 불로 타올랐던 것처럼, 기도를 통해 하늘의 불꽃이 점화되는 것입니다.

6) 하나님의 뜻에 순종하라

하나님의 거룩하고도 지혜로운 뜻에 복종하십시오. 성령께서 성도들을 위해 하나님의 뜻대로 간구하시는 것은 성도들에게 큰 은혜요 혜택입니다. 우리가 거룩함을 위해 기도하는 것이 바로 하나님의 뜻입니다.

"하나님의 뜻은 이것이니 너희의 거룩함이라"(살전 4:3).

우리가 우리의 몸을 하나님이 받으시는 거룩한 산제물로 드리고자 기도할 때, 우리는 하나님의 선하시고 기뻐하시고 온전하신 뜻이 무엇인지 알게 될 것입니다(롬 12:1,2 참고). 은혜 언약 안에서 하나님은 자신의 역할을 다하십니다. 그러므로 우리 역시 그러해야 합니다. 하나님께서는 우리에게 기도하라고 명령하실 뿐 아니라, 우리에게 "은총과 간구하는 심령을 부어 주리니"(슥 12:10)라고 약속하십니다.

하나님은 우리에게 회개하고 돌이키라고 명령하십니다.

"주 여호와의 말씀에 너희는 마음을 돌이켜 우상을 떠나고 얼굴을 돌려 모든 가증한 것을 떠나라"(겔 14:6).

그리고 하나님의 백성들은 이렇게 말하며 회개합니다.

"주는 나의 하나님 여호와이시니 나를 이끌어 돌이키소서. 그리하시면 내가 돌아오겠나이다"(렘 31:18).

"여호와여 우리를 주께로 돌이키소서. 그리하시면 우리가 주께로 돌아가겠사오니 우리의 날들을 다시 새롭게 하사 옛적 같게 하옵소서"(애 5:21).

그러면 하나님은 이렇게 약속하십니다.

"또 새 영을 너희 속에 두고 새 마음을 너희에게 주되 너희 육신에서 굳은 마음을 제거하고 부드러운 마음을 줄 것이며, 또 내 영을 너희 속에 두어 너희로 내 율례를 행하게 하리니 너희가 내 규례를 지켜 행할지라"(겔 36:26,27).

바울은 이렇게 말합니다.

"이로써 우리도 듣던 날부터 너희를 위하여 기도하기를 그치지 아니하고"(골 1:9).

"모든 선한 일에 너희를 온전하게 하사 자기 뜻을 행하게 하시고 그 앞에 즐거운 것을 예수 그리스도로 말미암아 우리 가운데서 이루시기를 원하노라"(히 13:21).

"그러므로 나의 사랑하는 자들아……항상 복종하여 두렵고 떨림으로 너희 구원을 이루라. 너희 안에서 행하시는 이는 하나님이시니 자기의 기쁘신 뜻을 위하여 너희에게 소원을 두고 행하게 하시나니"(빌 2:12,13).

훈계와 약속과 기도가 마치 황금사슬처럼 연결되어 있어서, 영적인 의무를 수행하는 영혼을 분발시키고 격려하며 돕는 것입니다.

또 한편으로 일시적이고도 임시적인 은혜를 구하는 문제와 관련하여 우리의 모든 소원을 그분의 말씀과 일치되도록 하고 그분의 발 아래 무릎 꿇으십시오. 그리고 약속의 말씀에 근거한 믿음에 따라 소원을 아뢰십시오. 그러면 그 소원이 이루어질 것입니다. 게르손은 "당신의 모든 소원들이 거룩하고도 선한 뜻의 경첩에 매달려 돌아가게 하십시오"라고 멋지게 표현했습니다. 하나님의 뜻을 자신의 뜻으로 삼는 사람은 그 뜻을 이루게 될 것입니다. 하나님께서는 틀림없이 자기 백성에게 유익한 것을 주십니다.

육체의 소욕을 억제하십시오. 이것은 곧 우리의 뜻을 하나님의 뜻으로 용해시키는 것입니다. 단지 동의하는 정도가 아니라 크게 기뻐하면서 하나님의 뜻을 이루기 위해 우리의 의지를 십자가에 못 박는 것이 바로 영적 성숙의 위대한 징표입니다. 우리의 의지를 거룩한 기도의 제물로 바칠 때, 우리는 우리가 구하는 것보다 훨씬 더 좋은 것을 받게 될 것입니다. 누군가 이런 훌륭한 말을 남겼습니다. "하나님께서는 종종 우리가 기도한 것을 그대로 허락하지 않으십니다. 그분이 우리의 기도에 은혜롭게 응답하셔서 우리가 요청한 것을 초월하여 우리가 진정으로 갖고 싶어하는 것을 주시기 때문입니다."

'우리는 마땅히 기도할 바를 알지 못하나 오직 성령이 말할 수 없는 탄식으로'(롬 8:26) 기도 중에 우리의 의지와 소원을 어떻게 교정해야 하는지 은밀하게 암시해 주십니다. 큰 근심과 고통 가운데서 우리의 본성은 고통이 경감되기를 바라며 크게 신음하라고 명령합니다. 그러나 넉넉히 견디게 하는 은혜를 주시고 신의 성품에 참여하게 하시며, 세상적인 안락함을 절제하고 천국을 갈망하는 영혼을 주시고, 해 아래서 잠시 지나가는 것일 뿐 진정한 만족을 주지 못하는 쾌락들에 대해 점점 싫증내게 하고, 하나님의 때에 하나님의 구원이 임하기를 바라며 기다리게 하시는 이 모든 것들이, 기도의 응답으로서 즉시 주어지는 외부적인 은혜들보다도 훨씬 더 달콤한 은혜들입니다. 진정 경건한 사람이라면 어느 누가 구름 낀 날에도 빛을 비추시는 하나님의 얼굴빛을 잃어버리고 약간의 식량과 포도주를 얻으려 하겠습니까?

뿐만 아니라 대부분의 경우 기도의 거절은 가장 훌륭한 응답으로 판명됩니다. 하나님께서 우리의 기도를 들어주시지 않은 것이 오히려 우리의 기도를 들으신다는 징표일 때가 있습니다. 그러므로 기도하기 전에 먼저 "당신의 뜻이 이루어지이다"라는 말씀을 마음에 새기십시오. 그러면 당신이 구하지도 않았던 은혜들, 예를 들어 예기치 못한 위험으로부터 보호하시는 은혜나 모든 일을 최상으로 바꾸시는 은혜들을 누리게 될 것입니다. 이러한 확신을 가지고서 무엇이든지 그분의 뜻대로 구하면 그분께서 들으실 것입니다.

7) 모든 것을 그리스도께 맡기라

모든 것을 그리스도의 손에 맡기십시오. 구약시대의 대제사장은 '예물과 제사 드림을 위하여 세운 자'(히 8:3)였습니다. 그리스도는 '하나님의 집 다스리는 큰 제사장'(히 10:21)이십니다. 그러하기에 그리스도는 우리의 예물을 받아서 하나님의 집에 드리는 분이십니다. 그리스도께서 은혜의 보좌에서 우리를 위해 하시는 일이 무엇입니까? 우리의 간구를 그리스도의 손 위에 올려놓으십시오. 그분은 하나님의 전에서 우리의 예물을 받아 하나님께 올려 드리는 분이십니다. 우리 마음의 한숨과 신음을 체휼하시는 중보자, 곧 우리의 연약함을 아시고 우리의 질고를 함께 느끼시는 그리스도께 전하십시오.

'아버지 품속에 있는'(요 1:18) 그리스도는 하나님의 뜻을 우리에게 나타내 주시며, 하나님의 보좌 앞에 드리는 성도들의 기도에 많은 향을 더해 주십니다. 또한 그분은 우리의 소원을 하나님께 설명하십니다. 그분으로 말미암아 우리의 기도가 향기로운 향이 되어 분향함과 같이 하나님께 드려지는 것입니다(시 141:2, 계 8:3 참고). 그분은 하나님과 우리 사이에 계신 땅의 사람이자 하늘의 사람이십니다. 우리가 그분의 이름으로 무엇을 구하든지 아버지는 그 구하는 바를 그분의 이름으로 우리에게 주십니다(요 15:16, 16:23 참고). 우리의 기도가 그리스도의 향단에 담기어 아버지께로 올라갈 때, 그 기도는 하나님이 맡으시기에 좋은 향기로운 연기가 됩니다.

저는 성경에서 제구시(오후 3시) 기도, 곧 그리스도의 죽음을 가리키는 시간에 기도가 널리 행해진 이유 중 하나가 이와 관련되어 있다고 생각합니다(마 27:46, 행 3:1, 10:30 참고). 아브라함의 제물이 은혜롭게 받아들여진 것도 해질 무렵이었습니다(창 15:12 참고). 이삭은 저물 때에 들에 나가 묵상하였습니다(창 24:63 참고). 엘리야는 갈멜산에서 저녁 소제 드릴 시간에 나아가 기도하였습니다(왕상 18:36 참고). 에스라는 저녁 제사를 드릴 때에 무릎을 꿇고 하나님을 향하여 손을 들었습니다(스 9:5 참고). 다윗은 그의 기도가 '저녁 제사 같이' 실제적인 효력이 있기를 간구했습니다(시 141:2 참고). 다니엘이 기도할 때에 저녁 제사를 드릴 즈음 가브리엘 천사가 그에게 이르렀습니다(단 9:21 참고). 이 모든 것은 우리가 은혜의 보좌 앞으로 나아갈 때에 저녁 제물로 바쳐진 그리스도의 중보의 은택을 입고 있음을 보여 줍니다.

우리는 주기도문에서 아버지를 부름으로써 기도를 시작하라고 배웁니다. 즉, 그리스도 안에서 우리가 자녀로 받아들여졌으므로, 그 효력 있는 관계를 기도에 활용할 수 있는 것입니다.

2. 은밀한 기도를 위한 특별한 지침들

1) 하나님과 친밀한 교제를 나누라

하나님과 친밀한 교제를 나누십시오. 티끌과 재 같은 우리가 하늘로 올라가 감히 왕의 방에서 아버지와 그 아들과 함께 교제를 나눌 수 있을까요?

"너는 하나님과 화목하고 평안하라. 그리하면 복이 네게 임하리라……이에 네가 전능자를 기뻐하여 하나님께로 얼굴을 들 것이라. 너는 그에게 기도하겠고 그는 들으실 것이며 너의 서원을 네가 갚으리라. 네가 무엇을 결정하면 이루어질 것이요 네 길에 빛이 비치리라"(욥 22:21,26-28).

좋은 교제가 우선이고, 좋은 응답은 그다음입니다. 당신의 얼굴이 오래도록 주 하나님을 향할 수 있습니까? 그렇다면 당신은 기도로 그분을 구할 수 있습니다. 다니엘은 먼저 그 얼굴을 주 하나님께로 향하였고, 그다음 기도와 간구로 그분을 찾았습니다(단 9:3 참고). 하나님께서 기도하는 당신의 얼굴을 알아보십니까? 당신은 골방에서 그분과 자주 대화를 나누고 있습니까?

하나님을 은밀한 기쁨 중에 만나 뵈옵는 것은 친밀한 관계의 결과임을 믿으십시오. 자신의 악함과 비천함과 무가치함을 의식하면서도 여전히 하늘 아버지의 거룩한 사랑과 긍휼을 믿고서, 마치 자녀가 그 아버지께 나아오듯이 친밀하게 하나님께로 나아올 수 있습니까? 그 아버지는 아버지들의 아버지이시며, 자비의 아버지이십니다. 사도 바울은 그러한 관계를 참으로 감미롭게 여기며 즐거워했습니다. 하나님이 우리의 아버지이신 것은 그분이 우리 주님의 아버지이시기 때문입니다. 하나님이 그리스도의 아버지이시기 때문에 우리에게도 아버지가 되시는 것입니다. 오, 얼마나 많은 자비와 위로가 이 아버지의 부성(父性)으로부터 흘러나오는지요!

우리는 그리스도를 통해, 그리고 성령 안에서 아버지께로 나아갈 수 있습니다(엡 2:18 참고). 우리는 차츰 삼위 하나님께 친숙해져야 하는데, 먼저는 성령이시요, 그다음으로는 그리스도이시며, 마지막으로 성부 하나님이십니다. 하나님은 '그 아들의 영을 우리 마음 가운데 보내사' 그 아들을 통해 우리로 '아빠, 아버지'(갈 4:6)라고 부르게 하십니다. 먼저 아버지 속에 우리를 향한 자비와 긍휼하심이 생겼으며 그분이 그리스도 안에서 우리를 택하셨고(엡 1:4 참고), 그다음에 그의 영을 보내셔서 우리를 그리스도께로 이끄시고 또한 그리스도에 의해 우리를 자신에게로 이끄신 것입니다.

당신은 이처럼 성령에 의해 하나님께로 이끌리셨습니까? 친밀한 애정에서 친밀한 교통이 일어납니다. 진정 당신의 영혼이 하나님과 사랑의 관계를 맺고 있다면, 그분은 당신의 간구에 은혜롭게 대답하실 것입니다.

"너의 사랑대로 될지어다!"

2) 하나님을 만날 만한 때에 찾으라

하나님을 만날 만한 때가 있습니다. 경건한 사람은 하나님을 만날 만한 때에 기도합니다(시 32:6 참고). 하나님의 마음이 우리에게로 향할 때, 하나님은 귀를 기울여 우리의 기도를 들으십니다(시 31:2 참고). 그때가 은혜의 때이며, 하나님이 우리의 마음을 성령으로 두드리시는 때입니다. 마치 편지를 목에 걸고 날아드는 비둘기처럼 마음속에 생각들이 떠오릅니다. 버나드(Bernard)는 그 마음의 움직임으로 성령의 임재를 알아챘다고 말합니다. 하나님께서 우리의 마음에 자신을 계시하실 때에는 자기 종들의 귀를 열어 은혜로운 말씀을 들려주십니다. 하나님께서 우리에게 그분의 얼굴을 구하라고 명령하실 때에 우리의 영혼은 이렇게 화답해야 합니다.

"내가 여호와께 바라는 한 가지 일 그것을 내가 구하리니"(시 27:4).

거룩한 욕망은 마음을 뜨겁게 만들고 영혼으로 하여금 하나님을 찾도록 만듭니다. 거룩한 욕망은 우리를 하나님의 임재 속으로 데려가기 위해 하늘에서 내려온 전령과도 같습니다.

또한 성령을 소멸하지 않도록 주의하십시오. 성령으로 난 사람은 성령의 음성을 알아듣습니다. 하나님의 말씀이 우리의 영혼에 녹아들거나 따뜻한 애정으로 부드러워지거나 혹은 성령이 자아내는 거룩한 탄식이나 한숨이 느껴질 때, 그때가 바로 기도하기에 적절한 때입니다. 그때 우리는 하나님의 임재를 느낄 수 있습니다. 다니엘, 스가랴, 시므온, 안나 등의 경우를 보면 예언의 시기가 가득 찰 때가 가까워지면 마음속에 큰 격동을 느끼곤 했습니다. 혹은 어떤 약속들이 능력으로 임할 때에 이렇게 기도하기도 합니다. "주께서 이 좋은 것을 주의 종에게 말씀하셨사오니, 주의 종이 이 기도로 주께 간구할 마음이 생겼나이다"(삼하 7:27,28 참고).

약속들이 좋은 포도주처럼 우리의 영혼에 임하는 것을 느낄 때, '이 포도주가 미끄럽게 흘러내려서 잠자는 자의 입을 움직여' 말하게 하는 것입니다(아 7:9 참고).

3) 은밀한 죄를 멀리하라

은밀한 죄들을 멀리하여 양심을 정결하게 유지하십시오. 친구를 은밀하게 모욕한 후에 어떻게 친구를 만나러 갈 수 있겠습니까? 하물며 마음속에 은밀한 죄를 숨겨 놓고서 어떻게 감히 그 모든 것을 아시는 하늘의 하나님 앞으로 나아갈 수 있겠습니까? 이 거룩한 골방에 감히 들릴라를 데리고 들어가겠습니까? 터툴리안의 말을 기억하십시오. "하나님의 계명에 대해 귀를 막은 사람은, 설혹 하나님께서 귀를 기울여 그 소리를 듣고자 하신다 해도, 티끌 속에 앉아 그 입을 막아야 한다." 우리의 은밀한 죄들이 그분의 얼굴빛 가운데 드러난다면 은혜를 기대하기는커녕 그분의 노에 소멸되며 분내심에 놀라게 되리라 예상해야 할 것입니다(시 90:7,8 참고).

아마도 이런 반론이 제기될지도 모릅니다. "그렇다면 누가 감히 하나님과 은밀하게 교제할 수 있겠습니까?" 그렇습니다. 만일 하나님이 우리의 잘못을 엄히 주목하신다면 감히 어느 누가 그분 앞에 설 수 있겠습니까? 이 문제를 민감하게 의식한 다윗은 겸손히 대답합니다.

"그러나 사유하심이 주께 있음은 주를 경외하게 하심이니이다"(시 130:4).

우리가 거룩한 목적으로 나아올 때 긍휼히 여기시고 너그럽게 용서하시겠다고 하나님이 약속하셨습니다(사 55:7 참고). 그분의 생각은 우리의 생각과 다르며, 그분의 길은 우리의 길과 다릅니다. 죄는 우리로 하여금 그분의 임재에서 멀어지게 만들지만, 하늘로부터 선포되는 은혜로운 용서는 상처 입은 영혼에게 임하여 그 영혼으로 하여금 하나님의 발 앞에 엎드리도록 이끌어 줍니다. 비록 우리에게 불의가 없을 수는 없으나, 죄를 아프게 깨닫고 "주의 구원의 즐거움을 내게 회복시켜 주소서"라고 고백하며 나아갈 때, 그분은 자원하는 심령을 주사 우리를 붙들어 주실 것입니다(시 51:12 참고). 영혼에 남겨지는 상처를 주목하십시오. 하나님은 우리의 어리석음을 아십니다. 그분 앞에서는 우리의 악함을 숨길 수 없습니다. 그러므로 우리를 깨끗이 씻어 주시는 그분의 은혜를 바라며 나아와야 합니다.

하나님께서 엘리 대제사장에게 말씀하실 때처럼, 경건한 사람은 자신이 알고 있는 어떤 불의에 대한 하나님의 불쾌감을 느낄 수 있습니다. 그것을 치유하는 길은 하나님으로부터 도망치는 것이 아니라, 두려워 떨면서도 그분의 발 아래 엎드려 모든 것을 사실대로 아뢰는 것입니다. 당신이 치유받았다면, 더 심한 일이 일어나지 않도록 다시는 죄를 범하지 마십시오(요 5:14 참고). 우리가 마음에 죄악을 품으면 주께서 듣지 않으시기 때문입니다(시 66:18 참고).

한 사람이 은밀하게 양 한 마리를 훔쳤습니다. 그런데 그가 기도하는 중에 그 양이 눈앞에서 도망갔고, 그 때문에 그의 마음이 편하지 않았습니다. 우리가 어떤 은밀한 죄를 지으면 신기하게도 기억이 양심의 귀에 대고 계속 종을 쳐 댑니다. 양심의 종소리가 귓전을 때리는데도 그 소리를 외면하고 계속해서 잘못된 생각과 탐욕을 품는 것은 매우 위험합니다.

하나님이 그런 사람을 제 소견에 좋은 대로, 자기 우상에 집착하도록 내버려 두실지도 모릅니다. 그러나 양심이 미처 알아채지도 못하고 뜻하지도 않은 상태에서 어떤 죄나 정욕으로 더러워진 후에 그 잘못을 미워하고 슬퍼한다면, 그때 당신의 얼굴은 하나님이 보시기에 흉하지 않으며 당신의 목소리는 그분의 귀에 거슬리지 않을 것입니다. 누군가 "기도를 잘하는 사람은, 삶을 잘 사는 사람이다(He who prays well, lives well)"라고 말했듯이, 거룩한 삶을 살기 위해서는 지속적인 기도가 동반되어야 합니다. 그 사람의 삶 자체가 하나님 앞에서 지속적인 기도가 되어야 하는 것입니다.

4) 하나님과 개인적인 언약 관계를 맺으라

하나님과 개인적인 언약 관계를 맺어야 하며, 그렇게 되기를 겸손하게 간청해야 합니다. 당신이 기도하는 대상이 누구인지 기억하십시오.

"은밀한 중에 계신 네 아버지께 기도하라"(마 6:6).

당신은 스스로 자신이 언약 안에 있음을 입증할 수 있습니까? 당신은 자신이 입증할 수 있는 것을 간청할 수 있으며, 그런 간청이 응답받을 것입니다. 기도하면서 우리의 입으로 언급하는 하나님의 언약이 실제로 우리와 아무런 관련이 없을 수도 있습니다. 주님은 그런 사람들에게 "네가 어찌하여……내 언약을 네 입에 두느냐"(시 50:16)라고 질책하십니다. 언약 관계가 없다면, 하나님은 절대 기도를 호의적으로 들어주시지 않습니다. 솔로몬이 기도하면서 강조했던 요점이 바로 이것입니다.

"그들은 주께서 철 풀무 같은 애굽에서 인도하여 내신 주의 백성, 주의 소유가 됨이니이다"(왕상 8:51).

"여호와여, 나는 진실로 주의 종이요"(시 116:16).

아사 왕은 하늘을 향하여 탄원하듯 이렇게 기도했습니다.

"우리 하나님 여호와여 우리를 도우소서……여호와여 주는 우리 하나님이시오니 원하건대 사람이 주를 이기지 못하게 하옵소서"(대하 14:11).

이스라엘은 은같이 연단되고 금같이 시험을 받을 때에 그분의 이름을 부를 것이고, 그분은 들을 것입니다. 그리고는 그분이 "이는 내 백성이라" 하실 것이요, 그들은 "여호와는 내 하나님이시라"라고 말할 것입니다(슥 13:9 참고). 당신이 당신의 마음속에 언약의 인이 새겨져 있음을 느낄 수 있고, 당신의 기도에 성령의 은밀한 인치심이 있음을 분별할 수 있고, 하나님의 아들을 당신의 대제사장으로 바라볼 수 있습니까? 그렇다면 당신은 '때를 따라 돕는 은혜를 얻기 위하여 은혜의 보좌 앞에 담대히 나아갈'(히 4:16) 수 있습니다.

5) 구체적으로 기도하라

은밀하게 기도할 때에는 죄나 필요에 대해서, 혹은 은혜에 대해서 매우 구체적으로 기도해야 합니다. 용서를 바란다면 그 어떤 죄도 숨기지 마십시오. 부끄러워하지 말고 당신의 모든 필요를 하나님께 아뢰십시오. 다윗은 자신의 가난과 궁핍을 낱낱이 아뢰었습니다. "나는 가난하고 궁핍하오니"(시 70:5, 86:1; 40:17, 109:22 참고). 그는 각기 다른 상황에서 네 번이나 자신의 긴급하고도 절박한 사정을 하나님께 아뢰었습니다. 마치 간절하면서도 경건한 걸인처럼 자신의 해진 상처와 헐벗은 모습을 있는 그대로 보여 드렸습니다. 욥 역시 하나님 앞에 자기 사정을 호소하고자 했습니다(욥 23:4 참고).

하나님 앞에서 우리는 우리의 마음을 얼마든지 털어놓을 수 있으며, 우리를 모욕하고 괴롭히고 핍박하는 사람들의 이름을 하나하나 열거할 수도 있습니다. 하나님의 자녀가 공정한 판단을 요구하며 이름을 열거하는 사람들에게 화가 있으리로다! 저는 그러한 기도가 공허하게 사라지는 것을 성경에서 본 적이 없습니다. 야곱은 큰 곤경 가운데 이렇게 기도했습니다.

"내 형의 손에서, 에서의 손에서 나를 건져 내시옵소서"(창 32:11).

다윗은 감람산에 올라가면서 울며 이렇게 기도했습니다.

"여호와여 원하옵건대 아히도벨의 모략을 어리석게 하옵소서"(삼하 15:31).

결국 아히도벨은 자신의 계략이 무위로 돌아가자 스스로 목매어 죽었습니다(삼하 17:23 참고). 여호사밧 역시 기도하는 중에 암몬 자손과 모압 자손과 세일산 사람들이 모의하여 자기를 치려 한다고 아뢰었습니다(대하 20:10,11 참고). 히스기야도 여호와 앞에 편지를 펼쳐 놓고 탄원했습니다(사 37:14 참고). 시편 기자는 이스라엘을 대적하여 동맹을 맺은 자들을 길게 나열합니다(시 83:5-8 참고). 이와 같이 교회도 기도 중에 박해자 헤롯 안디바와 본디오 빌라도의 이름을 언급했으며, 헤롯 안디바는 유배를 떠나 그곳에서 죽었고 본디오 빌라도는 추방과 자살로 그 생을 마감했다고 전해집니다.[2]

적절한 변론과 감정을 담아 어떤 특정 사건을 언급하며 청원하는 기도에는 큰 효력이 있습니다. 바울은 말합니다.

"이러므로 내가……아버지 앞에 무릎을 꿇고 비노니"(엡 3:14,15).

은혜의 힘이 부족할 때에는 이렇게 구하십시오.

"우리에게 믿음을 더하소서"(눅 17:5).

급박한 유혹 앞에서는 이렇게 구하십시오.

"이것이 내게서 떠나가게 하기 위하여 내가 세 번 주께 간구하였더니"(고후 12:8).

우리가 기도하면서도 그토록 적은 은택만을 입는 가장 큰 이유는, 우리가 너무 두루뭉술하게 구하기 때문입니다. 때로는 너무나 막연하여 우리가 무엇을 구했는지조차 말하지 못하는 경우도 있습니다. 어떤 중요한 문제를 위해서 기도할 때, 구체적으로 간청하는 것은 우리의 심령이 산만해지는 것을 막아 줍니다. 또한 그런 기도를 통해 우리의 심령이 은혜 가운데 깊이 들어갈

---

[2] 요세푸스 L.18

것이며, 우리의 기도가 응답받게 될 징후도 보게 될 것입니다.

6) 경건하고도 겸손히 기도하라

은밀한 중에 보시는 하나님 앞에서 경건과 겸손은 호소력을 지닙니다. 우리 영혼은 더러움이 드러난 상태로 하나님의 임재 속에 거할 수 없습니다. 성령께서도 더럽혀진 영혼에 그대로 머무시지는 않습니다. 반면 사람이 겸손하고도 정중하며 경외하는 태도로 "하나님이여, 나를 살피사 내 마음을 아시며 나를 시험하사 내 뜻을 아옵소서. 내게 무슨 악한 행위가 있나 보시고 나를 영원한 길로 인도하소서"(시 139:23,24)라고 말한다면, 우리 속에 기쁨과 은혜의 보좌 앞에서 잠잠할 수 있는 확신을 얻게 될 것입니다.

특히 악하고도 거만한 원수들의 손에서 건져 달라고 호소할 때 더욱 그러합니다. 다윗은 "나는 경건하오니"(시 86:2)라고 호소하며 자신과 원수들 사이에 공정한 판단을 구하였습니다(시 86:14,17 참고). 그것은 그가 옳다는 것을 보여 줍니다. 이처럼 우리도 원수의 공격으로부터 구해 달라고 호소할 때 스스로를 살펴 유혹에 맞서 기도해 왔다고 고백할 수 있겠습니까?

우리는 물두멍에서 손을 씻어 죄를 없앤 이후에야 비로소 하나님의 제단 가까이로 편안하게 나아갈 수 있습니다. 원수들의 손에서 건짐받은 다윗은 이렇게 고백합니다.

"여호와께서 내 의를 따라 상 주시며 내 손의 깨끗함을 따라 내게 갚으셨으니"(시 18:20).

베드로는 주님을 사랑하는 마음의 진실함에 관하여 이렇게 말합니다.

"주님, 모든 것을 아시오매 내가 주님을 사랑하는 줄을 주님께서 아시나이다"(요 21:17).

느헤미야도 하나님의 계명과 예배의 열심에 대해서 이렇게 고백합니다.

"내 하나님이여, 이 일로 말미암아 나를 기억하옵소서. 내 하나님의 전과 그 모든 직무를 위하여 내가 행한 선한 일을 도말하지 마옵소서……내 하나님이여, 나를 위하여 이 일도 기억하시옵고 주의 크신 은혜대로 나를 아끼시옵소서"(느 13:14-22).

또 히스기야는 주님 앞에서 진실과 전심으로 살아온 것에 대해 이렇게 말합니다.

"내가 주 앞에서 진실과 전심으로 행하며 주의 목전에서 선하게 행한 것을 기억하옵소서"(사 38:3).

물론 우리가 그처럼 높은 데까지 이를 수는 없다고 해도 이렇게 고백할 수는 있습니다.

"주의 이름을 위하여 또 주를 기억하려고 우리 영혼이 사모하나이다"(사 26:8).

또한 우리가 아무런 가식 없이 하나님의 영광을 위하여 은혜를 간청할 수 있다면, 그리스도의 일꾼이나 교회가 영혼들을 그리스도께로 인도하기 위해 이런저런 은사와 은혜들을 구한다면, 그러한 간청은 영광스러운 것입니다.

7) 성령을 구하라

성령을 구하십시오. 성령 안에서, 성령에 의해 기도하게 해 달라고 구하십시오. 그러면 당신은 그리스도를 초대할 수 있습니다. 그리고 당신의 영혼이 그분을 즐거워하며 그분과 달콤한 교제를 나눌 수 있습니다.

"북풍아 일어나라. 남풍아 오라. 나의 동산에 불어서 향기를 날리라. 나의 사랑하는 자가 그 동산에 들어가서 그 아름다운 열매 먹기를 원하노라"(아 4:16).

모든 성공적인 기도는 하나님의 영의 바람이 부는 데서 비롯됩니다. 그분이 우리의 영을 고취시켜 주고, 우리의 마음을 주장하여 어떤 문제에 대해 뭐라고 기도해야 할지를 가르쳐 주십니다. 하나님은 우리 안에 거하시는 자신의 영의 탄식 소리를 은혜롭게 들으십니다. 그분은 자신의 영을 보내사 바람을 불게 하셔서 물이 흐르게 하십니다(시 147:18 참고). 성령의 바람이 불 때 통회의 눈물이 물처럼 흐르고, 성전 문지방 밑에서 생수의 강이 흘러나올 때 영혼은 은혜의 보좌 앞으로 떠내려갑니다(겔 47:1 참고). 성령의 감화로 인해 진심 어린 눈물이 흘러내립니다. 성령의 은혜로 고취되어 애타는 간구가 자연스럽게 쏟아져 나옵니다. 선지자는 말합니다.

"내가 다윗의 집과 예루살렘 주민에게 은총과 간구하는 심령을 부어 주리니 그들이 그 찌른 바 그를 바라보고 그를 위하여 애통하기를 독자를 위하여 애통하듯 하며 그를 위하여 통곡하기를 장자를 위하여 통곡하듯 하리로다"(슥 12:10).

그날에 자비의 물결이 넘쳐흘러 교회를 새롭게 할 것이며, 여호와께서 평화를 강같이 넘치게 하실 것이며, 여호와의 영광이 이방인들 중에서도 시냇물처럼 흐를 것입니다(슥 13:1,2,4, 14:8 참고). 위대한 일들이 교회에 일어나며, 은혜로운 일들이 영혼 속에서 일어날 것입니다. 기도 중에 거룩하게 탄식할 때 영혼에 큰 은혜가 넘치게 될 것입니다. 마귀의 모든 간계에 능히 대적하기 위한 강력한 수단 한 가지는 영적인 전신갑주를 입고 성령 안에서 기도하는 것입니다(엡 6:11,18 참고).

8) 하나님의 약속을 붙들라

특정한 사례에 대한 특별한 약속들을 적용하십시오. 하나님은 자신의 이름을 걸고 약속을 이루는 분이십니다. 우리가 어떤 의무를 이행하라는 명령을 받았다면 약속도 함께 구해야 하며, 이 두 가지를 기도에 결합시켜야 합니다. 도우시리라는 약속의 말씀은 계명의 말씀과 잘 어울립니다. 약속에 근거한 기도가 승리의 기도이며, 약속에 근거한 순종이 즐거운 순종입니다. 우리가 하나님의 말씀을 듣고서 그분 앞에 나아와 "모든 불의를 제거하소서"라고 아뢴다면, 그분은 우리의 '선한 바를 받으실' 것입니다(호 14:2 참고). 야곱은 전에 "네 고향, 네 족속에게로 돌아가라"(창 32:9)라고 말씀하셨던 하나님의 명령을 내세웠습니다. 솔로몬은 다윗에게 주신 약속의 말씀을 주장했습니다.

"주께서 주의 종 내 아버지 다윗에게 하신 말씀을 지키사"(왕상 8:24).

여호사밧은 솔로몬에게 주신 약속의 말씀을 근거로 호소했습니다(대하 20:8,9 참고). 다니엘은 예레미야에게 주신 약속의 말씀으로 그 입을 채웠습니다. 먼저 말씀을 읽고, 읽은 말씀을 기도에 적용한 것입니다(단 9:2,3 참고). 먼저 성경을 읽고 약속의 말씀을 찾으십시오. 그리고 그런 말씀을 찾았다면, 그것을 하나님 앞에 펼쳐 보이십시오.

바울은 시편 기자에게 주어진 약속을 붙들고서 "주는 나를 돕는 이시니"(히 13:6)라고 말하라고 가르칩니다. 우리는 하나님의 약속에 근거하여 기도의 응답을 받을 수 있습니다(시 50:15 참고). 시므온은 약속의 말씀을 바라보며 살다가 약속의 품에 안겨 평안히 숨을 거두었습니다(눅 2:25-29 참고). 때때로 영혼은 "내가 너의 하나님이 되리라"(창 17:7 참고)라는 언약에 힘입어 응답을 기대합니다. 때때로 이 위대한 언약의 비망록(備忘錄)은 구원의 샘에서 물을 길어다 줍니다(요 14:26 참고). 그러나 언제든지 영혼의 버팀목은 하나님의 신실하심입니다. 그러하기에 다윗은 기도하면서 그토록 자주 하나님의 성실하심과 참되심을 언급합니다. 또한 미가서에 기록된 대로 주님의 백성들도 아브라함과 야곱에게 맹세하신 약속의 말씀에 근거하여 주께서 자기 백성 이스라엘에게 성실을 베푸시며 인애를 더하시리라 굳게 믿었습니다(미 7:20 참고).

9) 거룩하게 결심하라

기도 가운데 하나님 앞에서 침착하고도 진지하게 결심하십시오. 시편 119편에는 이런 고백들이 가득합니다.

"내가 주의 율례들을 지키오리니"(8절).

"내가 주의 계명들의 길로 달려가리이다"(32절).

"왕들 앞에서 주의 교훈들을 말하겠으며"(46절 참고).

"주의 의로운 규례들을 지키기로 맹세하고 굳게 정하였나이다"(106절).

물론 다른 곳에도 이런 고백이 등장합니다.

"우리를 소생하게 하소서. 우리가 주의 이름을 부르리이다"(시 80:18).

"주께서 어느 때나 내게 임하시겠나이까? 내가 완전한 마음으로 내 집 안에서 행하리이다"(시 101:2).

이와 같이 영혼은 하나님께 복종하겠다는 거룩한 다짐과 약속을 드려야 합니다. 야곱 또한 서원하며 이렇게 말했습니다.

"하나님이 나와 함께 계셔서……내가 평안히 아버지 집으로 돌아가게 하시오면 여호와께서 나의 하나님이 되실 것이요, 내가 기둥으로 세운 이 돌이 하나님의 집이 될 것이요, 하나님께서 내게 주신 모든 것에서 십분의 일을 내가 반드시 하나님께 드리겠나이다"(창 28:20-22).

여기서 '만일(if)'이라는 접속사를 "하나님께서 내가 구하는 것을 주지 않으시면 그분을 나의 하나님으로 섬기지 않겠다"라는 투의 위협적인 조건으로 해석해서는 안 됩니다. 그런 다짐은 매우 악한 것입니다. 야곱의 다짐은 시간과 순서에 따라 차분하게 제시된 것입니다. 즉, 야곱의 말은 "하나님이 은혜로운 약속을 주셨으므로, 나는 성전을 세우고 십일조를 드림으로써 그분을 내가 찬송하는 하나님으로 인정할 것이며, 또한 계속해서 그분을 예배할 것이다"라는 의미입니다.

사람이 고통 가운데 하나님께 어떻게 서원하였든지 갚기를 더디게 하지 말고 이행해야 합니다(전 5:4 참고). 왜냐하면 우리의 서원이 이행될 때까지 기도의 응답이 지연되는 경우도 많기 때문입니다. 시편 기자는 환난 때에 그 입이 말한 서원을 갚겠다고 공언했습니다(시 66:13,14 참고). 만일 우리가 하나님께 말한 서원을 깬다면, 하나님께서 우리에게 하신 약속을 깨시겠다고 위협하셔도 이상할 것이 없습니다.

10) 응답을 기다리라

우리의 영은 기도하면서 기다려야 합니다.

"내가 여호와를 기다리고 기다렸더니 귀를 기울이사 나의 부르짖음을 들으셨도다"(시 40:1).

기다린다는 것은 참을성 있게 인내하며 기대한다는 의미입니다. 시편 기자는 기도의 처소에 오르내리기를 반복했습니다. 그리고는 하나님께서 들으시기를 바라며 이렇게 말했습니다.

"여호와여 내가 주를 바랐사오니 내 주 하나님이 내게 응답하시리이다"(시 38:15).

또한 미가 선지자는 이렇게 말합니다.

"오직 나는 여호와를 우러러보며 나를 구원하시는 하나님을 바라보나니 나의 하나님이 나에게 귀를 기울이시리로다"(미 7:7).

마치 궁수가 화살을 쏘고서 그것이 표적을 맞히는지를 지켜보는 것처럼, 소망하고 기대하며 신뢰함으로 약속에 따라 살면서 화평의 응답을 기다리는 것입니다. 기도하는 사람의 영은 "나는 기다리며 내 기도가 하나님의 품에 어떻게 도달하여 하늘로부터 어떤 전갈을 가지고 오는지 지켜보리라"라고 말합니다. 마치 선원이 출항하여 배의 키를 조종하며 하늘의 태양과 북극성을 관찰하고, 배가 어떻게 항해하는지를 살피며, 목적지를 향해 가고 있는지 지도를 살피는 것처럼, 기도할 때에 당신도 그렇게 해야 합니다. 당신의 배를 살피십시오. 그것이 항구를 향해 잘 가고 있는지 주의하십시오. 그리고 하늘로부터 어떤 값진 선물을 싣고 되돌아올지를 기대하십시오. 부주의와 망각의 안개 속에서 항로를 잃어버리지 않도록 주의하십시오.

2장
기도의 응답을 발견하고 분별하는 방법

"너는 기도할 때에 네 골방에 들어가 문을 닫고 은밀한 중에 계신 네 아버지께 기도하라. 은밀한 중에 보시는 네 아버지께서 갚으시리라"(마 6:6).

기도의 응답에 대해 생각해 봅시다. 하나님은 기도를 당신의 품에 되돌려 주십니다. 요청한 은혜를 신속하고도 구체적으로 당신의 팔에 안겨 주십니다(시 104:28 참고). 이성 없는 짐승들이 먹이를 위해 하나님께 부르짖을 때에도 하나님은 그것들에게 먹을 것을 주십니다(시 147:9 참고). 하물며 하나님께서 그 자녀들의 기도에 공개적으로 응답하시는 것에 대해서는 더 이상 논박할 필요도 없습니다. 그런데 하나님이 그들의 품에 음식과 기쁨을 채우사 만족하게 하실 때에는 가장 악한 사람조차 그분의 풍성하심을 인정하게 될 것이지만, 응답의 여부가 미심쩍은 경우에는 어떻게 해야 할까요? 어떻게 해야 은밀한 기도의 응답을 발견하고 분별할 수 있으며, 하나님께서 기도를 들으신 것으로 인해 우리의 영혼이 만족할 수 있을까요?

1. 자신의 심령 상태를 살피라

기도 가운데 자신의 심령이 어떻게 활동하고 어떤 방향으로 나아가는지 그 상태를 구체적으로 살피십시오.

먼저, 심령의 경건한 자유는 일반적으로 응답의 훌륭한 표징이 됩니다. 심령이 경건한 자유를 누릴 때에는 마치 샘에서 물이 솟아나듯이 심령에서 기도할 것을 유창하고도 풍부하게 요청합니다. 반면 하나님이 우리의 기도를 듣지 않으실 때에는 마치 문을 닫듯 우리의 마음을 닫으십니다. 때때로 마음은 전혀 기도할 수 없을 정도로 굳게 닫히기도 합니다. 그럴 때에는 계속 나아가려고 시도해도 난관에 부딪치게 될 뿐입니다. 하나님께서 모세에게 이렇게 말씀하신 경우가 바로 그런 때입니다.

"이 일로 다시 내게 말하지 말라"(신 3:26).

또한 하나님께서 에스겔에게 한 나라에 대해 경고하시면서 "비록 노아, 다니엘, 욥이 거기에 있을지라도 그들도 자기의 생명만 건지리라"라고 단언하셨을 때도 마찬가지입니다(겔 14:14, 20 참고). 하나님께서 가까운 관계를 멀리하려고 하실 때, 혹은 성도들을 자신에게로 데려가려 하실 때, 교회나 친한 친구들조차도 그것을 위해 기도하기 어려울 때가 종종 있습니다. 기도하려고 엎드려도 힘이 생기지 않습니다. 하나님이 사랑하던 요시아를 갑작스럽게 데려가셨을 때처럼(대하 35:20-25 참고), 때때로 교회는 애가(哀歌)를 기록하고 그것을 포고해야 합니다. 언제든지 하나님이 불쾌해하실 정도로 억지로 탄원해서는 안 됩니다. 단, 히스기야의 경우 하나님께서 그의 눈물과 기도를 받으셨고(왕하 20:5 참고), 선지자 역시 그를 위해 부르짖어 은혜의 징표를 얻었습니다(11절 참고).

야고보는 헤롯 왕에 의해 갑작스런 죽임을 당한 반면, 베드로의 경우에는 교회에게 그를 위해 기도할 시간이 주어졌습니다(행 12:1-5 참고). 주님께서 기도할 마음과 여유를 허락하신다면, 그것은 기도 응답의 놀라운 징표 중 하나입니다.

"곤란 중에 나를 너그럽게 하셨사오니 내게 은혜를 베푸사 나의 기도를 들으소서" (시 4:1).

물론 구원의 징조가 보인다 해도 경건한 선지자들과 같이 성도는 마땅히 기도해야 합니다. 그리고 환난과 곤경에 처했다 해도 하나님께 부르짖어 기도해야 합니다(시 18:6 참고). 그러나 양심이 입을 막을 때, 위선자들은 하나님의 임재를 피해 도망칩니다.

둘째, 기도할 때에 심령이 고요해지고 평온해지는 것도 복된 징표입니다. 특히 근심과 괴로움의 먹구름 속에서 고통을 호소한 후에 그런 평안이 찾아오는 것은 참으로 복됩니다. 결국 햇빛이 구름을 뚫고 밝게 비칠 것입니다. 한나는 처음에는 대적자로 인해 그 얼굴에 괴로움과 근심하는 기색이 가득했지만 기도 후에는 그 얼굴에 다시는 근심 빛이 없었습니다(삼상 1:18 참고). 다윗 역시 마찬가지입니다. 비록 문제가 아직 완전히 해결된 것은 아니지만, 크게 다급한 중에도 다윗의 심령에 거룩한 용기가 솟아나 새 힘을 회복했습니다(삼상 30:6 참고). 기도는 초조함과 불안을 몰아내고 심령의 어두운 생각을 물리치며, 우리의 양심을 편히 쉬게 하고 하나님의 평강으로 가득 채워 줍니다(빌 4:7 참고).

셋째, 심령의 기쁨을 얻게 됩니다. 하나님은 기도의 집에 나아온 자신의 백성들을 평화롭게 하실 뿐만 아니라 즐겁게 하십니다. 히스기야도 처음에는 제비같이, 학같이 지저귀며 비둘기같이 슬피 울었지만, 나중에는 그의 슬픈 노래가 여호와의 전에서 수금으로 부르는 영광의 찬송으로 변하였습니다(사 38:14,20 참고). 하박국 역시 처음에는 두려움으로 창자가 흔들리고 입술이 떨릴 정도였지만, 기도를 마쳤을 때 그는 기쁨의 찬양을 부르고 수금을 연주할 수 있었습니다(합 3:16-19 참고). 솔로몬의 기도에서도 이 점을 볼 수 있습니다. 하늘에서 불이 내려왔을 때, 백성들은 엎드려 경배하고 하나님께서 베푸신 은혜로 말미암아 심령에 큰 기쁨을 안고 돌아갔습니다(대하 7:1,10 참고). 다윗은 이것을 경험했기에 위로를 받고자 종종 하나님의 전에 올라갔고, 또 낙망할 때에는 자신의 영혼을 책망하곤 했습니다.

"내가 하나님의 제단에 나아가 나의 큰 기쁨의 하나님께 이르리이다……내 영혼아, 네가 어찌하여 낙심하며 어찌하여 내 속에서 불안해하는가?"(시 43:4,5)

한때 그는 수금으로 사울의 심한 우울증을 치료해 주었지만, 나중에는 하나님의 전에서 수금을 연주하며 자신의 영적인 슬픔을 달랬습니다.

우리가 믿음의 눈으로 하나님을 바라보며 기도할 때, 우리의 얼굴은 천상의 즐거움으로 밝게 빛날 것입니다. 하나님을 만난 후 산에서 내려온 모세의 얼굴은 하늘의 빛으로 가득했습니다. 그래서 하나님의 긍휼과 위로를 구하는 기도는 때때로 이렇게 표현되기도 합니다.

"주의 얼굴빛을 비추사 우리가 구원을 얻게 하소서"(시 80:3).

구약시대의 제사장들도 이스라엘의 자녀들을 이런 식으로 축복했습니다.

"여호와는 그의 얼굴을 네게 비추사 은혜 베푸시기를 원하며"(민 6:25).

이런 표현은 여호와께서 종종 영광의 빛으로 회막에 임하셔서 자신의 백성에게 하나님의 위엄과 자비를 보여 주시고 경외감을 갖도록 하신 일과도 관련이 있습니다(출 40:34, 레 9:23, 민 16:19 참고). 하나님의 얼굴빛은 지상에서 떠오르는 태양에 비유할 수 있습니다. 그것은 어두운 밤의 공포와 낙심을 몰아냅니다. 이러한 하늘의 기쁨은 믿음의 기도를 통해 하나님의 밝은 얼굴빛이 우리를 비추실 때 더욱 강해집니다. 그렇습니다. 주님께서 우리에게 기도하라고 하신 것은 우리의 기쁨이 충만하도록 하시기 위함입니다(요 16:24 참고).

넷째, 하나님을 향한 달콤한 사랑의 감정입니다. 하나님을 무서운 주인으로 여겨 하나님의 긍휼에 대해 의심하고 경계하는 것은, 하나님을 아버지로 믿고 나아가야 할 자녀들의 태도가 아닙니다. 그분의 무한한 자비에 대해 잘못 생각함으로써 기도를 억제하는 것은 대단히 잘못된 일입니다. 하나님의 선하심이 한없이 높다는 사실을 기억한다면 하나님을 사랑하게 될 것입니다. 하나님은 성도들을 매우 자비롭게 대하시며, 그분의 은혜의 선물들이 우리의 마음을 끌어당깁니다. 만일 우리의 영혼이 그분의 영원한 사랑의 샘에서 흘러나오는 사랑을 제대로 느낄 수만 있다면, 우리의 기도가 거룩한 기쁨과 즐거움으로 가득하게 될 것입니다. 황홀한 사랑은 종종 우리를 우리 자신을 초월하는 은밀하고도 거룩한 애정으로 고취시킵니다. 세상이 뭐라고 말하든지 영적인 열성이 좋은 향기처럼 우리의 영혼으로부터 흘러나옵니다.

"여호와께서 내 음성과 내 간구를 들으시므로 내가 그를 사랑하는도다"(시 116:1).
아버지의 사랑으로부터 기도의 응답이 흘러나오고, 자녀들의 마음으로부터 거룩한 사랑이 흘러나옵니다(요 16:27 참고). 마치 다니엘과 동정녀 마리아가 "큰 은총을 받은 사람 다니엘아!"(단 10:11), "은혜를 받은 자여, 평안할지이다!"(눅 1:28)라는 천사의 음성을 들었을 때처럼, 우리에게 그런 은혜로운 말씀이 충만하게 임한다면, 우리의 마음이 하나님을 향해 얼마나 뜨겁게 타오르겠습니까!

다섯째, 기도 가운데 우리 마음속에서 솟아오르는 내적 격려가 있습니다. 때로는 과거의 경험에 대한 기억이 우리의 영혼을 뜨겁고도 활기차게 만들어 줍니다. 모세는 과거에 하나님께서 이스라엘 백성들을 애굽에서 건져 내시고 용서하신 것을 기억하고서, 즉시 주의 인자하심을 확신하고 용기를 얻어 은혜를 구합니다(민 14:19,20 참고). 우리 영혼이 지나간 세월들을 떠올리며 어두운 때에 불렀던 노래들을 기억한다면, 과거의 감격스러운 경험으로부터 이런 논증을 끌어낼 수 있을 것입니다.

"주께서 영원히 버리실까, 다시는 은혜를 베풀지 아니하실까……하나님이 그가 베푸실 은혜를 잊으셨는가, 노하심으로 그가 베푸실 긍휼을 그치셨는가?"(시 77:7,9)

여섯째, 기꺼이 감사하고 섬기려는 마음입니다. 이러한 마음은 그분의 은혜에 대한 감사로부터 흘러나옵니다.

"내게 주신 모든 은혜를 내가 여호와께 무엇으로 보답할까?"(시 116:12)

구약시대에 성전에서 드려진 예배에는 음악이 있었습니다. 그처럼 지금도 은혜를 구할 때에는 그러해야 합니다. 우리의 마음이 찬양의 곡조에 맞추어 감사의 노래를 불러야 합니다.

"여호와께 감사하라. 그는 선하시며 그 인자하심이 영원함이로다"(시 107:1).

천상의 거문고 소리와 선율에 따라 우리 기도의 향기가 올라가야 합니다(계 5:8 참고). 우리의 마음이 은혜로 감동될 때 노래와 찬양이 흘러나옵니다. 거룩한 사랑으로부터 곡조가 흘러나옵니다. 감사의 샘에서 사랑이 흘러나오고, 섬기려는 마음이 활기차고 왕성하게 우러나옵니다. 즐거운 순종으로 끝나지 않는 기도에 대해 키프리안은 "아무런 열매도 없는 부족하고도 헛된 기도"라고 하였습니다. 열성적이고 효력 있는 기도 가운데 감사와 사랑을 표현하지 않는 기도는 없습니다.

2. 기도의 주제를 살피라

기도에서 다뤄지는 주된 문제를 살피십시오. 기도의 화살이 어디를 겨누고 있는지에 주목하십시오. 다스려지지 않는 특정한 죄와 억제되지 않는 부패성, 어떤 잘못과 욱여싸는 듯이 압박하는 곤경 같은 것들은 우리 심령에 부담을 주어 우리로 기도하게 만듭니다. 그렇다면 우리의 기도로 인해 그런 죄가 어떻게 시들어 버리는지, 혹은 어떤 은혜가 속에서 커지는지, 혹은 어떤 필요가 채워지고 있는지를 분별해야 합니다. 우리는 '정신을 차리고 근신하여 기도'(벧전 4:7)해야 합니다. 그다음에 하나님의 계시의 말씀을 음미하며, 거룩한 영혼의 독백으로 우리의 기도가 얼마나 성공적이었는지를 물어보아야 합니다.

"파수꾼이여, 밤이 어떻게 되었느냐?"(사 21:11)

3. 이어지는 섭리의 손길을 살피라

기도 이후에 나타나는 섭리의 손길을 살피십시오. 눈을 크게 뜨고서 이어지는 상황들을 주의하여 살피십시오. 파수꾼이 지나가는 행인들을 살피듯이 살피십시오. 지혜의 성루에 깨어 있는 파수꾼을 세우십시오.

"주의 이름이 가까움이라. 사람들이 주의 기이한 일들을 전파하나이다"(시 75:1).

그분의 이름은 '진실'이요, 그분의 영광스러운 칭호는 '기도를 들으시는 주'(시 65:2)입니다.

성령의 도우심으로 기도를 올려 드린 후에는 어떻게 모든 것이 합력하여 선을 이루는지를 살피십시오(롬 8:28 참고). 여기에는 중요한 연결고리가 있습니다. 모든 일들이 서로 합력하게 되는 데는 성도들을 위한 성령의 중보하심이 있습니다(롬 8:27 참고). 하나님께서는 종종 자신이 행하신 일을 분명하게 나타내기를 기뻐하시는 듯합니다.

"내가 여기 있다……여호와가 너를 항상 인도하여 메마른 곳에서도 네 영혼을 만족하게 하며 네 뼈를 견고하게 하리니 너는 물 댄 동산 같겠고 물이 끊어지지 아니하는 샘 같을 것이라"(사 58:9-11).

하나님은 은밀한 약속들을 통해 기도에 활기를 불어넣으시고 종종 그 뜻을 가르쳐 주십니다. 고레스가 교회를 위해 바벨론을 대적할 자로 나타날 것임이 이미 약속되었지만(사 45:1 참고), 하나님의 얼굴을 구하는 기도를 헛되게 하지 않으려면 이스라엘이 그것에 관해 하나님께 물어야 했습니다. 그런 후에 하나님의 약속에 따라 바벨론의 멸망이 이어지는 것입니다.

우리가 '고통 때문에 하나님께 부르짖을 때' 하나님은 '말씀을 보내어 우리를 고치시고 위험에서 건지십니다'(시 107:19,20 참고). 말씀을 보내실 그때가 은혜의 때요 구원의 때인 것입니다. 아브라함이 아들을 위해 기도하자 하나님은 그에게 이렇게 말씀하셨습니다.

"기한이 이를 때에 내가 네게로 돌아오리니"(창 18:14).

큰 위기 앞에서 에스더 왕후는 수산에 있는 유다인들과 함께 밤낮 삼 일을 금식하였습니다(에 4:16 참고). 그리고 바로 그날 밤에 왕은 잠이 오지 않아서 바사 나라의 역대 일기를 가져다가 자기 앞에서 읽도록 명령하였습니다(에 6:1 참고). 그러고 나서 하만은 몰락합니다(에 7장 참고).

기도에는 신비한 효력이 있어서, 다윗에게 그러했던 것처럼 때로는 평온한 잠을 주기도 하고, 또 때로는 교회를 위해 베갯머리를 적시며 밤새도록 부르짖게 만들기도 합니다(시 3:4,5 참고). 야곱은 날이 새도록 천사와 씨름한 후에 형 에서의 얼굴을 보는 것이 하나님의 얼굴을 보는 것 같다고 했습니다(창 33:10 참고). 순교자들의 기도에 대한 완전한 응답은 때가 차기까지 보류되었지만, 그들 각자에게 흰 두루마기가 주어졌고 하나님의 공의가 그들의 기도를 온전히 이루기까지 잠시 동안 쉬라는 말씀을 들었습니다(계 6:11 참고). 하나님의 성전에는 원수들을 위협하는 우레가 있습니다(계 11:19 참고). 시온 곧 성도들의 기도를 들으시는 곳에서 심판장이신 하나님의 목소리가 진동합니다(욜 3:16 참고).

다만 하나님이 일하시는 수단과 방법과 시기는 다양합니다. 그분의 무한하신 지혜에 순복하고, 그분에게 지시하지 말고 그분의 오묘한 섭리를 지켜보십시오. 그분이 행하시는 일은 사람이 측량할 수 없을 정도로 크고도 기이하기 때문에 때로는 그 섭리를 이해하기가 어렵기도 합니다(시 111:2, 전 3:11 참고). 그러나 그분의 때가 이르면, 그분의 완전한 섭리 속에서 모든 일들이 아름답게 이루어질 것입니다.

4. 기도한 이후에 하나님과 교제하라

기도한 후에 하나님과 교제하십시오. 내적인 응답으로 당신의 영혼이 소성하여 마치 '비 내린 후의 광선으로 땅에서 움이 돋는 새 풀'(삼하 23:4)처럼 자라 꽃을 피우게 될 것입니다. 은혜를 입은 성도는 모든 일을 기쁨으로 행합니다. 응답받은 기도는 상처를 치유하는 기름이요, 잿더미 위에 핀 꽃과 같습니다. 슬픈 금식의 베옷이 아름다운 결혼 예복으로 바뀝니다. 심령은 갈수록 자유롭고도 겸손하게 하나님과 친밀해집니다. 저는 우리가 그분과 그렇게 교제하게 되기를 간절히 바랍니다. 그분은 우리가 구하는 모든 것을 얼마든지 주실 수 있는 분입니다(요 16:23 참고). 밤에 아비멜렉의 꿈에 나타나신 하나님은 아브라함에 대해 "그는 선지자이요 하늘의 왕과 친한 자이다"(창 20:7 참고)라고 하셨습니다.

오, 복된 성도들이여! 평생 쉬지 않고 기도하는 사람들이 많아지기를 바랍니다. 마치 다윗이 기도에 자신을 헌신했던 것처럼 말입니다. "나는 기도할 뿐이라"(시 109:4)라는 표현은 매우 강력한 표현입니다. 그것은 전적으로 기도하겠다는 다짐입니다. 그는 아침에 일어날 때에도 기도하고, 누울 때에도 기도하고, 걸을 때에도 기도합니다. 그는 언제나 기도할 준비가 되어 있습니다. 그런 사람은, 왕의 총애를 받아 황금 열쇠를 가지고 있어서 왕이 거하는 내실 문을 열 수 있고 밤에도 왕을 깨워 알현할 수 있는 궁정 대신처럼, 언제든지 하늘의 궁정에 올라 하늘의 왕이신 그분과 영적인 대화를 나눌 수 있습니다. 그의 날개는 결코 피곤해지지 않으며, 그 영혼의 의지는 계속 날아오릅니다. 그리하여 하나님을 자신의 산성으로 삼아 어떤 고난이 닥쳐오더라도 그 산성 안에서 안연히 쉬게 되는 것입니다.

3장
질문과 답변, 적용

1. 질문과 답변

이미 다룬 내용으로도 충분하긴 합니다만, 이 주제와 관련된 몇 가지 구체적이고도 중요한 질문들이 있으므로 그 질문들에 대해 간략하게 답하도록 하겠습니다.

■ **질문 1.** 은밀하게 기도하기에 적합한 시간은 언제입니까?

은밀하게 기도하기에 적합한 시간은 다양한 섭리, 각기 다른 체질과 영적 기질, 하늘로부터 오는 감동과 기회들에 따라 다릅니다. 어떤 사람에게는 저녁 시간이 가장 적합하고, 어떤 사람에게는 모든 것이 침묵하는 늦은 밤 시간이, 또 어떤 사람에게는 영혼이 가장 상쾌한 아침 시간이 가장 적합합니다. 그러므로 각 사람들에 대해서 각각의 사정과 형편을 배려하여 신중하게 조언해야 합니다. 다만 누구에게든지 주님과 교제하기에 가장 적합한 시간 곧 가장 한적하고도 심령의 상태가 좋은 때가 있습니다.

■ **질문 2. 우리는 얼마나 자주 은밀하게 기도해야 합니까?**

성경의 예를 참고해 봅시다. 다윗은 아침에 기도했으며(시 5:3 참고), 우리의 복되신 주님께서는 이른 새벽에 기도하셨습니다(막 1:35 참고). 크리소스톰은 이렇게 조언합니다. "몸을 씻기 전에 먼저 영혼을 씻으십시오. 얼굴과 손을 물로 씻듯이 기도로 영혼을 씻으십시오."

또 때때로 주님은 저녁에 은밀히 기도하러 산에 가셨습니다(마 14:23 참고). 이삭은 저물 때에 들에 나가 묵상하였으며(창 24:63 참고), 다윗과 다니엘은 하루에 세 번씩 기도했습니다(시 55:17, 단 6:10 참고). 또 다윗은 이렇게 말하기도 합니다.

"주의 의로운 규례들로 말미암아 내가 하루 일곱 번씩 주를 찬양하나이다"(시 119:164).

그처럼 하루에도 몇 번씩 은혜의 보좌에 나아가야 할 때도 있습니다. 그러나 겸손히 생각해 볼 때, 우리는 적어도 하루에 한 번은 그곳으로 나아가야 합니다. 주님이 가르쳐 주신 기도에도 그 점이 내포되어 있는 듯합니다.

"오늘 우리에게 일용할 양식을 주시옵고"(마 6:11).

주기도문은 주님께서 제자들에게 기도의 모범으로 가르쳐 주신 것이므로 은밀한 기도에 대한 가르침도 내포되어 있다고 할 수 있습니다.

■ **질문 3. 흥분과 격정으로 방해를 받을 때에도 기도하는 것이 타당합니까?**

성경은 우리에게 "분노와 다툼이 없이 거룩한 손을 들어 기도하기를 원하노라"(딤전 2:8)라고 권면합니다. 그러므로 분을 내지 않도록 용서해 주시고 힘을 달라는 순간적인 기도를 제외하고는, 그런 상태에서 곧바로 기도하러 나아가는 것은 적절하지 않다고 생각됩니다. 마음을 어느 정도 차분히 가라앉힌 다음에 기도로 나아가는 것이 좋습니다. 기도로 죄를 씻지 않은 채, 해가 질 때까지 여전히 분을 품는 일이 없도록 주의하십시오(엡 4:26 참고). 물론 그리스도인은 항상 마음을 다스려 기도에 방해받지 않도록 힘써야 합니다. 자주 하나님과 나누는 교제를 생각하는 일 자체가 분별없이 흥분하고 화내지 않도록 막아 줄 것입니다.

■ 질문 4. 우리가 은밀한 곳에서 기도하려는 것을 다른 사람이 알아차리더라도 여전히 기도해야 합니까?

좁은 집에서는 홀로 조용히 기도할 곳을 찾기가 쉽지 않습니다. 은밀하게 기도하려고 해도 다른 사람들이 금방 알아차리게 됩니다. 그러나 그렇더라도 다른 사람의 시선이 두려워 은밀한 기도의 의무를 소홀히 해서는 안 됩니다. 가능한 다른 사람의 시선을 피하는 것이 좋으며, 특히 영적인 교만에 빠지지 않도록 우리의 마음을 살펴야 합니다. 그러면 하나님께서 그런 우리의 모습을 다른 이들에게 신앙의 덕을 끼치는 본으로 삼으실 수도 있습니다.

■ 질문 5. 우리가 감정을 고양시킬 수 없거나 생각이 산만해지려고 할 때에는 은밀한 기도 중에도 소리 내서 기도할 수 있습니까?

물론입니다. 다만 소리가 주변에 퍼지는 것에 대해서는 매우 지혜롭게 처신하고 주의해야 합니다. 터툴리안은 손과 얼굴과 목소리가 경외심과 겸손의 통제 아래 있어야 한다고 조언했습니다. 우리의 기도가 밖으로 드러난다면 은밀한 기도가 공적인 기도와 다를 바가 무엇입니까? 그러나 만일 우리가 아주 은밀한 장소를 확보하거나, 다른 사람들이 모두 집에 없다면, 그런 경우에는 필요에 따라 얼마든지 소리 내서 기도해도 무방합니다.

■ **질문 6.** 어떻게 해야 기도할 때 마음이 산만해지지 않을까요?

마음을 집중하여 기도에 몰입하는 것은 매우 힘든 일입니다. 그러나 은밀한 중에 보시는 하나님을 자주 기억하고 생각함으로써, 그리고 기도하고 있는 문제에 가능한 마음을 집중시킴으로써, 우리 자신의 부족함과 궁핍을 예민하게 의식함으로써, 무례하게 기도 시간에만 집착하는 것이 아니라 겸손히 하늘에 계신 하나님과 땅에 있는 우리를 자주 인식함으로써, 거룩한 친교를 나누고자 노력함으로써 성령의 도우심을 얻을 수 있습니다. 그리하여 우리는 친밀감과 해방감을 누리고, 우리의 영혼이 하나님과 누리는 대화에 좀 더 집중하게 될 것입니다.

■ **질문 7.** 당장의 응답이 우리의 간구와 일치하지 않는 것처럼 보일 때는 어떻게 해야 합니까?

우리는 그것을 하나님의 불쾌감의 표현으로 여겨서는 안 되며, 욥처럼 말해서도 안 됩니다.

"무슨 까닭으로 나와 더불어 변론하시는지 내게 알게 하옵소서"(욥 10:2).

오히려 우리는 우리가 간구한 바와 반대되는 일에 대해서도 하나님의 주권과 지혜와 사랑을 인정해야 합니다. 하나님께서 어떤 일을 완수하시기 전에는 우리가 그분의 방법과 길을 측량할 수 없습니다.

❦

이 외에도 몇 가지 질문들을 더 다룰 수도 있겠지만, 은밀한 기도의 형태에 대해서 더 길게 말할 필요는 없을 것 같습니다. 진정으로 회심한 사람들은 하나님의 영에 대한 약속을 받았으며(롬 8:16 참고), 그 영이 그들의 기도를 도우실 것입니다(롬 8:26 참고). 그들은 우물물을 마시기 위해 다른 사람들의 두레박을 빌릴 필요가 없으며, 영적인 힘을 얻기 위해 지팡이나 목발을 사용할 필요도 없습니다. 중요한 것은 말의 유창함이 아니라 믿음과 경건한 슬픔과 진심 어린 간절함입니다(슥 12:10, 행 9:11 참고). 다만 이제 막 기도의 걸음마를 시작한 사람들은 성령에 대해서나 성경에 나오는 기도들에 대해서 연구함으로써 어느 정도 도움을 받을 수 있을 것입니다.

영적인 교제를 나누며 사랑에 빠진 경건한 사람들에게는 기도의 횟수에 대해 강변할 필요도 없습니다. 왜냐하면 그런 사람은 항상 하나님과 함께 있는 것을 즐거워하기 때문입니다. 하나님에 대한 생각이 너무나 소중하여서 그의 영혼에 병이 생길 정도입니다. 그래서 '건포도'로 힘을 얻고, '사과'로 위로를 얻기 위해 기도합니다(아 2:5 참고).

때때로 어떤 이들에게는, 물론 크게 염려할 정도는 아니지만, 약한 몸을 생각해서라도 기도에만 매달리지 않도록 권면해야 할 것 같습니다. 그런 사람들에게는, 우리 주님께서 우리의 약함을 매우 측은히 여기시며, 어떤 경우에는 주님이 제사보다 긍휼을 원하신다는 말을 해 줄 필요가 있습니다. 물론 거룩한 사랑의 순교자로서 기도하다가 숨을 거둘 위험을 가진 불사조는 매우 드물 것입니다.

2. 절규하는 기도

여기서 잠시 짧고도 갑작스러우며 가끔 하는 기도에 대해 다루고자 합니다. 이러한 기도를 보통 '외침(ejaculation)'이라고 부릅니다. 순간적으로 부르짖는 기도는, 놀라거나 긴급할 때 짧고도 갑작스럽게 하늘을 향하여 내쉬는 영혼의 호흡입니다. 경건한 사람에게는 그렇게 빠르고도 생생하며 영혼의 격정으로부터 솟아오르는 기도가 있습니다. 그 속도는 독수리의 비행보다 더 빨라서 번개의 번쩍임에 필적할 만합니다. 그것은 거룩한 생각의 날개로 날아올라 눈 깜빡할 사이에 삼층천으로 들어가며, 때를 따라 돕는 은혜를 불러옵니다.

성경에는 이러한 기도를 응답받은 사례가 많이 기록되어 있습니다. 개혁 작업에 분주한 행정 관리들은 '안식일 모독의 폐단'을 시정한 느헤미야를 본받을 수 있습니다.

"내 하나님이여, 이 일로 말미암아 나를 기억하옵소서"(느 13:14).

용사와 장수들이 전쟁을 위해 나아갈 때, 그들에게 갈채를 보내기보다 하나님께 호소했던 이스라엘 백성들을 보십시오.

"오직 당신의 하나님 여호와께서 모세와 함께 계시던 것같이 당신과 함께 계시기를 원하나이다"(수 1:17).

전투할 때에, 혹은 원수를 뒤쫓을 때에 용감한 여호수아는 이 승리의 날이 길어지기를 기도하며 하늘을 향해 이렇게 외쳤습니다.

"태양아, 너는 기브온 위에 머무르라. 달아, 너도 아얄론 골짜기에서 그리할지어다!"(수 10:12).

그러자 하나님께서 그의 목소리를 들으셨습니다.

요단강 동편에서 하갈 사람들과 싸울 때(대상 5:10,20 참고), 여호사밧이 몹시 곤경에 처했을 때(대하 18:31 참고), 삼손이 레히에서 목말라 죽을 지경이 되었을 때(삿 15:18 참고), 그리고 두 눈이 다 뽑힌 채로 다곤 신전에서 조롱을 당할 때(삿 16:28 참고), 이처럼 갑작스럽게 부르짖는 기도가 있었습니다. 엘리사는 도단에서 아람 군대에게 둘러싸이게 되자 이렇게 외치며 기도했습니다.

"여호와여 원하건대 그의 눈을 열어서 보게 하옵소서"(왕하 6:17).

다윗도 시글락에서 돌에 맞을 위기에 처했을 때 이런 기도를 했습니다(삼상 30:6 참고). 보아스는 수고하며 보리 베는 자들에게 이렇게 말했습니다.

"여호와께서 너희와 함께하시기를 원하노라"(룻 2:4).

제롬(Jerome)이 베들레헴의 보리밭에 대해 말했듯이, 보아스의 이 말은 그들의 추수를 축복하는 것입니다. 밭의 농부들과 포도원의 일꾼들은 다윗의 시로 노래했습니다. 그렇게 순간적으로 부르짖는 기도는 일터를 지키고, 고객들의 마음을 움직이며, 재난의 불을 끄고, 당신의 품 안에 있는 자녀들을 복되게 하며, 당신의 출입을 지켜 줍니다.

이런 기도는 야곱으로 하여금 편안한 마음으로 자녀들을 애굽으로 보낼 수 있게 하였고(창 43:14 참고), 다윗으로 하여금 반역을 당하는 와중에도 누워 자고 깰 수 있게 하였습니다(시 3:5 참고). 이 기도로 인해 우리는 밤중에도 노래하고 아침에도 은혜의 팔에 안겨 깰 수 있습니다. 이 기도로 인해 우리는 바다에서 폭풍이 일 때에도, 마치 모험을 좋아하는 상인이 미풍을 만난 것처럼 키를 꼭 쥐고 파도를 헤쳐 나갈 수 있습니다. 느헤미야는 궁정의 만찬 중에 포도주 잔을 왕에게 드리면서 하늘의 왕에게 황금의 잔에 담긴 묵상 기도를 드렸습니다(느 2:4 참고). 요시야는 율법의 말씀을 듣고서 옷을 찢으며 속으로 통곡했습니다(대하 34:19,27 참고). 예수님과 함께 여행하는 가운데 제자들은 이렇게 기도했습니다.

"우리에게 믿음을 더하소서"(눅 17:5).

야곱은 임종의 침상에서 자녀들에게 앞으로 일어날 일들을 예언하면서 거룩한 황홀경에 빠져 이렇게 외쳤습니다.

"여호와여, 나는 주의 구원을 기다리나이다"(창 49:18).

스가랴는 거룩한 순교의 죽음을 당하며 외쳤습니다.

"여호와는 감찰하시고 신원하여 주옵소서"(대하 24:22).

스데반은 돌에 맞아 죽어 가면서도 자신에게 돌을 던지는, 돌처럼 마음이 굳은 사람들을 위해 기도했습니다.

"주여, 이 죄를 그들에게 돌리지 마옵소서"(행 7:60).

또한 우리 주님께서도 큰 고통 가운데 간절한 마음으로 기도하셨습니다.

"아버지 저들을 사하여 주옵소서"(눅 23:34).

마지막으로 엘리는 다른 일로 비통한 중에도 한나를 위해 순간적으로 기도했습니다.

"이스라엘의 하나님이 네가 기도하여 구한 것을 허락하시기를 원하노라"(삼상 1:17).

성경은 곤경 앞에서 순간적으로 튀어나오는 기도의 본보기들을 풍성하게 보여 주고 있습니다. 다만 제가 그것을 다 분석해서 제시하기는 어려우므로 간략하게나마 하늘을 향한 '영혼의 갑작스런 기도'의 몇 가지 유용성을 살펴보도록 하겠습니다.

첫째, 이 기도는 신속하게 기도할 준비를 하게 만듭니다. 순간적으로 하는 기도를 통해 하늘의 하나님께 거룩한 손을 들도록 합시다.

"우리의 마음과 손을 아울러 하늘에 계신 하나님께 들자"(애 3:41).

둘째, 유혹이 처음 일어나거나 유혹의 공격이 처음으로 가해질 때, 이 기도는 은밀한 죄를 범하지 않도록 지켜 줍니다.

셋째, 깨어 있는 그리스도인에게 이런 기도는 하나님의 은혜가 부지중에 빠져나가지 않도록 막아 주며, 감사와 찬양의 열매를 맺도록 도와줍니다.

넷째, 이 기도는 우리가 종사하는 세속적인 일을 거룩하게 만듭니다. 그것은 우리의 일상사에 하나님의 보호의 울타리를 두르고, 모든 것을 복되게 만듭니다(딤전 4:4,5 참고).

다섯째, 이 기도는 갑작스런 사고를 막아 주는 방호벽이며, 악한 물결에 놀란 가슴을 진정시켜 주는 응급처방제입니다. 그것은 모든 상황에서, 음식을 먹을 때나 숨 쉬는 순간마다 우리에게 너무나도 유용합니다.

여섯째, 이 기도는 가장 힘든 순간에도 우리를 떠나지 않는 친근한 동반자입니다. 외적인 예배 의식이나 골방에서의 기도가 중단될 수도 있습니다. '거룩한 처소에 박힌 못'(스 9:8)마저도 뽑혀 나갈 수 있습니다. 그러나 미궁(迷宮)이나 감옥이나, 그 어떤 최악의 상황도 이 기도를 막을 수는 없습니다. 이 기도를 통해 우리는 대적 앞에서도 우리의 영혼을 하나님을 향하여 들 수 있습니다.

3. 적용

이제 본론으로 돌아와 은밀한 기도와 관련하여 적용할 점들을 몇 가지 제시하면서 결론을 맺겠습니다.

1) 은밀한 기도를 소홀히 하지 말라

은밀한 기도를 소홀히 하는 일, 즉 하나님과의 교통도 없고, 닫힌 우물에서 물을 길어 먹지 못하는 것이 얼마나 위험한지를 분명히 인식하십시오. 그런 사람들이 하는 일은 모두 오로지 사람들 앞에서 하는 일일 뿐입니다. 그것은 위선자로 의심되는 징표입니다. 왜냐하면 신앙의 본질 중 상당 부분이 마음과 골방에 달려 있기 때문입니다. 본문의 표현을 주목하십시오. 하나님의 시선은 골방에서 당신을 향하고 있습니다. 만일 당신의 눈이 그분을 향한다면, 당신은 그분의 영광스러운 아름다움을 볼 것입니다. 은혜의 탁월함은 은밀한 죄와 은밀한 기도에 대해 깨어 있는지 아닌지에 달려 있습니다.

2) 온전한 마음으로 기도하라

은밀하게 기도하기는 하지만, 진실한 마음 없이 하고 있지는 않은지 점검하십시오. 아마샤는 기도하였지만 온전한 마음으로 하지는 않았습니다(대하 25:2 참고). 아합은 슬프게 울었지만 그의 눈물은 '악어의 눈물'[1]이었습니다.

그런 사람은 단지 그렇게 하라는 지시를 듣거나 다른 사람이 그렇게 하는 것을 보았기 때문에 그리할 뿐입니다. 그들이 기도할 곳을 찾는 것은 오직 양심의 괴로움을 누그러뜨리기 위함입니다. 그들은 오직 텅 빈 기도의 형식에만 안주할 뿐, 기도의 황금관을 통해 흘러 들어오는 하늘의 생수를 맛보는 것에는 아무 관심도 기울이지 않습니다.

도미티안(Domitian) 같은 사람이 방에서 파리나 잡듯, 그런 사람이 골방에 들어간다 한들 무슨 유익을 얻을 수 있겠습니까? 문이 닫혀 바깥 세상과 단절되면 그들의 마음도 천국이나 하나님과의 교제에 대해 닫혀 버리지 않겠습니까? 은밀한 중에 계시는 하나님은 그런 사람에게서 오직 악한 마음만을 보실 뿐이며, 언젠가 공개적으로 그를 벌하실 것입니다.

3) 깨어 분발하여 기도하라

깨어 분발하여 이 기도를 훌륭하게 수행하십시오. 기쁘게 살기를 원합니까? 이 땅에서 천국을 누리기를 원합니까? 그렇다면 은밀한 기도를 지속하여 하나님을 알고 그분의 얼굴을 알아보며, 보이지 않는 곳에서도 빛나는 그분의 눈의 광채를 바라보십시오. 그토록 영광스러운 분이 골방에서 당신을 만나 주신다는 사실을 기억하십시오. 은혜에 젖어 있는 사람이 골방에서 만나는 눈부신 아름다움은 세상 어디에서도 찾아볼 수 없는 아름다움입니다. 골방에서 나올 때 차라리 눈을 감으십시오. 고귀한 영혼이 골방에서 본 것에 비하면 다른 모든 것들은 시시하고도 하찮은 것에 불과합니다.

오, 하나님과 살아 있는 교제를 나누면서 맛보는 감춰진 만나의 달콤함이여! 그것은 성도를 위해 따로 마련해 둔 별미입니다. 당신의 영혼이 그것을

---

1) 역자주 – 악어의 눈물이란, '이집트 나일강에 사는 악어가 사람을 잡아먹고 난 뒤에 그를 위해 눈물을 흘린다'는 고대 서양전설에서 유래한 표현으로서, 거짓 눈물 또는 위선적인 행위를 가리킵니다.

맛보고 즐기기를 바랍니다.

4) 다음의 것들을 묵상하라

첫째, 은밀한 기도 중에 서로 충돌하는 영혼의 고뇌와 기쁨을 모두 숙고해 보십시오. 확신을 불러 일으키는 두려움, 우리를 높여 주는 겸손, 담대하게 만드는 떨림, 한밤중에도 밝게 빛났던 구름 기둥, 밝게 빛나는 어둠, 천상의 교제로 가득한 고독, 기쁨으로 흘러넘치는 눈물, 추수 때의 시원한 바람 같은 거룩한 한숨, 영적 건강의 징후인 아픈 탄식, 영혼의 활기를 보여 주는 거룩한 움츠림, 몸의 건강에 도움이 되는 육적인 일에 대한 싫증, 계속 움직일수록 오히려 피곤을 잊게 되는 영혼의 활력 등을 생각하십시오. 오스틴(Austin)은 거룩한 사랑에 대해 "그것은 내 영혼의 부담, 나를 온통 들뜨게도 하고 가라앉게도 합니다"라고 말했습니다.

둘째, 천상의 황홀한 기쁨을 생각하십시오. 그것은 우리의 마음을 지켜 지상의 헛된 일에 유혹당하지 않게 하고, 세상의 즐거움에 대해 눈을 감게 만듭니다. 솔로몬은 세상의 웃음과 희락에 대해 이렇게 말했습니다.

"내가 웃음에 관하여 말하여 이르기를 그것은 미친 것이라 하였고 희락에 대하여 이르기를 이것이 무슨 소용이 있는가 하였노라"(전 2:2).

쾌락 그 자체를 혐오하도록 만드는 것이 영혼의 기쁨입니다. 그에게는 그리스도만큼 아름다운 것이 전혀 없으며, 오직 그리스도만이 비할 바 없이 귀합니다. 동산 중앙에 있는 나무, 곧 하나님의 낙원 한가운데 있는 생명나무의 열매보다 더 달콤한 것이 어디 있을까요? 영혼은 즐겁게 그 생명나무 아래 앉을 것이며, 그 나무는 꿀보다 더 달콤한 과즙을 그의 골방으로 떨어뜨릴 것입니다(계 2:7, 삼상 14:26 참고).

셋째, 놀라운 예언들을 생각하십시오. 기도는 예언의 영과 더불어 시온산에 앉는 것과 같습니다. 예언의 영은, 교회에는 기쁨이요 원수들에게는 공포가 될 위대한 일들을 예고합니다. 엘리야는 호렙산에서 기도하다가 아합 왕조가 망할 것이라는 응답을 받았으며, 가서 님시의 아들 예후에게 기름을 부어 그를 이스라엘의 왕으로 세우라는 명령을 받았습니다(왕상 19:16 참고). 요한계시록 11장에 등장하는 두 증인은 예언을 하며 아무 때든지 원하는 대로 여러 가지 재앙으로 땅을 괴롭힐 권세를 받았습니다(6절 참고). 같은 맥락에서 터툴리안은 "그리스도인들의 기도는 열방들을 당혹스럽게 한다"라고 말했습니다. 잠시 후에 하늘의 증거 장막 성전에서부터 바벨론의 운명이 선포됨으로써 그들의 예언이 입증될 것입니다.

성전이 기도의 향연으로 가득할 때, 일곱 천사들이 하나님의 진노를 가득히 담은 금 대접 일곱을 적그리스도의 세상으로 쏟아 부을 것입니다(계 15:7,8 참고). 기도는 로마의 멸망을 앞당깁니다. 기도의 영이 부어질 때 시온산에는 구원이 임하고, 만국은 여호사밧 골짜기에 모여 심판을 받게 될 것입니다(욜 2:28-32, 3:1,2 참고). 결코 낙심하지 마십시오. 기도가 교회라는 배 안에 계신 그리스도를 깨우기만 한다면, 바람과 물결이 그치고 잔잔해질 것입니다(눅 8:24 참고).

넷째, 위로의 증거들을 생각하십시오. 바르게 수행된 은밀한 기도는 그 자체로 양자 됨의 놀라운 증거가 됩니다. 아버지께 기도하십시오. 그분은 은밀한 중에 보시며, 우리의 마음속 비밀들을 아십니다. 그분은 우리의 작은 신음에도 귀를 기울이십니다. 약속의 자녀가 아니라면 하나님을 아버지로 대하는 이 달콤한 자유를 결코 누릴 수 없습니다.

다섯째, 되돌아오는 보상을 생각하십시오. 기도의 응답으로 하늘로부터 주어지는 사랑과 자비만큼 심령을 소생시키고 즐겁게 하는 것은 없습니다. 우리의 영혼을 위하여 왕의 진미와 호의가 베풀어지기 때문에, 기도하는 자녀들에게는 윤택한 은혜가 있습니다. 우리의 골방 기도가 우리의 사업장과 배와 경작지와 우리가 아끼는 모든 것에 영향을 미쳐 그 모든 것에서 하나님의 복된 향기를 맡을 수 있게 할 것입니다.

가련하고도 눈먼 세상 사람들은 참된 위로와 기쁨과 힘을 어디에서 찾아야 하는지 알지 못합니다. 그들은 하나님의 도에서 아름다움을 보지 못하고, 그분과의 교제에서 달콤함을 느끼지 못하며, 골방에서 누리는 즐거움을 알지 못합니다. 그들은 오직 터툴리안이 '마귀의 교회들'이라고 불렀던 극장에서만 즐거움을 찾습니다. 에서 역시 그런 즐거움으로 만족했습니다(창 33:9 참고). 왁자지껄하게 재잘거리는 소리와 허영심 말고 그런 사람들이 달리 무엇으로 만족할 수 있을까요! 오, 하늘의 보물들이나 성도의 심령을 유쾌하게 하는 은혜의 샘물에 대해서 무지하고, 야곱이 말한 바 하나님 안에서 누리는 '족함'에 대해서 알지 못하는 이들이여!(창 33:11 참고)

온 세상이 불타 버리고 교회가 잿더미가 될 위험에 처한다 해도, 기도하지 않는 사람은 아무런 관심을 기울이지 않습니다. 그리고 그렇게 안일하게 살다가 자기 발등에 불이 떨어지면, 사울이나 아하시야 왕처럼 허둥지둥 엔돌이나 에그론을 찾아갑니다(삼상 28:7, 왕하 1:2 참고). 그런 자들은 하나님이나 하나님으로부터 얻는 도움에 대해서 알지도 못하고 관심을 기울이지도 않습니다.

세상은 비참한 병원입니다. 거기에는 온갖 병에 걸린 사람들과 장애인들이 있고, 게르손이 표현했듯이 영혼의 의사를 찾을 의욕조차 없는 환자들도 많습니다. 그러나 가장 슬픈 것은 우리 시대의 방탕한 난봉꾼들의 상태입니다. 두렵게도 그들의 폐에서 영적 궤양이, 그들의 혀에서 고약한 종양이 자라나 거의 치료할 수 없는 지경에까지 이르러 버렸습니다. 그들은 오로지 독액을 내뿜고, 공공연히 기도의 영에 대해 부패한 무신론적인 조롱을 쏟아 내며, 하나님과 나누는 교제를 비웃습니다. 그들은 교회를 향한 하나님의 사랑에 대한 최상의 징표요 하나님이 친히 약속하신 것이자 마지막 시대의 영광의 징후인 은총과 간구하는 심령을 멸시합니다(슥 12:10, 욜 2:28,32, 롬 10:13 참고). 하나님께서 그런 이스마엘들을 광야로 보내실 때, 그들의 술 취한 노래는 씁쓸한 울부짖음이 되어 멀리 사라지고 말 것입니다.

옛 시대의 이방인들은 기독교를 박해하면서도 기독교 예배에 대해 어느 정도 존중하는 마음을 가지고 있었습니다. 그러나 이 로마교황 시대의 부패한 자들은 마치 본래 잡혀 죽기 위하여 난 이성 없는 짐승처럼 자기들이 알지도 못하는 것을 비방합니다(벧후 2:12 참고). 혹 소망이 있으면 그런 자들도 불쌍히 여기십시오. 그리고 하나님의 긍휼을 빌며 통회하라고, 그리하여 여기서 쓰라린 눈물을 흘리며 울어서 저기 유황불이 끓는 강에서 고통당하는 일을 피하라고 권면하십시오.

오, 당신이 주님을 경외하는 사람이라면 부지런히 은밀하게 기도하십시오. 그로 말미암아 그리스도인의 생명력과 기쁨이 향상됩니다. 하나님께서는 은밀한 기도를 매우 기뻐하신다고 친히 선언하셨습니다. 하나님의 명령을 받은 천사는 기도하는 다니엘의 방으로 '신속하게' 날아왔습니다. 성도들의 기도에 대한 응답을 전하기 위해 천사조차 서둘러 날아왔다고 하는 이 표현을 주목해 보십시오! 또한 주께서 은혜의 응답을 전하기 위해 신속히 천사를 보내실 정도로 기도하는 자기 백성들을 얼마나 소중히 여기시는지 생각해 보십시오!

여섯째, 하늘의 영광을 묵상하십시오. 그곳에서 우리의 모든 기도가 찬양으로 변할 것입니다. 땅에서 우리가 내뱉는 기도의 한숨이 하늘의 찬양의 악보에서는 '강세(accent)'로 변할 것입니다.

옮긴이 **이광식 목사**는 부산대학교 영문과(BA)와 동대학원(MA) 및 총신대학교 신학대학원(M.div)을 졸업하였습니다. 서울남부교회 부목사와 콜롬비아 선교 목사로 섬겼으며, 현재 하나님의 부르심 가운데 한국에서 교회 개척을 준비하고 있습니다. 대표적인 역서로는 『낙망하는 내 영혼의 회복』, 『위기의 그리스도인』, 『전쟁과 하나님의 주권』 등이 있습니다.

잉글랜드 P&R 시리즈 25

기도의 영성

지은이 | 존 프레스톤 · 나다니엘 빈센트 · 사무엘 리
옮긴이 | 이광식

펴낸곳 | 지평서원
펴낸이 | 박명규

편 집 | 정 은, 이윤경
디자인 | 안소영
마케팅 | 전두표

펴낸날 | 2010년 9월 1일 초판
　　　　　2015년 6월 1일 초판 2쇄

서울 강남구 역삼동 684-26 지평빌딩 135-916
☎ 538-9640,1　Fax. 538-9642
등 록 | 1978. 3. 22. 제 1-129

값 13,000원
ISBN 978-89-6497-002-7-94230
ISBN 978-89-86681-78-9(세트)

메일주소　jipyung@jpbook.kr　　　홈페이지　www.jpbook.kr
페이스북　www.facebook.com/jipyung　트 위 터　@_jipyung